Generationen von Köchinnen und Köchen haben Pizza und Pasta, Bratkartoffeln und Bouillabaisse, Chili con Carne und Barbecue, Sushi und Pekingente – unbewusst – perfekt an die physiologischen Bedürfnisse des Menschen angepasst und optimiert. Dieses Wissen über Fisch, Fleisch, Gemüse und Gewürze, das fern von den Versuchsküchen der Lebensmittelkonzerne erworben wurde und sich so in keinem Kochbuch der Welt findet, will dieses Buch offenbaren und nutzbar machen. Es erzählt verblüffende Geschichten über die Entstehung von Klassikern der regionalen und nationalen Küchen. Warum verdanken wir der italienischen Küche die Vierzack-Gabel und der chinesischen den Wok? Wieso ist die französische Küche fein und die britische eher rustikal? Wie kitzeln die Landesküchen aus den preiswertesten Speisen oft den befriedigendsten Gaumen-«Kick» heraus? Dies ist ein reich illustriertes Buch über das Wesen einer «guten Küche», deren Hauptzutat gerne einmal Zeit, aber selten Geld ist. Für die Rezepte sorgt Spitzenkoch Vincent Klink.

Andrea Pfuhl, Diplom-Biologin, arbeitet für den NDR, die ARD, Arte sowie als Übersetzerin und Buchautorin und befasst sich seit Jahrzehnten mit den Themen Kochen und Lebensmittel. Sie hat eine Reihe von Sachbüchern dazu veröffentlicht.

Vincent Klink betreibt in Stuttgart das Restaurant Wielandshöhe. Er ist Autor zahlreicher Bestseller, zuletzt erschien bei Rowohlt von ihm: «Ein Bauch spaziert durch Venedig» (2022).

Andrea Pfuhl

Weltreise auf dem Teller

Die Geheimnisse der kulinarischen Klassiker

Mit Rezepten von Vincent Klink

Rowohlt Taschenbuch Verlag

Originalausgabe
Veröffentlicht im Rowohlt Taschenbuch Verlag, Hamburg, Juni 2023
Copyright © 2023 by Rowohlt Verlag GmbH, Hamburg
Lektorat Frank Strickstrock
Bildredaktion Katrin Finkemeier
Covergestaltung zero-media.net, München
Coverabbildung iStock; FinePic®, München
Innengestaltung Daniel Sauthoff
Satz Neco OTF
Druck und Bindung Grafisches Centrum Cuno GmbH & Co. KG, Calbe
ISBN 978-3-499-00870-2

Die Rowohlt Verlage haben sich zu einer nachhaltigen Buchproduktion verpflichtet. Gemeinsam mit unseren Partnern und Lieferanten setzen wir uns für eine klimaneutrale Buchproduktion ein, die den Erwerb von Klimazertifikaten zur Kompensation des CO_2-Ausstoßes einschließt.
www.klimaneutralerverlag.de

Inhalt

Vorwort Andrea Pfuhl 8

Vorwort Vincent Klink 10

Love it or hate it
Großbritannien
und die Liebe zum Landleben 13

Das Geheimnis des Coq au Vin
Frankreich
und die Kunst der Geschmacksverstärkung 34

Grenzenlos lecker: Couscous, Joghurt und Falafel
Am Mittelmeer:
Von Nordafrika bis Griechenland 63

Der Siegeszug des Gulaschs
Von der Puszta in den Prater:
Österreich und Ungarn 89

Gute Laune am Lagerfeuer
Spanien:
Köstlichkeiten in Rot und Gelb 111

Manche mögen's scharf
Cowboys, Pigboys und Tortillas:
Am Golf von Mexiko 129

Die Erfindung der Nudelgabel
Pizze, Paste, Pomodori:
Bella Italia 149

Mit Laib und Seele
Die Schweiz:
Vom lustvollen Schmelzen der Käseberge 173

Pfannenzauber und Dim Sum
China
und die Ökonomie der Köstlichkeiten 185

Bock auf Borschtsch, barszcz, борщ
Herzhaftes zwischen
Polen und Sibirien 205

In der Würze liegt die Kraft
Südindien, Sri Lanka
und Arzneien aus der Küche 217

Bratkartoffelverhältnisse
Regionale Vielfalt:
Aus deutschen Landen 231

Die Poesie des Essens
Augenschmaus und Gaumenschmaus:
Japan 263

Quellen und Literatur 287

Bildnachweis 305

Alle Rezepte im Überblick 312

Amuse-Gueule
Vorwort von Andrea Pfuhl

Das Leben ist viel zu kurz, um etwas Schlechtes zu essen!», lautete das Motto meiner kochbegeisterten Oma. Und damit meinte sie nicht etwa budgetschonendes Hühnerklein und Steckrüben, sondern unsachgemäß zubereitete Mahlzeiten. Sie wusste intuitiv, wie sie auch einfache Zutaten in schmackhafte Suppen, Eintöpfe oder Tellergerichte verwandeln konnte. So lernten wir Enkel rasch, dass die puddingartigen Bratensaucen, die uns bei der einen oder anderen Mutter unserer Schulfreunde mittags vorgesetzt wurden, zwar gut gemeint waren, dass sie aber, anders als die aromatischen, lang gekochten Essenzen aus Omas Kochtopf, den Geschmack von Fleisch und Gemüse zukleisterten.

Oma kombinierte herbe Steckrüben mit der Süße von Zwiebeln und Karotten und verwandelte diese spottbilligen Gemüse in unseren Lieblingseintopf. Suppenfleisch simmerte den halben Tag auf dem Herd, und am nächsten Tag schlürften wir eine köstliche goldene Brühe.

Wie sehr ich von ihrer Experimentierfreude und Aufgeschlossenheit gegenüber der internationalen Küche profitierte, ging mir erst so richtig als Studentin auf. Ich war ja ganz nebenbei längst zur Feinschmeckerin geworden, und darum verdarb mir das Mensa-Essen meist gründlich die Laune. Da ich wenig Geld hatte, arbeitete ich mich in die geniale Küche Chinas ein, die wie kaum eine andere aus wenig sehr viel machen kann: Es braucht nur geringe Mengen teurer Zutaten wie Fleisch, die mit viel preiswerteren Zutaten wie Gemüse und Reis kombiniert werden. Der Geschmack wird mit traditioneller Sojasauce und anderen fermentierten Würzzutaten verstärkt und unterstützt – ein Prinzip, das sich überall wiederfindet, wo täglich mit günstigen Zutaten gekocht werden muss, um satt zu werden. Also abseits der Palastküchen. So begann meine Leidenschaft für die Küchen der Welt.

Heute stehen überall auf der Welt gerade diese simplen Klassiker auf den Speisekarten, von italienischen Spaghetti bis mexikanischem Chili con Carne. Klassiker, die von unzähligen Hausfrauengenerationen oder auch Köchen optimiert wurden und die Sinne befriedigen. Um sie und die Geschichten ihrer Entstehung geht es in diesem Buch.

In der Gastronomie oder am heimischen Herd wurden diese Klassiker allerdings häufig an landestypische Geschmacksvorlieben angepasst, oft auch deswegen, weil die Originalzutaten selbst in Großstädten kaum erhältlich sind. So musste ich in diesem Buch schweren Herzens manch eine interessante Küche auslassen, denn es ging ja auch darum, typische nachkochbare Originalrezepte zu bringen. Erfordern sie aber Wattle-Samen aus Australien, frische Curryblätter aus Malaysia, Paradieskörner aus Ghana oder Meerschweinchenfleisch aus Peru, Zutaten, die bei uns entweder unbekannt, nicht erhältlich oder sogar verpönt sind, muss der landestypische Geschmack eine vage Vorstellung bleiben.

Aber man kann es ja probieren, wenn man eine Reise tut. Ich gehe immer als Erstes in eine Gaststätte, um ein typisches Gericht zu essen. Und um mich – zur Not mit Händen und Füßen – mit den Leuten über ihre Küche zu unterhalten. Dabei habe ich immer viel mehr über das Wesen eines Landes erfahren als aus jedem Reiseführer.

Vincent Klink und ich haben köstliche Küchenklassiker aus aller Welt zusammengetragen, um zu zeigen: Gute Küche muss nicht teuer sein, sie braucht aber in vielen Fällen Zeit, um den besten Geschmack herauszukitzeln. Und sie erfordert auch Warenkenntnis, denn nur mit geeigneten Zutaten bekommt man optimale Ergebnisse.

Wir wünschen allen Leserinnen und Lesern viel Freude am Ausprobieren der internationalen Küchenklassiker. Und wer weiß, vielleicht entstehen dabei ja ganz nebenbei auch einige neue!

Vincent Klink
Weltreise kulinarisch

Wer gerne kocht und sich mit Essen beschäftigt, erschmeckt sich eine spezielle Fantasie, die über Grenzen hinwegreicht. Man befindet sich inmitten einer internationalen Sprache.

Wie oft ist es mir in meinem Leben passiert, dass ich mit jemandem zusammen gekocht habe und die Verständigung fand – außer dass wir uns gegenseitig angrinsten – nur über Zeichen statt, mit denen wir Kochabläufe und Fertigkeiten andeuteten. Auf die Schulter klopfen half dann manchmal auch, als Geste der Anerkennung.

Bei besserer Verständigung läuft es manchmal darauf hinaus, dass die jeweilige Landesküche einen gewissen Nationalstolz zur Geltung bringt, von der Sorte, die jeder Ethnie gut ansteht. Im Grunde mündet das in den Satz: «Mama ist die Beste!» Und das ist gut so.

Globalisierung hat viele Facetten, auch unangenehme; wenn es aber ums Essen geht, gibt es keinen friedlicheren Austausch als das Kochen mit anderen. Alles Unwissen um andere Sitten und Gebräuche und auch die Wesensart anderer Kulturen lässt sich mindern, indem man sich auf die Küche eines fremden Landes einlässt. Im Grunde kann man Land und Leute niemals richtig kennenlernen, wenn man ihre Kochkunst nicht beachtet. Und die Abwechslung der eigenen mit den internationalen Küchen kann Abenteuer erleben lassen, die den Alltag erhellen und verschönern.

Nun kann man zwar die Kochkunst eines Landes niemals komplett niederschreiben. Aber ein Zuviel würde auch keinen Überblick verschaffen. Deshalb möchte dieses Buch punktgenau typische Gerichte erleben lassen, Hintergründe darstellen und ein tieferes Verständnis vermitteln.

Selbst wer die Rezepte nicht nachkochen, sondern sie vielleicht nur geistig genießen möchte, wird sich auf alle Fälle ein positives Wissen um die jeweilige Landesküche erlesen.

So gesehen ist dieses Buch für mich auch ein wertvoller Beitrag zur Völkerverständigung.

Love it or hate it

Großbritannien

und die Liebe zum Landleben

Woher rührt eigentlich der schlechte Ruf der englischen Küche, während die französische Kochkunst über jeden Zweifel erhaben ist? Immerhin pflegen die beiden Nationen seit dem Mittelalter ständigen Kontakt. Beide bauen Roggen, Weizen, Karotten und Petersilie an, züchten Rinder, Schweine, Schafe und Hühner. Und nicht nur die Zutaten, auch die Speisen waren auf beiden Seiten des Ärmelkanals so ziemlich die gleichen. Doch dann drifteten die britische und die französische Küche im 17. Jahrhundert unaufhaltsam auseinander.

Die Gründe für diesen Wandel liegen natürlich nicht in verschieden ausgeprägten Geschmacksknospen, sondern in den politischen und gesellschaftlichen Unterschieden der beiden Länder: 1689 hatten die Briten dem potenziellen Machtmissbrauch ihrer Herrscher durch die Glorious Revolution endgültig einen Riegel vorgeschoben. Seitdem muss sich die Königsfamilie, von einigen konstitutionellen Formalien abgesehen, aus der Politik heraushalten.

Ganz anders in Frankreich. Dort regierte Ludwig XIV., der bis 1715 als absolutistischer Herrscher höchstselbst bestimmte, wo es langging. Seine pompöse Hofhaltung in Versailles und die Pariser Märkte mit ihrem unüberschaubaren Warenangebot boten den idealen Nährboden für die Entstehung einer gehobenen Küche. Und da die führenden Pariser Familien es dem «Sonnenkönig» gleichtun wollten, feuerten sie ihre *maîtres de cuisine* an, den Gästen immer raffiniertere Köstlichkeiten zu kredenzen. So nahm die Entwicklung der Haute Cuisine immer mehr Fahrt auf.[10, 12]

Aus dem Königspalast in den Gourmettempel

Aber gegen Ende des 18. Jahrhunderts hatten die Franzosen von Ludwigs Nachfolgern die Nase voll und setzten deren Luxusleben mithilfe von Madame Guillotine ein jähes Ende. Während der Revolution verloren die Küchenchefs – anders als ihre Arbeitgeber – zwar nicht ihren Kopf, dafür aber ihre Stellung. Viele arbeitslose Köche machten sich kurzerhand selbstständig und eröffneten eine Gaststätte. Doch nach der blutigen Revolution herrschte verbreitet Armut, und so konnten die Meisterhände nicht mehr auf Spargel und Stubenküken zurückgreifen, sondern mussten Frösche und Schnecken veredeln. Aber die Keimzellen für die späteren Pariser Gourmettempel waren damit gelegt.[7, 8, 12]

Auch jenseits des Ärmelkanals fanden einige der freigesetzten *maîtres de cuisine* Lohn und Brot, und auf den Londoner Märkten gab es interessante kulinarische Rohstoffe aus dem weltumspannenden britischen Kolonialreich **(Abb. 1)**. Nach Jahrzehnten der ungebremsten Evolution in den Palastküchen konnte die französische Haute Cuisine mit einer unüberschaubaren Vielfalt an Gerichten aufwarten, und das machte es überflüssig, ein britisches Pendant zu entwickeln.

Zudem tickte der britische Adel anders als der französische. Großbritannien war eine Demokratie, und dort belächelte oder verachtete man

Abb. 1: Britannia Rules the Waves! In seiner Nationalhymne geriert sich das Land eher unbescheiden als Beherrscher der Weltmeere. «Ein Reich, in dem die Sonne niemals untergeht», verkündet auch dieses Titelbild auf einer Broschüre für Seemänner. Im 19. Jahrhundert hatte das britische Weltreich seine größte Ausdehnung erreicht, auch, weil es Großbritannien gelungen war, anderen Kolonialmächten ihre Besitzungen abzunehmen. Die Auswahl an Waren wie Gewürzen, Tee und Zucker, die die Briten aus Übersee einführen konnten, war daher Legion.

den Pomp der absolutistischen Herrscher und der französischen Aristokratie eher, statt ihn nachzuahmen. Zwar genossen das Königshaus und der wohlhabendste Adel die kostspielige Haute Cuisine ihrer französischen Küchenchefs, doch sie schätzten seit jeher auch das *country life* und verbrachten viel Zeit fern von London auf ihren Landsitzen. Da es damals abseits der Hauptstädte keine extravaganten Lebensmittel zu kaufen gab, erfreute man sich an der althergebrachten Landküche aus heimischen Erzeugnissen.[12]

Die französischen Adeligen mieden das Landleben dagegen, wo sie nur konnten. Denn wer dem Pariser Hof fernblieb, galt als hoffnungsloses Landei ohne jedes gesellschaftliche oder gar politische Gewicht. Da niemand von ihnen mehr die Kost der französischen Provinz aß und schon gar nicht mit ausländischen Diplomaten und Freunden darüber sprach, geriet sie in Vergessenheit, und stattdessen rückte die Haute Cuisine in den Fokus.[12] Wer nun die Kost von schottischen Bauern und englischen Arbeitern mit einer gehobenen Palastküche vergleicht, verbreitet ein schiefes Bild von der Überlegenheit der französischen Küche **(Abb. 2)**. Erst in den 1960er-Jahren erschienen wieder Kochbücher über die Küche der französischen Provinzen.

Abb. 2: Dieses leckere Reste-Essen ähnelt sich auf beiden Seiten des Ärmelkanals sehr – und ist auch ähnlich populär: Kartoffelpüree als Auflauf und mit dem gefüllt, was am Vortag nicht aufgegessen wurde. In Großbritannien als Shepherd's Pie, in Frankreich als Hachis Parmentier bekannt.

In der Abwärtsspirale

Tatsächlich ging es mit der britischen Küche erst in der zweiten Hälfte des 19. Jahrhunderts bergab. Zuerst waren die kleinen Leute betroffen. Das war eine Folge der Industriellen Revolution, die Landflucht und ein immenses Bevölkerungswachstum nach sich zog. Während manche Arbeiter guten Lohn erhielten und es sogar zu bescheidenem Wohlstand brachten, konnten sich die schlecht bezahlten Hilfsarbeiter viele Zutaten nicht mehr leisten und in den Elendsunterkünften der Städte auch nicht zubereiten. So ging eine große Zahl alter Familienrezepte in den Slums von Sheffield, Manchester oder London nach und nach verloren.[12]

Mit dem Beginn des Ersten Weltkriegs und dem Niedergang des Kolonialreichs erwischte es dann auch die Küche der *upper class*. Das Bürgertum konnte sich nur noch wenig Personal leisten und musste zugleich die Ausgaben für Lebensmittel reduzieren. Köchinnen und Köche verdingten sich in anderen Berufen, und wieder ging kulinarisches *know how* verloren. Die Auswahl verringerte sich ebenfalls, denn das Vereinigte Königreich sah sich gezwungen, die Lebensmittel zu rationieren **(Abb. 3)**.

Nach dem Zweiten Weltkrieg war die britische Küche auf ihrem absoluten Tiefpunkt angekommen. Wieder musste die Regierung Lebensmittelrationierungen verhängen, und erst 1953, im Jahr der Krönung von Queen

Abb. 3: Im Zweiten Weltkrieg rief die britische Regierung die Bevölkerung immer wieder dazu auf, keine Nahrungsmittel zu verschwenden. Sinngemäß: Gebt euch mit dem wenigen zufrieden, was ihr unter Churchill bekommt, sonst müsst ihr morgen vor Hitler zu Kreuze kriechen.

Elizabeth II., konnten sie endlich vollständig aufgehoben werden. In den 1960ern ging es im Vereinigten Königreich mit der kulinarischen Vielfalt wieder bergauf, vor allem, weil jetzt chinesische und indische Restaurants wie Pilze aus dem Boden schossen. Sie wurden eifrig frequentiert, denn nach der eintönigen Kost der Kriegs- und Nachkriegsjahre sehnten sich die Briten nach einer würzigeren Küche.

Fett schwimmt oben

Jetzt gab es endlich auch wieder ausreichend Zutaten für das traditionelle Full English Breakfast. In seiner frugalsten Form besteht es heute aus Toast, Speck, Eiern und Bangers, das sind Würste, die beim Braten gerne mal mit einem lauten «Bang» platzen. Sie enthalten übrigens auch Brot und Ei und ähneln damit, wenn auch nicht in der Form, so doch im Inhalt, einer Frikadelle. Kippers, geräucherte Salzheringe und heiße Bohnen in Tomatensauce, die Baked Beans, ergänzen das Frühstücksmahl mit Eiweiß. Die rote Sauce wird übrigens traditionell mit Melasse und Rohzucker gesüßt, was ihren Kohlenhydratanteil erhöht (Abb. 4). Aber ganz gleich, wie breit die Auswahl gefächert ist, alles schwimmt in Fett. Und das hat historische Gründe, denn die Arbeitszeit war in Großbritannien einst völlig anders organisiert als heute.

Abb. 4: Das abgespeckte Programm: Ham and Eggs, Baked Beans and Toast, aber die fetten Bangers wurden durch Champignons ersetzt.

Der berühmt-berüchtigte Magenfüller entstand im 16. Jahrhundert, denn nun begannen immer mehr Menschen, außer Haus für Grundbesitzer zu arbeiten. Im Sommerhalbjahr, also von Mitte März bis Mitte September, reichte ihr Arbeitstag von Sonnenaufgang bis Sonnenuntergang, begann also gegen 5 Uhr morgens und endete um 7 oder 8 Uhr abends. Die einzige Pause gab's um 12 oder 1 Uhr. Wer da ohne anständiges Frühstück aus dem Haus ging, hätte die sieben oder gar acht Stunden Feldarbeit bis zum Mittagessen niemals durchgehalten.[13]

Auch hundert Jahre später, im Zeitalter der Industrialisierung, ging nichts ohne ein herzhaftes Frühstück, denn den Arbeitern wurde – wenn überhaupt – nur eine kurze Mittagspause zugestanden. Pausen für ein zweites Frühstück zum Zwecke der vormittäglichen Stärkung gab's nicht. Büroangestellte waren übrigens kaum besser dran als die Schwerarbeiter, denn sie schufteten im «verkürzten Arbeitstag». Abends durften sie zwar früher nach Hause gehen, doch zum Ausgleich entfiel die Mittagspause.[18] Nur mit einem Butterbrot und einem Becher Tee zum Frühstück wäre es mit Britanniens Herrschaft über die Weltmeere wohl Essig gewesen.

Abb. 5 a links: Die Möwen zeigen es: In der Anfangszeit der Dampftrawler wurden die Netze – wie seit Urzeiten – noch seitlich über die Bordwand gehievt. Das begrenzte ihre Größe und damit die Fangkapazität.

Abb. 5 b oben: Die Seitenfänger wurden im 20. Jahrhundert von den Heckfängern abgelöst. Das erlaubte den Einsatz wesentlich größerer, dann elektrisch betriebener Netze. Bald waren viele Kabeljaubestände hoffnungslos überfischt.

Unter Dampf

Großbritannien

Wer sich in seiner kurzen Mittagspause stärken wollte, war auf Schnellgerichte angewiesen. So entstand in der Mitte des 19. Jahrhunderts ein weiteres sättigendes Gericht: *fish and chips*. Fisch war billig und ist rasch gegart. Damals sorgte der technische Fortschritt nicht nur für einen industriellen Aufschwung, der viele Arbeiter in Lohn und Brot brachte, er machte auch den Fischern das Leben leichter. Denn ungefähr zur gleichen Zeit war der Dampfantrieb für Schiffe entwickelt worden, und immer mehr Segler wurden durch Dampfer ersetzt. Das brachte den Fischern mehrere Vorteile: Sie waren nicht mehr von der Laune des Windes abhängig, und ihre Schiffe waren schneller. Sie konnten auch stetiger und kräftiger ziehen, was bedeutete, dass die Fischer größere Netze aussetzen konnten. Das schwere Netz musste auch nicht mehr unter Einsatz von Muskelschmalz per Hand über die Bordwand gehievt werden **(Abb. 5a)**, sondern wurden von dampfbetriebenen Winden eingeholt **(Abb. 5b)**.

Mit dem Fisch aus der Nordsee war die Eiweißversorgung der Werft- und Industriearbeiter kostengünstig gewährleistet. Damit das leicht verdauliche Fischfleisch, damals vor allem von Kabeljau und Schellfisch, auch ordentlich vorhielt, wurde es mit Bierteig umgeben und in Rindertalg aus-

Abb. 6: Dass der Kabeljau (*Gadus morrhua*) bis zu 1,30 m lang (Rekord: 1,50 m) werden kann, dürften wohl nur die ältesten unserer Leserinnen und Leser mit eigenen Augen gesehen haben. Heute kommen nur noch Fische auf den Markt, die höchstens halb so groß sind. Diese hier wurden um 1925 vor Alaska gefangen, aber in der Nordsee waren sie ebenso groß.

gebacken. Der fiel ja bei der Verarbeitung der Rinder zu Roastbeef und anderen fleischlichen Genüssen der wohlhabenderen Klassen in beachtlichen Mengen an. Für die ebenso billigen Kohlenhydrate sorgten neben der Panade die *chips*, wie die Pommes im Vereinigten Königreich genannt werden. Im heißen Fettbad wurde der leicht verderbliche Fisch keimfrei. Ein geniales Konzept, das sich bis heute bewährt, wenn auch inzwischen Pflanzenöl den Talg und mangels Masse andere Fische den Kabeljau abgelöst haben **(Abb. 6)**.

> **Things get worse under pressure ...**
>
> So manche Fish'n'Chips-Bude ließ sich noch rentabler betreiben, wenn statt Rindertalg sogenanntes *compound lard* in die Fritteuse kam. In den USA hatte man Ende des 19. Jahrhunderts damit begonnen, aus einem giftigen landwirtschaftlichen Abfallprodukt, den ölhaltigen Samen der Baumwolle, ein genießbares Speiseöl zu erzeugen **(Abb. 7)**. Das billige Baumwollsamenöl wurde mit dem bis dahin vorwiegend gebräuchlichen, aber teureren Schweineschmalz vermischt und anfangs ohne Angabe der Inhaltsstoffe als «*refined lard*», also «veredeltes Schmalz», auf den Markt gebracht. Ein klarer Fall von Verbrauchertäuschung![16]
>
> Bald interessierten sich auch britische Firmen für das gewinnträchtige Produkt. Fette waren seit Beginn des 19. Jahrhunderts in Europa Mangelware, einerseits durch die Napoleonischen Kriege, andererseits durch das starke Bevölkerungswachstum. Die USA waren dagegen noch vergleichsweise dünn

Abb. 7 a–c: In den Baumwollanbaugebieten in den Südstaaten der USA fielen immense Mengen Baumwollsaat an. Nachdem die Fasern, die die Samen umgeben, abgetrennt waren, kippte man die Samenkörner anfangs als «Sondermüll» in die Flüsse, da sie das giftige Gossypol enthalten. Mit dem Fortschritt der Technologie konnten die unliebsamen Stoffe abgetrennt und das Öl aus der Saat gepresst werden. Von links nach rechts: Ölpresse bei der Arbeit – Reinigung der Pressen – Die Presskuchen werden zu Viehfutter weiterverarbeitet.

besiedelt und konnten Fette exportieren. Mit dem Beginn des Ersten Weltkriegs wurde *compound lard* in Schottland produziert und von dort nach Nordengland, Europa und Indien exportiert. Damit die Werft- und Stahlarbeiter den gewohnten Geschmack ihrer Fish'n'Chips nach Rindertalg nicht vermissten, kam etwas Rinderfett ins *compound lard*. Ins Pommes-Land Belgien gelangte es dagegen unter dem hochtrabenden Namen «Scotch Beef Lard», also Schottisches Rinderschmalz.[16] *Chacun a son gôut!*

Großbritannien

Munter im Morgennebel

Die *upper class* musste sich natürlich nicht abplacken, sondern brauchte nur das Personal auf Trab zu halten. So konnte man den *breakfast tea*, aber auch die nachmittägliche *tea time* getrost ausdehnen **(Abb. 8)**. Allerdings wäre Großbritannien nie zur Tee-Nation geworden, hätte der Kaffeerost seit 1868 nicht die Kaffeeplantagen auf Ceylon vernichtet. Das heutige Sri Lanka war damals eine britische Kolonie, und von dort wurde der meiste Rohkaffee ins Inselreich verschifft. Denn im Vereinigten Königreich florierte damals eine Kaffeehauskultur, wie man sie heute nur noch mit Wien verbindet.[19] Da in den Teeblättern aber genau wie in den Kaffeebohnen der Muntermacher Coffein steckt, schwenkten die pragmatischen Briten einfach um.[6]

Abb. 8: Das Londoner Satiremagazin «Punch» verspottete 1869 die Gepflogenheiten der *upper class*: «Das Geheimnis des heiklen Appetits». Ellen (mit *plum pudding*) fragt ein wohlgenährtes Mädchen: «Möchtest du nicht noch etwas Tee, Kitty? Bis zum Dinner dauert es noch fast eine Stunde!»

Als ebenfalls typisch englisch gilt die allerdings in Schottland erfundene *marmalade* aus Bitterorangen mit den fein geschnittenen Schalen, die meist auf Toast genossen wird. Dabei geht es nicht nur um die stimmungsaufhellenden Effekte von Weißmehl und Zucker, sondern auch die um die Wirkstoffe der bitteren Orangen, der Pomeranzen. Ihr Fruchtfleisch und vor allem die Schale enthalten Synephrin, und dieser Pflanzenstoff wirkt genau wie das Noradrenalin, das Hormon unserer Nebennierenrinde: Er steigert den Blutdruck.[14] So macht die bittere Marmelade müde Briten seit mehr als hundert Jahren an nebligen Morgen munter.

Während die Bitternote der *marmalade* vom süßen Zucker maskiert wird und darum sogar Kindern schmeckt (man denke auch an die Orangeade, die kandierten Pomeranzenschalen im Weihnachtsstollen), sorgte ein anderer Muntermacher schon immer für heftige Kontroversen: das salzigbittere Marmite, die teerartige Bierhefepaste. Auch zu Zeiten des Fleischmangels fiel in der Biernation Großbritannien immer massenweise Hefe bei den Brauereien als Abfallprodukt an. Und da die Hefepilze recht nahrhaft sind, kam der deutsche Chemiker Justus von Liebig Ende des 19. Jahrhunderts auf die Idee, daraus eine Billigversion seines nach ihm benannten echten Fleischextrakts zu erzeugen.

In Großbritannien kam Marmite gut an **(Abb. 9)**. Da die Hefepaste reich an natürlichem Glutamat, an nach Fleischbrühe schmeckenden Peptiden

Abb. 9: Flüssigteer auf Brot? No, it's Marmite!

und weiteren für Pilze typischen Geschmacksverstärkern ist (siehe Seite 30), schmierten es sich nicht nur Vegetarier mit Gusto auf den Frühstückstoast, sondern auch die ärmere Bevölkerung. Mittags würzten sie damit fleischarme Brühen und peppten ihr in Wasser gegartes Gemüse auf.

Marmite machte munter, weil es reichlich Tyramin enthielt, das ist ein biogenes Amin mit blutdrucksteigernder Wirkung. Die biogenen Amine sind bakterielle Abbauprodukte von Aminosäuren, sie entfalten diverse Wirkungen auf den Organismus (siehe Seite 155). Tyramin entsteht vor allem dann, wenn es mit der Hygiene bei der Herstellung nicht ganz ernst genommen wird. Inzwischen ist Marmite aber auch nicht mehr, was es mal war, denn seit die Hygienevorschriften konsequenter befolgt werden müssen, ist der Tyramingehalt deutlich gesunken.[9]

Sündiges Fleisch

Als Inbegriff der englischen Küche gilt das Roastbeef, so zart, dass es auf der Zunge zergeht. Aber bis dahin war es ein weiter Weg, denn im alten Britannien diente ein Rind als Zugtier, Milch- und Fleischlieferant in einem; es zu schlachten, war erst dann angezeigt, wenn das Tier für die Arbeit vor dem Pflug oder dem Karren zu alt war. Abgearbeitete Rinder konnten natürlich keine anständigen Steaks mehr liefern, die kamen nur bei denen auf den Tisch, die es sich leisten konnten, einen Ochsen zu mästen. Da die Britannier damals von Genen und Vererbungsregeln noch nichts wissen konnten, überließen sie die Vermehrung ihrer Tiere dem Zufall. Und so bevölkerten jahrhundertelang kleine bunte Wald- und Wiesenrinder das Inselreich.[2] Nicht viel anders sah es mit Schafen und Schweinen aus.

Doch mit der Industriellen Revolution kam es im 18. Jahrhundert zu einem stetigen Bevölkerungswachstum, und all diese Menschen mussten vernünftig ernährt werden, wenn sie als Arbeitskräfte nicht ausfallen sollten. Vor allem die Kumpel in den Zechen Nordenglands, die Stahlarbeiter von Sheffield und die Hafenarbeiter von Manchester benötigten jede Menge Energie für ihre Knochenjobs. So beschloss ein Gentleman-Farmer namens Robert Bakewell (1725–1795), aus dem mickrigen britischen Vieh stattlichere Tiere zu züchten, die mehr Fleisch, Fett, Milch und Wolle lieferten (Abb. 10a).[11]

Dabei setzte er auch auf Inzest. Er paarte Mütter mit ihren Söhnen, Schwestern mit ihren Brüdern. Und das brachte ihm prompt Ärger ein, denn damit verletzte er das biblische Inzesttabu – *absolutely shocking*! Sex unter Geschwistern galt selbst in der Tierzucht als Sünde, da kannte der Klerus kein Pardon. Bakewell focht das jedoch nicht an, und der Erfolg gab ihm recht.[20] Heute wird er als Begründer der wissenschaftlichen Tierzucht gefeiert, der zahlreiche neue Nutzviehrassen schuf. Zum Beispiel das *English Longhorn* (Abb. 10b), das fein marmoriertes Fleisch und sahnige Milch lieferte, Rohstoff für Butter und Käse wie Wiltshire und Cheddar.[12]

Barbarische Braten

Französische Gourmets standen den Roastbeefs und Beefsteaks der Briten lange Zeit jedoch wenig wohlwollend gegenüber. Weder die Garmethode noch die Würzung erschien ihnen raffiniert genug, wie aus der Schilderung des Nationalökonomen Jérôme-Adolphe Blanqui (1798–1854) hervorgeht:

Abb. 10 a + b: Bakewells Zuchterfolge im Nutzviehsektor stachelten die Fantasie der damaligen Künstler schon vor der Erfindung des Surrealismus zu Höchstleistungen an.

«Das Dinner, ohne Suppe, besteht aus rohem, blutigem Beefsteak, großzügig mit Pfeffer und Gewürzen bestreut, bedeckt mit Meerrettichscheiben, die in Größe und Aussehen den weißen Holzspänen aus dem Zimmermannshobel ähneln. Dem Beefsteak folgen sogleich eine oder mehrere Gemüse im Naturzustand; das heißt, in Wasser gekocht: Dazu eine Menage mit fünf oder sechs Phiolen, eine reisende Apotheke, man wählt daraus die notwendigen Zutaten, um damit eine Sauce oder Mixtur zusammenzustellen, die den faden Gemüsen Farbe verleiht. (...) Manchmal folgt diesen Speisen aus den heroischen Urzeiten noch ein Huhn.»[1]

Logisch, dass die sonst so coolen Briten *not amused* waren; jedenfalls schlug der Bericht in der Presse hohe Wellen. Gut 40 Jahre später verlieh der englische Schriftsteller Charles Dickens (1812–1870, **Abb. 11**) seiner nicht minder chauvinistischen Einstellung gegenüber Steaks französischer Machart Ausdruck:

«Fragen Sie zum Beispiel im Palais Royal nach einem biftek, so wird Ihnen Francois oder Pierre ein kleines Stück Rindfleisch von ansprechend brauner Farbe bringen, leicht purpurn, eingebettet in knusprig gebackene Kartoffelspäne. Sie ahnen bereits, dass der weißbekappte Küchenchef sich danach sehnte, es mit einer Sauce Robert, Sauerampfer, Scharf oder Tomate zu salben, um dessen barbarische Schlichtheit zu beheben. Es isst sich gut und ist zart, hat jedoch wenig Geschmack und weist auch nur wenig Fett auf, denn das normannische Vieh gehört zur Gattung der Mageren (...). Ein Londoner Steak ist eine ganz andere Sache, es ist fetter, saftiger (...). Es strengt die Verdauung nicht an, schmilzt im Munde wie ein Pfirsich, geht direkt ins Blut und gewinnt sofort das Herz.»[5]

Dickens bemängelte vor allem die Magerkeit des französischen Rindfleisches, denn die Briten schätzten es gut durchwachsen und marmoriert. Nicht nur, weil es aromatischer blieb, sondern auch, weil es nahrhafte *drippings* ausschwitzte. Damit sind das Fett und die Fleischsäfte gemeint, die entweder in die Fettpfanne oder in einen einfachen Teig aus Eiern und Weizenmehl hineintropfen, der als «Yorkshire-Pudding» unter dem brutzelnden Braten auf seinem Rost gebacken wird. Einst natürlich in dem in großen Mengen als Nebenprodukt anfallenden Rindertalg, der auch in britischen Pies und Puddings für Substanz sorgte. Mit dem köstlichen und auch noch ganz nebenbei anfallenden Brotaufstrich aus der Küche der Herrschaften wurden neben Kindern auch Landarbeiter bei Laune gehalten.

Fleischliche Genüsse

Charles Dickens wusste übrigens genau, wovon er redete, denn beschrieb ebenso minutiös wie sachkundig die Prozedur der korrekten Rumpsteakzubereitung:

«Wird es zu rasch gebraten, verräuchert oder verbrennt es. Ist der Rost zu heiß, bevor das Steak aufgelegt wird, wird er das Steak versengen. Ist der Rost zu kalt, wird das Steak dort, wo es aufliegt, blutig bleiben. Wird der Rost nicht immer wieder schräg gestellt, wird der ständige Rauch und das ständige Auflodern des vom Fleisch ins Feuer tropfenden Fettes das Steak verderben. Wird kein Salz ins Feuer gestreut, wird das Fleisch höchstwahrscheinlich nach Schwefel schmecken, den das Salz austreiben sollte. Wenige Leute scheinen zu wissen, dass Rumpsteaks allein zwischen Oktober und April schmecken. Nur in den kühleren Monaten kann das Fleisch für mindestens vier Tage abhängen, um es zart zu machen. Im frischen

Abb. 11: Der englische Schriftsteller und Publizist Charles Dickens war ein passionierter Koch.

Zustand ist es eine bloße faserige Masse aus unbesiegbaren knorpeligen Fasern. Ein gutes Steak, häufig gewendet, um es vor dem Verbrennen zu bewahren und um die Säfte in seinem Zentrum zu halten, benötigt zehn Minuten, um gar zu werden.»[5]

Sauce

Jenseits aller Animositäten wird ein fundamentaler Unterschied zwischen den beiden Landesküchen deutlich: Beim in England so beliebten Grillen auf dem Rost oder Spieß entsteht keine Bratensauce, mit deren geschmacksverstärkender Wirkung sich die Gemüsebeilage aromatisieren ließe. In Frankreich bevorzugt man dagegen das Schmoren, und im Topf fällt jede Menge Saucengrundlage an, die sich dann weiter verfeinern lässt.

Mangels natürlicher Sauce empfahl Charles Dickens seinen Landsleuten dann auch: «Es [das Steak] sollte mit einem Esslöffel warmen *catsups* und ein wenig feingehackten Schalotten verzehrt werden.» Dabei handelte es sich aber nicht etwa um Tomatenketchup, sondern um *mushroom catsup*, also eine Würze auf Pilzbasis, deren Vorbild traditionelle ostasiatische Würzsaucen waren (**Abb. 12**).[3, 4] Bevor die Tomate mit ihrem reichen Repertoire an Geschmacksverstärkern aus der Neuen Welt in die Alte gelangte, behalf man sich mit Pilzen und Zwiebeln.

Abb. 12: Diese reine Essenz «macht den Mund wässerig», verspricht die Werbung für *mushroom catsup*. Die ursprüngliche Herkunft dieser Würzsauce aus Asien soll wohl durch den Elefanten angedeutet werden.

Aus gutem Grund: Wie schon der englische Philosoph und Staatsmann Francis Bacon gut 200 Jahre vor Dickens bemerkte, bringen Pilze «den Geschmack nach Fleisch ins Essen». Nicht nur die mikroskopisch kleinen Hefepilze fürs Marmite, sondern auch die Champignons und Steinpilze enthalten jede Menge geschmacksverstärkende Glutaminsäure und Ribonukleide. Die ostasiatischen Shiitake-Pilze gehören dabei zu den Spitzenreitern, was auch ihre Beliebtheit in Regionen wie China und Japan erklärt, wo es öfters zu Fleischknappheit kam. Auch bestimmte, extrem kurze Eiweißketten, die Gamma-Glutamyl-Dipeptide, sorgen für angenehmes Aroma und verstärken wirkungsvoll den Geschmack.[15]

Japanische Werbelyriker haben für dieses Phänomen übrigens die Bezeichnung *kokumi* ersonnen: «Dieses (...) Wort beschreibt den vollmundigen Geschmack von Nahrungsmitteln, den man von lang gereiftem Käse, einer über Stunden gekochten Hühnerbrühe oder Großmutters Eintöpfen und Pasteten kennt.» Will heißen: Diese Dipeptide sorgen für ein lange anhaltendes Geschmackserlebnis. Sie sind auch in Zwiebeln enthalten, die schon Charles Dickens als Beigabe zum Steak empfahl und die gern auch in Verbindung mit Pilzen bis heute zum Kurzgebratenen genossen werden. Ebenso stecken diese Dipeptide im Knoblauch. Auch wegen dieser Wirkung sind diese Zwiebelgewächse – trotz ihrer tränenreichen Zubereitung oder ihres sprichwörtlichen Gestanks – beliebte Würzgemüse.[15] Rohe Zwiebeln enthalten zudem beachtliche Mengen des Anti-Skorbut-Vitamins C, und so gehörten sie bis ins 19. Jahrhundert zur Grundration der Seeleute – die mussten sie sich allerdings selbst beschaffen.[17,18] Wer weiß, vielleicht halfen die Zwiebeln den britischen Seemännern ja ein wenig dabei, auf ihren langen Seereisen gesund zu bleiben und damit den Dunstkreis der Seefahrernation Großbritanniens auszuweiten.

Großbritannien

Rezepte

Kartoffelpüree, solo oder für Shepherd's Pie

Zubereitung ca. 30 Minuten
Für 2 Personen

Zutaten

500 g Kartoffeln (mehlig kochend)
¼ l Milch
2 EL braune Butter
⅛ l geschlagene Sahne
Muskat, Salz, ein wenig Pfeffer

Kartoffelpüree ist ein schönes Beispiel dafür, wie schwierig einfache Küche sein kann. Insofern eignet sich Shepherd's Pie ideal, um ein anfangs vielleicht nicht ganz so perfektes Püree gewinnbringend weiterzuverarbeiten.

Die Herstellung von brauner Butter ist heikel. Niemals den Herd verlassen. In der flüssigen Butter rühren, bis sie zu schäumen beginnt und sich am Topfboden hellbraune Krümel bilden. Dann sofort vom Herd nehmen, denn der Topf glüht etwas nach und die Butter ist in ein, zwei Sekunden schwarz. Für Ungeübte ist es am besten, wenn man einen zweiten, kalten Topf danebenstellt, in den man die hochschäumende Butter schnell umschütten kann. Ein Esslöffel braune Butter hat ungefähr soviel Buttergeschmack wie 125 Gramm frische Butter. Kurzum, frische Butter ist im Püree ziemlich ineffektiv.

Alles muss zügig erledigt werden. Die Kartoffeln müssen unbedingt heiß bleiben, drückt man leicht erkaltete Kartoffeln durch, ist es aus. Nachdem die Kartoffeln durchgedrückt sind, muss in ca. 5 Minuten alles vorbei sein. Später kann man das Püree mit etwas Milch schadlos wieder aufwärmen.

Kartoffeln der Länge nach halbieren und weichkochen. Gründlich abschütten und wieder auf den Herd stellen, bei kleiner Flamme.

Die Kartoffeln immer wieder schütteln, evtl. vom Boden loskratzen. Wenn sie dabei zerfallen, ist das okay.

Die Kartoffeln in einen heiß vorgewärmten Topf drücken (Kartoffelpresse). Kochend heiße Milch darauf, dass ein lockerer und nicht zu nasser Brei entsteht. Also nicht gleich die ganze Milch hineinschütten.

Das Ziel: locker und fluffig, kein Batzen und nicht flüssig. Wenn das Püree an Schlagsahne erinnert, ist es perfekt.

Wenn es nicht um höchste Kochkunst geht und die Kartoffel von selbst zerfällt, kann man sich das Sieb sparen.

Vollenden: Das Püree auf kleinem Feuer anwärmen und die braune Butter darunter geben. Vor dem Anrichten die Schlagsahne unterheben. Das muss aber nicht sein, es tut auch heiße Milch. Ach ja, ein bisschen Muskat und Salz muss noch dran.

Shepherd's Pie
Die Füllung für diesen Auflauf besteht in Großbritannien heute meist aus angebratenem Hackfleisch mit etwas Gemüse vermischt. Aber im Prinzip kann alles rein, was zusammenpasst oder was vom Vortag übrig geblieben ist.

Eine traditionelle Füllung für zwei Personen sieht so aus:

> ca. 250 g gegartes Lamm- oder Rindfleisch, in schmale Streifen geschnitten
> ¼ l übrig gebliebene Bratensauce oder Brühe
> ½ kleine Zwiebel, fein gehackt und sautiert oder angebraten
> etwas Butter

Eine dünne Schicht Kartoffelmus auf dem gefetteten Boden einer Auflaufform verteilen, Füllung verteilen und mit dem restlichen Kartoffelmus belegen. Die Füllung muss total bedeckt sein, sonst pufft bei steigender Hitze Wasserdampf raus und weicht die Kruste auf. Mit einer Gabel Rillen oder Muster über die Oberfläche ziehen, die Grate werden schön braun und knusprig. Am Schluss mit Butterflöckchen belegen.

Ofen auf 180 Grad vorheizen und Auflaufform für 15–20 Minuten hineinstellen.

Vor dem Servieren unbedingt 5 bis 10 Minuten abkühlen lassen!

Englischer Mushroom-Ketchup
Wer sich für dieses traditionelle asiatische Würzmittel interessiert, sollte mal die Pilz-Version ansetzen. Sie ist im Gegensatz zum vertrauten Tomatenketchup dünnflüssig. Die aromatischen Röhrenpilze, also Steinpilze, Birkenpilze usw., eignen sich auch sehr gut, aber von älteren Exemplaren müssen die Röhren entfernt werden, weil sie das Ketchup später gelieren lassen.

- 1,5 kg geputzte frische Pilze (z. B. Champignons, auch Mischpilze wie Maronen, Steinpilze usw.)
- 100 g Salz
- 1 TL Piment und 1 TL Nelken, trocken in der Pfanne angeröstet, zerstoßen oder zerquetscht
- 1–2 Lorbeerblätter
- 1 TL zerstoßener oder frisch gemahlener Pfeffer
- 1–2 zerstoßene Knoblauchzehen
- 2 TL geriebener frischer Ingwer
- ½ TL gemahlene Muskatblüte
- 1 Tasse Apfel- oder Weinessig

Die Pilze zerhacken. Auch keinen Fall pürieren, weil die Sauce sonst unappetitlich trübe wird. Pilze in einen Topf geben.

Salz über die Pilze geben und mit den Gewürzen mischen. So viel Wasser zugeben, bis alles ein gut durchfeuchteter Matsch ist. Kurz aufkochen und über Nacht stehen lassen.

Am nächsten Tag Pilze durch ein altes Küchenhandtuch abseihen und abtropfen lassen. Am Schluss die Pilze im Handtuch noch gründlich ausdrücken.

Die Flüssigkeit auf den Herd setzen und so weit eindampfen, bis Ihnen der Geschmack zusagt. Dann in eine Flasche abfüllen und im Kühlschrank aufbewahren.

Pilzketchup hält sich gekühlt recht lange. Man kann es auch nach acht Wochen noch einmal aufkochen und nachwürzen. Experimentieren Sie mit den Gewürzen, auch Thymian zum Beispiel macht sich ganz gut darin, und statt Knoblauch mögen Sie vielleicht lieber eine Schalotte.

Ketchup Spezial

Bevor wir Tomatenmark einkaufen, folgender Hinweis:

Die Chinesen haben eine schnittfeste Tomate gezüchtet, die kaum Wasser enthält und ausschließlich der Tomatenmarkproduktion dient. China erntet über 52 Millionen Tonnen Tomaten, und jede zweite Industrietomate stammt von dort. Die Tomaten werden von Chinesen zu Tomatenmark verarbeitet und dann unter dem Label «Made in Italy» verhökert. Ich will mal ganz pauschal vermuten, dass fast jedes nicht biozertifiziertes Tomatenmark chinesischer Herkunft ist.

Zutaten:

    1,5 kg Tomatenmark
    1,5 l Gemüsebrühe
    8 EL Apfelessig
    8 EL Olivenöl
    6 EL Honig
    500 g Zucker
    4 rote Peperoni, entkernt und feinst gewürfelt
    4 EL grober schwarzer Pfeffer

In einem Topf den Zucker hell karamellisieren, mit der Hälfte der Brühe ablöschen. Alle anderen Zutaten dazugeben. Rühren und so viel Brühe dazugeben, bis eine cremige Konsistenz erreicht ist.

  Mit dem Handmixer gut durcharbeiten, mit Salz und Pfeffer abschmecken und in Gläser abfüllen.

  Individuell kann mit etwas Curry, Thymian, mit mehr oder weniger Zucker, mit mehr oder weniger Essig gewürzt werden.

  Heiß eingefüllt in kleinen Gläschen ist das Ketchup im Kühlschrank mindestens vier Wochen haltbar.

  Das Ketchup ist nicht haltbar mit Zwiebeln und Knoblauch!

Das Geheimnis des Coq au Vin

Frankreich und die Kunst der Geschmacksverstärkung

Scharf auf Saucen

Wenn hierzulande von der französischen Küche die Rede ist, denken die meisten Menschen wohl automatisch an die *haute cuisine*. Und sie verbinden damit zugleich Eigenschaften wie aufwendig, kostspielig und kompliziert, also Rezepte, an denen man zu Hause ohne jahrelange Ausbildung zum Sternekoch scheitern muss. So blieb es ungefähr bis nach dem Ende des Zweiten Weltkriegs. Aber nach den langen Entbehrungen waren die Menschen – nicht nur in Europa – hungrig nach gutem Essen. Und so erschienen immer mehr Kochbücher mit der weniger Furcht einflößenden, aber ebenso köstlichen Küche der französischen Provinzen – häufig von Autorinnen und Autoren, die gar nicht aus Frankreich stammten **(siehe Kasten Seite 38)**.

Auch wenn Paris der Geburtsort der *haute cuisine*, der *art culinaire*, der großen Kochkunst ist, – überall in Frankreich ist die bürgerliche Küche und erst recht die der Arbeiter von Sparsamkeit geprägt. Denn im Land der Feinschmeckerei, in dem Essen schon immer eine bedeutende Rolle im Alltag einnahm und die Mittagspause (undenkbar in Großbritannien, **siehe Seite 19 f.**) zwei Stunden dauert, ist es eine Selbstverständlichkeit, noch aus den bescheidensten Zutaten möglichst viel Geschmack herauszukitzeln. Dort haben Küchenklassiker wie die Bouillabaisse **(Abb. 13)** oder der Coq au Vin ihre Wurzeln.

Völkerverständigung mit dem Kochtopf

«Ausländisches» Kochen mit so exotischen Zutaten wie Knoblauch, Artischocken und Olivenöl fand in deutschen Küchen – bis auf die Grenzregionen vielleicht – nach dem Zweiten Weltkrieg kaum statt. Doch dann brach das Zeitalter der Fernsehköche an. Der Schauspieler Carl Otto Hahn (1906–1967) gaukelte seinem Publikum unter dem Pseudonym Clemens Wilmenrod zwischen 1953 und 1964 höchst erfolgreich vor, gelernter Koch zu sein. Das freute auch den Handel: Stellte er ein Rezept vor, in dem Knoblauch oder Kabeljau verwendet wurde, stieg kurz darauf die Nachfrage.[15]

1963 gab Wilmenrod «Die Französische Küche» heraus. In seinem Vorwort bemüht er sich behutsam, deutsche Hausfrauen und Hobbyköche vor dem Fremdeln zu bewahren: «Das vorliegende Werk will nichts anderes, als einen soliden Querschnitt bieten durch die Art, wie man in Frankreich kocht. Denn es ist doch so, daß ein Rezept aus fremdem Land einem zunächst einmal auch fremd anmutet. Wird es jedoch ganz bewußt einfach dargestellt, so wächst beim Leser die innere Bereitschaft, hurtig an die Zubereitung des fremden Gerichts heranzugehen.»[14] Wohl deshalb ist das Kochbuch auch mit vertrauten Gerichten wie Kartoffelsuppe, Gulasch und Co. durchzogen … Den US-Amerikanern brachte die humorvolle und resolute Fernsehköchin Julia Child die französische Küche im selben Jahr in ihrer Kochsendung «The French Chef» nahe (Abb. 14). Als ihr dämmerte, dass ihren Landsleuten Wein als Kochzutat praktisch unbekannt war, verkündete sie: «I enjoy cooking with wine, some-

Abb. 13: Bouillabaisse leitet sich von *bouillier*, kochen, und *baisse*, Abfall, ab. Das waren Fische, die die Fischer nicht losschlagen konnten oder für die nur sehr wenig bezahlt wurde, weil sie beispielsweise vorwiegend aus Gräten oder Köpfen bestanden. Heute gilt die Bouillabaisse als Delikatesse.[4]

times I even put it in the food», also: «Mir macht es Spaß, mit Wein zu kochen, manchmal gebe ich ihn sogar ins Essen.»

Frankreich

Der Hahn ist tot

In Frankreichs bäuerlichen Küchen wurde all das, was auf den Tischen der Begüterten verschmäht wurde, formvollendet veredelt. Man denke an die dort bis heute begehrten Wurstspezialitäten wie die *andouilles* **(Abb. 15 a)** und die *andouillettes* **(Abb. 15 c + d)**, deren Füllung ausschließlich aus Innereien besteht, sowie an das nordfranzösische Nationalgericht, den Kutteleintopf aus Caen (*Tripes à la mode de Caen,* **Abb. 15 b**). Und beim *coq au vin* wird nicht etwa ein junges Hühnchen, sondern ein betagter Gockel in einen Hochgenuss verwandelt. Was die verwöhnte Kundschaft hierzulande maximal als Hundefutter betrachtet, gilt in Frankreich – genau wie z. B. in Asien – noch immer als wertvolle Proteinquelle.

So ein altgedienter Hahn ist natürlich zäh wie Leder, und es braucht schon etliche Stunden, bis sein Fleisch mürbe wird, auch wenn der Alkohol des Rotweins das Erweichen der harten Fasern unterstützt. Dafür aber bringt

Abb. 14: Publikumsliebling Julia Child (1912–2004).

sein kerniges Fleisch eine köstliche Sauce hervor, wie sie sich aus dem eines Junggockels oder gar eines Huhns niemals herauskochen ließe.

Leider wird das berühmte Rezept der französischen Landküche heute kaum noch im Original nachgekocht. Zum einen, weil ein so zeitaufwendiges Rezept in der modernen Küche verpönt ist. Heute muss bekanntlich alles schnell gehen, selbst, wenn es auf Kosten des guten Geschmacks geht – und man kann ja rasch mit industriellen Geschmacksverstärkern aus der Flasche nachhelfen. Zum anderen, weil ältere Hähne praktisch nicht mehr auf den Markt gelangen – auch als Folge der modernen Landwirtschaft, die ja von Hühnerhofromantik weit entfernt ist **(Abb. 16)**.

Wer gute Kontakte zu einem Bauernhof mit Hühnerhaltung pflegt, darf aber noch auf einen Hahn hoffen, der seinen Pflichten aus Altersgründen nicht mehr nachkommen kann. Und dem kann man dann ein ruhmreiches Ende als *coq au vin* bescheren. Bleibt zudem zu hoffen, dass Hähnchen wie Hühnchen, die heute allzu oft nur noch in Form von Brust oder Schenkel wahrgenommen werden, wieder öfter im Ganzen zubereitet werden. Denn die Geschmacksfülle kann man nur dann erfahren, wenn man alle Teile verwertet – auch wenn es Zeit und Mühe kostet, beim Schlachter mal nach aus der Mode gekommenen Stücken zu fragen. Wer bereit ist, sich diese Zeit zu nehmen, erweitert nicht nur sein Verständnis vom Wesen der Zutaten und seine Küchenfertigkeiten, sondern wird auch noch mit ungeahnten Köstlichkeiten belohnt!

Abb. 15 a–d. Links: Das sind keine Baumscheiben, sondern Andouille (a). Die Jahresringstruktur der Wurst entsteht, weil der gesäuberte und in Streifen geschnittene Schweinemagen und -darm für die Füllung aufgerollt wird. Rechts: Sieht aus wie Hühnersuppe, ist aber der berühmte Kutteleintopf aus Caen, der dort als Nationalgericht gilt (b).

Die Geheimnisse des guten Geschmacks

Die französische Landküche beherrscht es meisterhaft, Geschmack ins Essen zu zaubern. Denn wie in der feinen Küche dient ihr als Geschmacksverstärker Nummer 1 der Rinds- oder Kalbsfond, der ja vor natürlichem Glutamat nur so strotzt. Er ist keine Erfindung der *haute cuisine*, denn ihre legendären Begründer wie Carême oder Escoffier stammten ja selbst vom Land. Zum Fond später mehr. Vegetarische Gerichte aromatisiert man dagegen durch die Zugabe von Würzgemüsen wie Tomaten, Knoblauch und Zwiebeln, die ebenfalls eine reiche Palette an natürlichen Geschmacksverstärkern bieten (s. u.). Für die nötigen Kalorien sorgt dabei die reichliche Zugabe von Pflanzenölen.

Durch das Anrösten von Grünzeug in Fett entstehen nicht nur appetitanregende Röstaromen, es bringt auch den Zucker zum Karamellisieren. Besonders reich daran sind Wurzelgemüse oder Zwiebeln. Sie verleihen der beliebten nordfranzösischen Zwiebelsuppe ihr köstliches Aroma. Die Wahl des Fetts richtete sich früher vor allem nach dem Angebot, also nach dem, was in der Region am besten gedieh: Butter in Regionen mit saftigen Weiden, die die Rinderhaltung ermöglichten, so wie bei Paris oder in der Normandie; Olivenöl in den wärmeren Regionen wie der Provence, Walnussöl im Périgord.[4, 7, 13]

 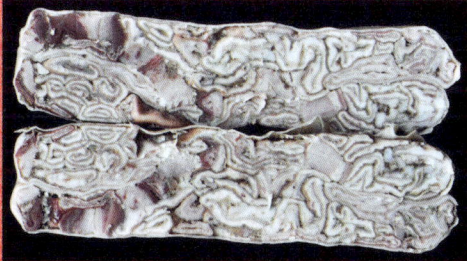

Andouillettes (c) ähneln den Andouilles, werden aber stärker gewürzt. Im Anschnitt (d) tritt die dekorative innere Struktur zutage.

Der Frage, welche ihrer Bestandteile den wahrhaft schmackhaften Fond ausmachen, wollte man in Frankreich schon immer auf den Grund gehen. Im 18. Jahrhundert taufte der französische Chemiker Louis Jacques Thénard das geheimnisvolle Geschmacksprinzip «*osmazom*» **(Abb. 17)**.[4] Aber da ihm noch keine Hightech-Labors zur Verfügung standen, musste ihm seine Zusammensetzung und die Wirkung, die es auf unsere Sinnesknospen und unser Nervensystem ausüben, rätselhaft bleiben.

Inzwischen konnten ungezählte Forscherinnen und Forscher die molekularen Geheimnisse des Gaumenkitzels zu großen Teilen lüften, nur dass die Fachbegriffe heute nicht mehr aus dem Land der *haute cuisine* kommen, sondern aus Japan. Es fing an, als der japanische Chemiker Kikunae Ikeda (1864–1936) zu Beginn des 20. Jahrhunderts entdeckte, dass die menschliche Zunge neben den Grundgeschmacksrichtungen süß, sauer, salzig und bitter auch so etwas wie «herzhaft» registrieren kann. Weil es ihm so sehr mundete, nannte er die frisch entdeckte[5] Geschmacksempfindung «*umami*» – das bedeutet im Japanischen sinngemäß: schmackhaft.

Dabei reagieren die *umami*-Geschmacksknospen vor allem auf bestimmte Eiweißbausteine, und zwar Aminosäuren wie Glutamat und Aspartat, aber auch auf Bestandteile der DNA, die Ribonukleotide, die allesamt natürliche Bestandteile der Nahrung sind.[5] Der biologische Sinn leuchtet unmittelbar ein: Da der Mensch unbedingt eine gewisse Menge Eiweiß

Abb. 16: Selbst in Frankreich ist der stolze gallische Hahn einer für Restaurants legalen Geschlechtsumwandlung unterzogen worden: Auf den Speisekarten wird er zwar noch immer als *coq au vin* und nicht als *poule au vin* angekündigt, doch in fast allen Fällen wird einem stillschweigend die Henne serviert.

für seine Lebensfunktionen benötigt, kann er dank der Fähigkeit, *umami* wahrzunehmen, eiweißhaltige Nahrung erkennen. Dies macht ein Essen, das *umami* schmeckt, natürlich besonders attraktiv, selbst wenn einem durch eine entsprechende Würzung nur vorgegaukelt wird, dass ordentlich Eiweiß drinsteckt.

Selbstredend sind noch viele weitere Faktoren für den unwiderstehlichen Geschmack einer Speise verantwortlich, ganz abgesehen davon, dass sie auch gut verdaulich sein muss. Es ist ja das Kennzeichen einer jeden guten Köchin und eines jeden guten Kochs, dieses jenseits der Versuchsküchen von Lebensmittelkonzernen über Generationen erworbene Wissen instinktiv richtig einzusetzen. Inzwischen konnten die Naturwissenschaften in Ansätzen aufklären, welche Vorgänge sie dazu im Kochtopf in Gang setzen.

Trockene Hitze

Auch den Röst- und Karamellaromen kann wohl niemand widerstehen. Röstaromen werden erzeugt, indem man die Eiweißbestandteile und die Zucker des Lebensmittels geschickt miteinander reagieren lässt. Fürs Karamellaroma müssen die Zucker mit Fingerspitzengefühl geschmolzen werden. Da Lebensmittel meist beides enthalten, laufen diese beiden Vor-

Abb. 17: Louis Jacques Thénard (1777–1858).

gänge auch immer gleichzeitig ab. Während das Fleisch vor allem aus Proteinen und nur wenig Kohlenhydraten (Milchzucker) besteht, ist es beim Grünzeug genau umgekehrt.

Die köstlichen Röstprodukte entstehen im Zuge einer chemischen Reaktion zwischen Eiweißbestandteilen und Zuckern, die nach dem französischen Naturwissenschaftler Louis Maillard benannt wurden **(Abb. 18)**.[7] Viele dieser komplizierten Abläufe konnten übrigens noch immer nicht aufgeklärt werden; es sei aber verraten, dass die appetitliche Röstfarbe von besonders geschmacksintensiven Maillardprodukten, den braunen Melanoidinen, hervorgerufen wird.

Die Maillard-Reaktion kommt in Pfanne, Backofen und Kochtopf so richtig erst ab 140 Grad in Gang. Doch Obacht, bei 180 Grad beginnen Zwiebeln, Steak und Co. bereits zu verkohlen und bitter zu schmecken. Da Wasser die Maillard-Reaktion abwürgt, erzielt man die besten Röstaromen mit proteinreichen Lebensmitteln, die relativ trocken sind. Das trifft natürlich auf Fleisch zu, es funktioniert aber auch mit Gemüse, das man vorher ausreichend entwässert hat. Das erklärt, warum die Auberginen klassischerweise mit Salz «getrocknet» werden, bevor sie in den Topf kommen. Dasselbe Prinzip verfolgt man beim klassischen Saucengeschmacksgeber, dem Röstgemüse, ihm wird das Wasser in der Pfanne durch vorsichtiges Erhit-

Abb. 18: Louis Camille Maillard (1878–1936) klärte als Erster auf, wie und warum sich Röststoffe bilden. Während Ernährungsmediziner vor allem ab den 1980er-Jahren vieles, was als lecker galt, darunter auch die dunklen Röststoffe, als krebserregend brandmarkten, schreibt man einigen von ihnen heute sogar krebshemmende Eigenschaften zu (siehe Kapitel Deutschland).

zen entzogen, bevor man es anröstet. Diese Mischung aus klein gewürfelten, vorwiegend zuckerhaltigen Wurzelgemüsen heißt in Frankreich *mirepoix*, in Italien *sofritto*.[13]

Voll lecker

Doch *umami*, Karamell- und Röstaromen reichen noch nicht unbedingt aus, um den Geschmack einer herzhaften Speise vollends abzurunden, muss man auch noch *kokumi* in den Topf zaubern, was für die Vollmundigkeit der Speise sorgt **(siehe Kapitel Japan)**. Vollmundig bedeutet im Prinzip nichts weiter, als dass sie den Mund angenehm auskleidet, also Zunge und Gaumen gut benetzen kann. Das transportiert die Aromen zu den Geschmacksknospen und erweckt den Eindruck von Fülle, was Sättigung verspricht. Fett und angedickte Speisen wie substanzreiche Eintöpfe schaffen das besonders gut.

Ein wässeriges Süppchen, sei es auch noch so fantasiereich gewürzt, wirkt natürlich vor allem deshalb unbefriedigend, weil es das physiologische Bedürfnis nach Sättigung nicht erfüllen kann. Andererseits darf man es mit der Dickflüssigkeit auch nicht übertreiben, gerät eine Sauce zu dick, vielleicht, weil man es mit dem Saucenbinder zu gut meinte, geht das nicht nur auf Kosten der Optik, sondern auch des Geschmacks. Denn im «Ge-

Abb. 19: Schalotten sind in Frankreich besonders beliebt, nicht nur weil sie roh genossen weniger «Zwiebelatem» verursachen, sondern weil diese Zwiebelsorte auch reicher an Zucker ist als die übliche Küchenzwiebel. So lässt sich noch mehr Karamellaroma herausholen. Aber auch der *kokumi*-Effekt lässt sich mit ihnen bestens erzielen.

rüst» der Pampen werden die Aromamoleküle eingeschlossen und können nicht mehr an unsere Geschmacksknospen gelangen.[5]

Da sich die *kokumi*-Moleküle nur durch langes Köcheln bilden, vor allem Zwiebeln sind ergiebige Quellen (Abb. 19) finden sie sich vor allem in guten Fonds und Suppen. Sie verstärken vor allem die Geschmacksrichtungen salzig und *umami*, aber auch süß. Fügt man der Speise dann eine Würze hinzu, die die *umami*-Geschmacksknospen reizt, beispielsweise einen guten Fond, aber auch Parmesan oder Tomaten, ruft man eine Art Geschmacksexplosion hervor. Dieses Wissen wendet die französische Landküche seit Langem intuitiv an, und darum kann sie selbst die bescheidensten Zutaten in himmlische Genüsse verwandeln!

Der Fond und seine Nachahmer

Die Rinder- oder Kalbsbrühe, der vielseitig einsetzbare Fond, ist die Basis der guten französischen Küche. Ein brauchbarer Fond lässt sich durchaus auch aus Küchenabfällen erzeugen, denn in den Gemüseschalen steckt häufig das meiste Aroma. Auch der Wein von gestern kann mit hinein, die Vollmundigkeit der Brühe wird ja nicht nur von den Zwiebeln, sondern vor allem von den ausgekochten «Leimstoffen» ausgesonderter, sehniger, also bindegewebsreicher Fleischreste garantiert. Sie heißen Kollagene und werden auch in viele hochpreisige Antifaltencremes gerührt …

Wird der durchgeseihte Fond so lange eingekocht, bis er eine sirupartige Kon-

Abb. 20: Egal, welches Fleisch im Cassoulet schmurgelt, entscheidend ist die Kruste mit ihren Röststoffen. Der Legende nach muss sie während der Garzeit siebenmal aufgebrochen werden.

> sistenz annimmt, erhält man die Glacée. Dieses im Kühlschrank längere Zeit haltbare Würzmittel ist an Geschmacksintensivität kaum zu überbieten, es sei denn, man fügt ihr noch Röstaromen hinzu, z. B. durch ein *mirepoix*. Nur unvollkommen nachgeahmt werden ihre Effekte durch industriell hergestellte *umami*-Präparate wie Streuwürzen und Suppenwürfel, bei denen die geschmacksgebenden Aminosäuren durch Säurebehandlung aus den Eiweißen freigesetzt werden. Übrigens stammt das Eiweiß weniger aus Fleisch, denn aus Weizen und Hefe, denn die sind ebenfalls reich an Glutaminsäure, aus der sich ja das Glutamat bildet ...[3]

Bohnen in Höchstform

Gerade klassische Gerichte haben besonders viel *kokumi* zu bieten, denn dabei dürfen eiweißreiche Zutaten wie Fleisch und Hülsenfrüchte mit reichlich Fett mit Zwiebeln und/oder Knoblauch lange vor sich hin köcheln **(siehe Kapitel Japan)**. Ein berühmtes Beispiel ist das extrem lang gegarte Cassoulet aus dem Südwesten Frankreichs; der deftige Bohneneintopf gilt sogar als heimliche Nationalspeise **(Abb. 20)**.

Wie bei Nationalspeisen so üblich, wird über das «einzig wahre» Original erbittert gestritten. Connaisseurs aus Toulouse schmeckt das Cassoulet nur dann, wenn sich eingemachtes Gänsefleisch (Rillettes) zwischen die weißen Bohnen schmiegt, in Carcassonne muss es unbedingt Hammelfleisch sein und in Castelnaudary Schwein. Natürlich sind alle Variationen lecker, darum entbehrt dieser Streit jeglicher Grundlage. In jeder Region wanderte eben das Fleisch in den Topf, das vorwiegend zur Verfügung stand.

Toulouse beispielsweise ist eines der Zentren der *foie gras*-Erzeugung, der Gänsestopfleber. Ergo verwertete man dort das viele Fleisch der zahllosen Gänse im Cassoulet. Dabei erfüllen alle drei Cassoulet-Versionen das *kokumi*-Prinzip gleichermaßen, denn es entsteht durch das Zusammenwirken

von pflanzlichem und tierischem Protein plus Fett, denen bei gelinder Hitze genügend Energie und Zeit gegeben wurde, miteinander zu köstlichen Geschmacksmolekülen zu reagieren.

Heroische Hülsenfrüchte

Das Cassoulet wurde sogar zur Speise der Helden erhoben: Als sich Frankreich und England im Mittelalter mal wieder in die Haare bekamen (bekanntlich hieß diese Periode Hundertjähriger Krieg und dauerte von 1337 bis 1453), belagerten englische Truppen Castelnaudary. Da beschlossen alle Einwohner, ihre letzten Bohnen- und Fleischvorräte zusammenzuwerfen, und kochten das erste Mal ein Cassoulet von wahrhaft gigantischen Ausmaßen. Frisch gestärkt, gelang es den französischen Soldaten, die Engländer zu vertreiben und die Stadt zu befreien.[9]

Dass ausgerechnet ein Bohneneintopf verbrauchte Energie zurückbringen sollte, erklärt sich dadurch, dass der Erfinder dieser hübschen Geschichte, der französische Meisterkoch Prosper Montagné (1865–1948), in Carcassonne geboren wurde – mitten in der Heimatregion des Cassoulets. Dumm nur, dass Castelnaudary 1355 von den Engländern völlig verwüstet worden war und deshalb auch nicht mehr von hülsenfruchtgestärkten französischen Soldaten befreit werden konnte. Doch Montagné verfolg-

Abb. 21: Ackerbohnen (*Vicia faba*) werden vielerorts auch Pferde- oder gar Saubohnen genannt, ein Hinweis auf ihren kulinarischen Abstieg. Von den frisch enthülsten Bohnen (links) müssen die «Nabel» abgeknipst werden (rechts oben zu erkennen), denn sie verderben den Geschmack.

te mit seinem Märchen hehre Ziele, denn er wollte seinen Landsleuten am Vorabend des Zweiten Weltkriegs Mut machen: Auch wenn eure Vorräte zur Neige gehen – selbst ein paar bescheidene weiße Bohnen verleihen euch Kraft!

Montagné war zudem entgangen, dass die weiße Bohne gar keine Originalzutat eines mittelalterlichen Cassoulets sein konnte. Zu Zeiten des Hundertjährigen Kriegs simmerten nur Ackerbohnen **(Abb. 21)**, gelegentlich auch mal Augenbohnen (*Vigna unguiculata*) in den Cassoulettöpfen. Aber die Ackerbohnen schmecken im Gegensatz zu den heute üblichen weißen Bohnen (*Phaseolus ssp.*) eher rustikal; auch das Enthülsen bereitet mehr Arbeit. Wohl deswegen wurden sie bei uns ab dem 17. Jahrhundert von den weißen Bohnen verdrängt und fast überall zum Viehfutter degradiert – außer im Rheinland und der klassischen Gartenbauregion Erfurt.

Die begehrten weißen gelangten aber als gebürtige Amerikanerinnen erst nach Kolumbus' Reisen in die Neue Welt nach Europa, also deutlich nach dem Hundertjährigen Krieg.[8] Übrigens stammen sie aus genau jenen Regionen, in denen das Chili con Carne 1977 zum bohnenlosen Nationalgericht ausgerufen wurde … **(siehe Seite 131)**

Bittersüße Gaumenfreuden

Am spöttischen Spruch des englischen Historikers Thomas Carlyle (1795–1881), die Franzosen könnten selbst aus einer Distel noch ein ansprechendes Gericht zubereiten, ist durchaus etwas dran. Wobei er mit Distel die Artischocke meinte **(Abb. 22)**. In den Ländern rund ums Mittelmeer gelten Artischocken schon seit Urzeiten als eine Art Grundnahrungsmittel, und ihre wilden Ahnen wurden fleißig gesammelt. Die Ausbeute an essbarer Substanz ist jedoch eher mager. Und es dauert ewig, bis man alle Blätter abgezupft und abgelutscht hat, um endlich zum einzig handfesten Stück, dem Artischockenboden, vorzudringen. Dennoch werden sie unge-

achtet der breiten Auswahl an sättigenden Wurzel- und Knollengemüsen immer noch gern gegessen.

Das liegt wohl an ihren erstaunlichen Inhaltsstoffen. Die Artischocke enthält den Bitterstoff Cynarin. Da Bitterstoffe den Körper zur Produktion von Gallensäure und Verdauungsenzymen anregen, nutzten sie schon die alten Römer und Griechen bei Verdauungsbeschwerden als Arznei. Viel spannender aber ist, dass der Artischocken-Bitterstoff unsere Geschmacksknospen in die Irre führen kann: Trinkt man nach einer Dosis Cynarin Wasser, schmeckt es süß.[2] Da der Mensch von Natur aus Süßes liebt, ganz einfach, weil es etwas Nahrhaftes signalisiert, vermögen Artischocken den Geschmack der Vinaigrette oder Mayonnaise, in die die Blätter getunkt werden, bevor man sie genüsslich ablutscht, noch weiter zu verbessern.

Vielleicht geht es ja auch nur um die Sauce, denn in Sachen Saucenzubereitung sind französische Köchinnen und Köche unumstrittene Meister. Bei Saucen kommt es darauf an, wässerige und ölige Bestandteile so innig miteinander zu vermischen, dass sie in einer cremigen Flüssigkeit, einer sogenannten Emulsion, dicht beieinanderbleiben. Emulsionen vermitteln der Zunge nun aber einen besonderen Kick, weil sich die zugesetzten Gewürze unterschiedlich gut in Wasser oder Öl lösen: Salz löst sich nur in Wasser, viele Aromastoffe aus Würzkräutern, zum Beispiel Thymian, lösen sich

Abb. 22 a + b: Die blühenden Artischocken (*Cynara cardunculus*, links a) können ihre Ähnlichkeit mit ihren als lästige Unkräuter verachteten Distel-Verwandter hier eine Ackerdistel (*Carduus arvensis*, rechts, b nicht verleugnen.

dagegen ungleich besser in Fett. Alle diese Geschmackskomponenten verschmelzen in einer Emulsion zum großen Ganzen. Und wir fahren auch deswegen so sehr auf Emulsionen ab, weil eine Emulsion das Erste ist, was wir als Babys zu trinken bekommen: Muttermilch. So lässt sich die Beliebtheit von Emulsionen wie Vinaigrette, Mayonnaise, Bratensaucen, Butter und Eiscreme zwanglos erklären.[11]

Ratatouille

Ein typisches Beispiel für die preisgünstige Regionalküche ist die Ratatouille, der leckere Gemüseeintopf aus dem Süden Frankreichs, wo die wärmebedürftigen Tomaten, Auberginen und Zucchini bestens gedeihen **(Abb. 23)**. Obwohl diese südeuropäischen Gemüse (Auberginen stammen ursprünglich aus Indien oder China) in den 60ern und 70ern auch bei uns Einzug hielten, erinnern sich viele vermutlich noch an das fade, undefinierbare Erzeugnis, das ihnen in Kantinen und Mensen, aber auch manchen Restaurants als Ratatouille vorgesetzt wurde. Leider wussten bei uns damals noch die wenigsten, wie sie Geschmack in die extrem aromaschwachen Auberginen und Zucchini zaubern konnten. Hinzu kam, dass damals die Manie um sich griff, Grünzeug möglichst kurz zu garen, um die Vitamine zu bewahren.

Abb. 23: Ratatouille.

Was bei Karotten und frischen grünen Erbsen funktioniert, muss jedoch bei Auberginen versagen. Sie müssen gar gekocht werden, sollen sie die Verdauung nicht durcheinanderbringen.

Nicht nur Nachtschattengewächse wie Auberginen und Kartoffeln, auch Hülsenfrüchte wie Bohnen enthalten giftige Substanzen, die in der Alltagsküche durch traditionelle, meist zeitaufwendige Methoden unschädlich gemacht werden.[1] Ungenügend gegarte, bissfeste Bohnen haben schon zu schlimmen Vergiftungen geführt![10] Die klassischen Auberginenrezepte aus den Mittelmeeranrainern sehen vor, die Früchte zumindest teilweise zu schälen, klein zu schneiden, sie dann mit Salz zu bestreuen und stehen zu lassen. Da sich die meisten unliebsamen Stoffe, z. B. die fiesen Bitterstoffe, direkt unter der Schale befinden – sie sollen in der Natur ja genäschige Mäuler vom Vertilgen der Frucht abhalten –, kann man so schon mal einen erklecklichen Teil davon entfernen. Die modernen Sorten sind aber auch mit Haut genießbar, denn ihnen wurden die Bitterstoffe größtenteils abgezüchtet.

Ach ja, größte Vorsicht ist bei bitteren Zucchini angebracht, sogar dann, wenn sie aus dem eigenen Garten stammen! Solche aus selbst erzeugtem Saatgut können bitter schmecken. Das liegt daran, dass die Hummeln sie mit Pollen von Zierkürbissen bestäubt haben, was meist klappt, weil Zucchini ja ebenfalls der Kürbisfamilie angehören. Leider sind diese Bitterstoffe sehr giftig,[6,12] und darum gehören solche Zucchini auf den Kompost. Zucchini-Saatgut also immer im Fachhandel kaufen. Hier nützt eine Salzbehandlung nichts.

Auch bei Auberginen sollte man nicht auf die Salzbehandlung verzichten. Das Salz zieht Wasser aus dem Fruchtfleisch, entfernt also noch mehr etwaige Bitterstoffe, aber entscheidend ist: Durch das Salzen und das nachfolgende Ausdrücken wird dem Gemüse überschüssiges Wasser entzogen, dadurch saugt es weniger Fett auf und kann leichter Aromen aufnehmen.[7] Erst das macht aus den geschmacksneutralen Früchten ein wahrhaft köstliches Gemüse!

Frankreich

Rezepte

Ratatouille
Für 6 bis 8 Personen
Zubereitungsdauer ca. 2 Stunden

Zutaten
    1,5 kg reife Tomaten; sie sollten noch fest sein, da sehr weiche an Aroma verloren haben
    ca. 1 kg Auberginen, in ca. 2 cm dicke Scheiben geschnitten
    ¾ kg Zucchini, in ca. 1 cm dicke Scheiben geschnitten
    ½ bis 1 Tasse Olivenöl
    ca. 500 g grüne Paprikaschoten, entkernt und in ca. 2 cm große Quadrate geschnitten
    2–3 Tassen in dünne Ringe geschnittene Zwiebeln, noch besser wären Schalotten
    ½ Tasse gehackte Petersilie; die glatten Sorten haben ein intensiveres Aroma als krause
    1 EL fein geschnittenes Basilikum
    2 TL fein gehackte Knoblauchzehen
    Salz
    schwarzer Pfeffer

Wie so viele klassische Gerichte ist Ratatouille kein Rezept für Ungeduldige. Entscheidend sind vollreife und aromatische Tomaten, darum gelingt dieses Gericht auch nur im Hochsommer wirklich gut. Bevor die Tomaten in den Topf wandern, also probieren, sonst lieber vernünftige italienische Dosentomaten nehmen, besonders aromatisch sind die Sorten San Marzano oder San Marzano Due. Frische Tomaten häuten und vierteln, aber nur entkernen, wenn man partout etwas gegen Tomatensamen zwischen den Zähnen hat. Denn viel Tomatengeschmack sitzt auch im Glibber.

Zubereitung
Die Auberginen- und Zucchinischeiben leicht salzen, zwischen zwei Lagen Küchenkrepp ausgebreitet mit einer Platte oder einem Küchenbrett beschweren. Nach ca. 30 Minuten mit frischem Küchenkrepp abtrocknen. Durch das Salzen und Pressen

wird dem Gemüse überschüssiges Wasser entzogen, und es kann leichter Aromen aufnehmen. Früher diente die Prozedur bei den Auberginen auch dem Ausziehen von unangenehm schmeckenden Bitterstoffen, doch diese sind den meisten modernen Sorten weitgehend abgezüchtet worden.

Olivenöl in einer schweren Pfanne fast bis zum Rauchpunkt erhitzen und die Auberginenscheiben auf beiden Seiten je etwa 1 bis 2 Minuten anbraten. Wenn das Öl nicht heiß genug ist, saugen sie zu viel Öl auf, also lieber nur wenige Scheiben auf einmal in die Pfanne geben, damit sich das Öl nicht abkühlt. Die gebratenen Scheiben auf Küchenkrepp trocknen.

Dann nacheinander Zucchini, Paprika und Zwiebeln anbraten. Die Gemüse müssen getrennt angebraten werden, weil sie unterschiedlich viel Wasser enthalten. Würde man z. B. die Zwiebeln zusammen mit den Zucchini anbraten, würde viel Wasser aus den Zucchini austreten, und die Zwiebeln könnten nicht angebraten werden, sondern würden im Zucchinisaft dünsten. Es würden sich die köstlichen Röstaromen nicht entwickeln, die der Ratatouille ihren runden Geschmack verleihen.

Zucchini und Paprika ebenfalls mit Küchenkrepp trocknen; Petersilie, Knoblauch und Basilikum in einem Schälchen vermischen.

Etwas Öl aus der Pfanne in einen mittelgroßen Kochtopf (4–5 Liter) gießen und den Boden mit ca. einem Drittel der Auberginen belegen. Darüber 1 Esslöffel der Kräutermischung geben, salzen, pfeffern. Dann Lagen von Tomaten, Zucchini und Zwiebeln einschichten, jede Lage mit der Kräutermischung bestreuen, salzen, pfeffern und am Schluss alles mit den restlichen Auberginen abdecken, mit den übrig gebliebenen Kräutern bestreuen und natürlich noch mal salzen und pfeffern. Den Rest des Olivenöls mit den gesammelten Röstaromen aus der Pfanne hinzugeben und zum Kochen bringen, dann Hitze herunterschalten.

Jetzt beginnen die Vorarbeiten für das entscheidende Geschmackskonzentrat: Wir schöpfen etwa alle 5 bis 10 Minuten die aus den Gemüsen austretende Flüssigkeit so weit wie möglich ab und sammeln sie in einem kleinen Topf. Das Gemüse ist nach ca. 30 bis 40 Minuten weich und kann vorerst vom Feuer genommen werden.

Die abgeschöpfte Flüssigkeit mit all den Aromastoffen aus den Kräutern, den Röststoffen und Karamellaromen aus dem angebratenen Gemüse und dem Salz, übrigens einem der weltweit am häufigsten eingesetzten Geschmacksverstärker, kräftig aufkochen, bis noch ca. 2 EL übrig sind, und dann in den Eintopf gießen. Gut umrühren und noch mal erwärmen. Wem das noch nicht reicht, der kann natürlich nachwürzen.

Die Ratatouille wird im Topf serviert – heiß oder kalt ist sie gleichermaßen köstlich!

Sauce au Pistou

Mit dem Pistou (Abb. 24) kann man praktisch jedes herzhafte Gemüsegericht aromatisieren, z.B. die Pistou-Suppe oder auch grüne Bohnen. Die kräftige Würzpaste macht sogar den klassischen Geschmacksverstärker der französischen Küche, den Rinderfond überflüssig! Vor den Genuss setzten die Küchengötter allerdings den Schweiß, denn das Pistou muss mit Mörser und Pistill zubereitet werden.

Zutaten
- 4 Knoblauchzehen
- 1 Bund Basilikum
- 4 EL Olivenöl
- grobes Salz

Abb. 24: Die Sauce au Pistou ähnelt in Geschmack, Farbe und Namen dem italienischen Pesto.

Zubereitung
Knoblauchzehen schälen, im Mörser leicht zerdrücken und mit etwas Salz und den Basilikumblättern zerreiben, bis eine glatte Creme entstanden ist.

Beginnen wir mit einer Suppe. Hier wird die Würzwirkung des Pistous noch durch das natürliche Glutamat im Hartkäse unterstützt:

Pistou-Suppe
Für 6 Personen

Zutaten
- 4 Tomaten
- 2 Kartoffeln
- 2 Karotten
- 2 Lauchstangen, nur die weißen Teile
- 2 kleine Zucchini
- 200 g Wachsbohnen
- 50 g trockene weiße Bohnen, kann man frische bekommen, dann nimmt man 150 g

Abb. 25: Das aromatische Pistou verfeinert jede Gemüsesuppe.

50 g trockene rote Bohnen, wenn frisch erhältlich, 150 g
eine Handvoll dünne Suppennudeln
ca. 100 g guter geriebener Hartkäse, z. B. Gruyère

Zubereitung

Tomaten häuten, Kerne herausdrücken und Fruchtfleisch zerdrücken. Kartoffeln und Karotten putzen und in kleine Würfel schneiden, Zucchini nur waschen, aber nicht schälen, und ebenfalls würfeln. Lauch waschen und in dünne Ringe schneiden. Geputzte Wachsbohnen in kleine Stücke schneiden.

Das Gemüse in 3–4 Liter kochendes Wasser geben und nach ca. einer Dreiviertelstunde salzen. Alles soll rund 1,5 Stunden kochen.

Nun geben wir die Nudeln in den Topf, je nach Größe lassen wir sie 5–10 Minuten ziehen. Dann folgt die Hälfte des Käses, nun muss die Suppe noch 5 Minuten unter Rühren gekocht werden.

Das vorbereitete Pistou (s. o.) mit einem Schöpflöffel heißer Suppe verdünnen, gut verrühren und dann in den kochenden Suppentopf geben.

Dann in einer Suppenschüssel anrichten, den restlichen Käse getrennt dazu reichen (Abb. 25).

Grüne Bohnen mit Pistou und Tomaten

Bei den grünen Bohnen wird das geschmacksverstärkende Pistou durch das natürliche Glutamat in den Tomaten unterstützt.

Für 6 Personen

Zutaten

1 kg grüne Bohnen

Tomaten-Coulis

500 g vollreife Tomaten
2–3 Zwiebeln
1 kleines Kräuterbund zusammenstellen aus jeweils 2–5 Stängeln
Petersilie – Salbei – Majoran – Thymian. Vorsicht mit dem intensiven Salbei, lieber weniger nehmen!

Zubereitung

Bohnen putzen und im kochenden Salzwasser in ca. 20 Minuten gar kochen. Wenn man den Deckel offen lässt, bleiben sie grün, aber das Kochen kostet dann mehr Energie.

Für das Coulis Tomaten häuten, Kerne herausdrücken und gut zerdrücken.

Die klein gehackten Zwiebeln lassen wir auf moderater Hitze im Öl goldbraun werden. Das erfordert ein wenig Geduld, denn sie dürfen niemals schwarz werden. Der bittere Geschmack angebrannter Zwiebeln ist unheimlich penetrant und verdirbt einfach alles! Dann Tomaten und das Kräuterbund dazugeben. Eine Prise Salz hinzugeben und leise köcheln lassen, bis das Coulis leicht eindickt. Das dauert ungefähr 30 Minuten.

Coulis durch ein Sieb streichen und mit den abgetropften Bohnen mischen. Alles auf kleinster Flamme gut durchrühren. In einer großen Schüssel anrichten und das vorbereitete Pistou (s. o.) hinzugeben. Noch einmal gut durchmischen und gleich genießen!

Geschmorter Kopfsalat

Auf heimische Köchinnen und Köche mag dieses typisch französische Rezept zunächst etwas befremdlich wirken. Aber damit lassen sich selbst nicht mehr ganz taufrische Salatköpfe noch in kleine Köstlichkeiten verwandeln. Wer wegen der Hitzebehandlung um den Vitamin-C-Gehalt bangt, braucht sich keine Sorgen zu machen, der ist im grünen Salat eher unbedeutend, vor allem, wenn er nicht aus dem eigenen Garten stammt.

Ach ja, mit dieser Zubereitungsart bekommen Sie garantiert keine Probleme mit Keimen à la EHEC …

Für 4 Personen

Zutaten

4 Salatköpfe
50 g Butter
1 Bund frisches Bohnenkraut bzw. 1 EL getrocknetes
1 Tasse Fond
Pfeffer, Salz

Zubereitung

Welke Blätter entfernen und Strünke abschneiden, Köpfe ganz lassen und gut waschen.

Salatköpfe 5 Minuten in kochendem Salzwasser blanchieren, mit Schaumlöffel herausnehmen und unter kaltem Wasser abschrecken. Gut abtropfen lassen und ausdrücken, das Wasser muss so weit wie möglich raus. Der Salat besteht ja schon zu 98 Prozent daraus.

Eine feuerfeste Platte mit einem Teil der Butter ausstreichen und die Salate nebeneinander hineinlegen. Dazwischen kommt je ein Stängel Bohnenkraut. Falls trockenes verwendet wird, einfach darüberstreuen. Mit Butterflöckchen belegen und mit dem Fond übergießen.

Platte so lange im 180 bis 200 °C heißen Ofen lassen, bis der Fond verdampft ist. Wenn es so weit ist, gleich heiß auf der Platte servieren.

Coq au Vin

Für alle, die die Hoffnung nicht aufgegeben haben, einen älteren Hahn, vorzugsweise etwa anderthalb Jahre alt, auftreiben zu können, hier ein Rezept. Dabei sind die Angaben nur Richtwerte, denn die Hähne der verschiedenen Rassen werden sehr unterschiedlich groß. Man muss einfach seine eigenen Erfahrungen sammeln. Hier gehen wir von einem kleineren Hahn von etwa 3 Pfund aus.

Für 4 Personen

Zutaten

Der Hahn:
- *1 ausgewachsener Hahn von ca. 1,5 kg*
- *2 EL gehackte Petersilie*

Marinade:
- *1 bis 2 Flaschen Roter Burgunder, je nach Größe des Hahns*
- *1 Prise Salz*
- *1 TL schwarze Pfefferkörner*
- *3 Knoblauchzehen*
- *2 Zwiebeln, grob gehackt*
- *2–3 Karotten, grob gewürfelt*
- *1 Stange Staudensellerie, geschnitten*

Zum vorbereitenden Kochen:
- 1 Bouquet garni: 4 Petersilienstängel, 1 Lorbeerblatt und 2–3 Stängel Thymian zusammenbinden
- 2 EL Mehl
- ½ Tasse Rinderfond oder gute Hühnerbrühe
- ¼ Tasse Cognac

Das Gemüse:
Man gibt traditionell kleine Zwiebeln und Champignons hinzu:

- ein Dutzend kleine weiße Zwiebeln oder runde Schalotten, geschält (2–3 cm im Durchmesser)
- 250 g durchwachsener Speck, quer in dünne Streifen geschnitten
- 2 Tassen Wasser
- 1 EL Butter

- 250 g frische ganze, sehr kleine Champignons
- 2 EL Butter
- 2 EL Schalotten oder Frühlingszwiebeln, klein gehackt

Zubereitung
Hahn zerteilen, dabei fällt auch Hühnerklein ab. Daraus können Sie gleich die benötigte Brühe kochen, wenn Sie keinen Rinderfond verwenden wollen.

Fleisch in die Marinade geben, kühl stellen und 3 bis 5 Tage marinieren (Abb. 26). Gut abdecken, das Fleisch darf nicht mit Luft in Berührung kommen.

Erster Kochtag
Zuerst die kleinen Zwiebeln garen.

Speck blanchieren, um überschüssiges Salz zu entfernen. Dazu in Wasser 5 Minuten kochen lassen und dann auf Küchenkrepp abtrocknen.

1 EL Butter in einer kleinen Pfanne zergehen lassen und die Speckstreifen bräunen. Herausnehmen und wieder auf Küchenkrepp abtropfen lassen.

Abb. 26: Der Hahn im Wein.

Im ausgebratenen Speckfett auf mäßiger Hitze Schalotten anbräunen und dann in einer einzigen Lage in einem feuerfesten Gefäß im Ofen bei 180 Grad ohne Deckel dünsten. Aber vorher noch mit dem Speckfett beträufeln. Bis sie weich sind, dauert es etwa eine halbe Stunde, zwischenzeitlich ein- bis zweimal wenden.

Aus dem Ofen nehmen, Fett abfließen lassen und beiseitestellen.

Hähnchenteile aus der Marinade nehmen und trocken tupfen. Sie werden im übrig gebliebenen Speckfett der Pfanne angebraten, falls davon nicht genug übrig geblieben ist, geben wir einfach etwas gutes Olivenöl hinzu. Immer nur wenige Fleischteile gleichzeitig braten, damit die Temperatur nicht zu stark sinkt.

Wenn alle Teile hübsch angebräunt sind, das Fett, soweit es geht, abgießen oder herausschöpfen, Cognac über den verbleibenden Bratensatz geben und mit einem Streichholz anzünden. Pfanne immer hin und her ruckeln, bis die Flamme erlischt.

Die Fleischteile kommen in einen großen Topf, zusammen mit dem Bouquet garni, dem gebräunten Speck und dem Knoblauch.

In den Hähnchenbratensatz wird nun das Mehl eingerührt. Bratensatz gut ablösen, dann etwas Fond bzw. Hühnerbrühe hinzugeben. Auf starker Hitze aufkochen und dabei ständig rühren, bis man eine dicke und glatte Sauce hat. Durch ein Sieb über den Hahn geben. Nun mit der durchgeseihten Marinade auffüllen, bis alles gerade bedeckt ist. Falls nötig, noch etwas Fond hinzugeben.

Gemüse aus der Marinade trocken tupfen, mit etwas Mehl bestäuben, anbraten und zum Hahn geben.

Den Topf auf starker Hitze zum Kochen bringen, dann sofort Hitze reduzieren. Der Topfdeckel muss gut dicht halten! Nun muss der alte Hahn auf kleinster Flamme wahrscheinlich 4 bis 5 Stunden köcheln. Immer mal zwischendurch anstechen. Wenn das Fleisch einen elastischen Widerstand leistet und zart wirkt, ist es gar. Im Topf über Nacht auf Zimmertemperatur abkühlen lassen (Abb. 27).

Zweiter Kochtag

Die Teile aus dem Topf nehmen, Sauce durchsieben und alles ein paar Minuten setzen lassen. Bouquet garni wegwerfen. Wenn gewünscht, Fett abschöpfen.

Nun die Champignons zubereiten:

Butter in einer Pfanne auf mäßiger Hitze zergehen lassen und die Schalotten kurz anbraten, eine halbe Minute sollte genügen. Pilze hinzufügen und ca. 3 Minuten lang dünsten, mehrmals umrühren.

Zusammen mit den kleinen Zwiebeln vom Vortag in einen ausreichend großen Topf geben und das Fleisch drauflegen. Die Sauce hinzugeben und ohne Deckel zum

Kochen bringen. Ungefähr 10 Minuten auf kleinster Flamme köcheln.

Dann die Sauce abschmecken, sollte sie wider Erwarten zu sauer sein, geben Sie einfach ein wenig Zucker hinzu.

Nun ist das Ziel nahe. Anderthalb Stunden vorm Essen bringen Sie den Gockel noch einmal ganz langsam zum Kochen, heben ihn nach etwa einer halben Stunde aus der Sauce und stellen ihn im Backofen – unter Folie abgedeckt –

Abb. 27: Der Hahn kurz vor der Vollendung.

warm. Die Sauce nochmals durchseihen, die Champignons und Zwiebeln zum warm gehaltenen Fleisch legen.

Nun muss die Sauce bei starker Hitze auf ungefähr ein Zehntel ihrer Menge reduziert werden. Das geht natürlich am besten in einer Sauteuse, aber eine Pfanne mit ihrer großen Oberfläche tut's auch.

Sauce mit ordentlich Pfeffer und evtl. noch Salz abschmecken, anrichten und mit Petersilie bestreuen.

Zum Aufsaugen der köstlichsten aller Essenzen eignen sich Weißbrot oder Kartoffeln.

Bon appétit!

Kunstvolle Körnerküche

Beim Wort Mittelmeerküche fällt den meisten Menschen wohl zuerst das Olivenöl ein. Doch vor allem im Norden Afrikas wird traditionell ebenso gern mit Butterschmalz gekocht. Schließlich wurde dort schon Vieh gehalten, bevor es der Olivenbaum mit den Phöniziern in der Antike übers Mittelmeer schaffte. Diese Vorliebe bemerkt man spätestens dann, wenn einem Couscous serviert wird, ein Grundnahrungsmittel aus Getreide, das im Dampfkochtopf in eine lockere Köstlichkeit verwandelt wird und je nach Geldbeutel mit Fisch, Fleisch oder Gemüse angerichtet wird.

Couscous herzustellen, ist zwar zeit- und arbeitsaufwendig, aber die Frauen würden sich wohl kaum seit ewigen Zeiten so viel Arbeit damit aufgebürdet haben, wenn er nicht besser verdaulich und schmackhafter als einfacher Körnerbrei wäre. Wann der Couscous das erste Mal die Gaumen erfreuen durfte, ist unsicher. Die ältesten Dampfkochtöpfe datieren aus dem 3., die ersten schriftlichen Aufzeichnungen aus dem 13. Jahrhundert. Relativ sicher ist dagegen, dass der Couscous von den Berberinnen erfunden wurde. Dieses nomadisch lebende Volk beherrschte Nordafrika, lange bevor die Phönizier, die Römer, die Vandalen, Türken, Franzosen und Spanier beschlossen, das Mittelmeer zu überqueren und sich dort als Händler, Eroberer oder Kolonialmacht mal mehr, mal weniger beliebt zu machen. Nicht zu vergessen die Araber, die noch nicht einmal übers Meer reisen mussten. Immerhin brachten die Eindringlinge Zutaten mit, die heute unentbehrlich sind. Die Römer führten Obstbäume und Weinreben ein, später kamen auch Piment, Chili und Tomaten aus der Neuen Welt dazu.

Ursprünglich nahmen die Berberinnen für ihren Couscous Gerste, die schon seit über 10 000 Jahren angebaut wird. Der Anbau des vergleichsweise jungen Hartweizens startete dagegen erst vor etwa 2000 Jahren richtig durch. Beide eignen sich aufgrund ihrer Eiweißzusammensetzung schlecht für luftige Brote, umso besser aber für nudelartige Produkte **(siehe Kapitel Bella Italia)**. Das erklärt, weshalb der Couscous, der auf den ersten Blick simplem Grieß ähnelt, eher mit der italienischen Hartweizenpasta verwandt ist **(Abb. 28)**.

Vielleicht entstand der Couscous zufällig beim Brauen, denn wie Bier wird traditioneller Couscous aus gekeimten Körnern hergestellt, dem gut verdaulichen Malz **(siehe Kapitel Bella Italia)**. Die gekeimten Körner werden an der Luft getrocknet und grob vermahlen. Diesen Grieß schüttet man auf eine flache Schale, benetzt ihn mit ein wenig kaltem Salzwasser und etwas Butter oder Öl, gibt immer wieder feines Mehl hinzu und verreibt alles mit den Handflächen **(Abb. 29)**. Dabei ballen sich die feinen und die groben Grießpartikel zusammen und bilden eine Art kugelförmige Mini-Pasta. Damit alle Kügelchen gleich groß werden, schließlich sollen sie gleichzeitig gar werden, siebt man sie wiederholt, dämpft sie etwa 20 Minuten und trocknet sie noch drei bis sechs Tage lang im Schatten. Dann endlich kann der Couscous als haltbarer Vorrat abgefüllt werden.[3, 8, 14, 25]

Abb. 28: Dieser Händler bietet seinen Couscous 1916 im marokkanischen Fes an. Am leckersten und darum auch am beliebtesten ist heute der nussige Hartweizencouscous. In Westafrika erzeugt man Couscous auch aus anderen dort traditionell angebauten Getreidearten wie der Hirse.[14]

Nicht nur die Herstellung, auch die Zubereitung von Couscous verlangt Fingerspitzengefühl und Erfahrung. Im Gegensatz zu der verwandten Pasta, die ja einfach in kochendes Wasser geworfen wird, würde Couscous eine derart grobe Behandlung übelnehmen und zu einer gummiartigen Masse verkleistern. Er verlangt sanftes Garen in den aufsteigenden Dämpfen einer Brühe, notfalls tut's auch Wasser. Dazu füllt man ihn in einen speziellen Dampfkochtopf, die Couscousière, und damit der Couscous besonders luftig gerät, wiederholt man diesen Vorgang meist noch einmal (Abb. 30).

Mit ihrer Erfindungsgabe verwandelten die Berberinnen Getreide in ein Produkt, das Brot weder im Geschmack noch im Nährwert nachsteht. Der Couscous passt sich perfekt in den Alltag nomadisch lebender Menschen ein, sie benötigen keinen fest gemauerten Backofen, sondern nur Brennholz fürs Kochfeuer, eine Couscousière und Zeit zum Kochen. Vielleicht erklärt das auch, warum sich weltweit nur die Pasta durchsetzen konnte, die ja innerhalb weniger Minuten gegart ist. Immerhin: 2020, zehn Jahre nach der Pasta, hat die UNESCO auch den Couscous zum Weltkulturerbe erhoben.

Abb. 29: Die manuelle Herstellung von Couscous aus Hartweizen ist zwar zeitraubend, aber körperlich weniger anstrengend als die von Pastateig. Denn Hartweizenteige werden so fest, dass man sie in Italien früher mit den Füßen knetete.

Bulgur

Auch Bulgur ist in Nordafrika, der Levante und in der Türkei sehr beliebt. Wenngleich er auf den ersten Blick wie eine etwas feinere Version des Couscous aussieht, besteht er nicht aus klitzekleinen «Pastakörnern», sondern aus geschrotetem Hartweizen. Es gibt verschiedene Herstellungsverfahren, doch bei allen werden die Antinutritiva des Weizenkorns recht effektiv entfernt. Traditionell erzeugt man Bulgur aus gekeimten Körnern, die getrocknet, mehr oder weniger grob vermahlen und dann weitgehend von der dabei abgelösten Kleie befreit werden. Man kann die Körner auch über Nacht auf kleiner Flamme in Wasser köcheln, bis sie platzen. Dann kocht man sie auf, damit die Stärke geliert, und trocknet sie in der Sonne.[5,14]

Im Gegensatz zum Couscous gelingt Bulgur auch unerfahrenen Köchinnen und Köchen. Oft kommt er in die gefüllten Gemüse, welche in der arabischen und türkischen Küche überaus beliebt sind. Er lockert aber auch Hackbällchen auf, statt Brot knetet man Bulgur in die Fleischmasse. Die nussig schmeckenden, gut verdaulichen Körner müssen noch nicht einmal erhitzt werden: Für den klassischen Salat Tabbouleh beispielsweise werden die Körnchen in Salzwasser eingeweicht, gut ausgedrückt, mit Petersilie, Tomaten und Zwiebel angerichtet und mit Minze, Olivenöl und Zitrone aromatisiert.

Abb. 30 + 31: Eine traditionelle Couscousière (links). In den Topf füllt man Wasser oder Brühe, den zuvor in Wasser eingeweichten Couscous in den Aufsatz, wo die Körnchen im aufsteigenden Dampf aufquellen. Nach dem ersten Durchgang breitet man die Körnchen auf einer Platte aus und zerteilt sie mit den Fingern, um etwaige Klumpen aufzulösen. Dabei reibt man entweder kaltes Salzwasser, Butter oder Öl hinein, wodurch sie weiter aufquellen, und dämpft sie kurz ein zweites Mal.

Der Widerspenstigen Zähmung: Hülsenfrüchte

Ebenso einfallsreich und schmackhaft wie das altehrwürdige Getreide bereitet man im Norden Afrikas auch Hülsenfrüchte zu. Die dort traditionell vorwiegend auf fleischloser Kost basierende Küche entstand jedoch weniger aus religiöser Überzeugung, wie etwa bei den Buddhisten Indiens, sondern vor allem als Reaktion auf die klimatischen und geologischen Gegebenheiten. In trocken-heißen Regionen können die Menschen ihre Schafe, Ziegen, Rinder und Kamele oft nur auf karge Weiden treiben und nutzen sie lieber als Lasttiere, Milch- und Wollspender denn als mageren Braten. Daher mussten sie ihren Proteinbedarf durch Hülsenfrüchte, Milchprodukte und Eier decken.

Anders als in westlichen Ländern, wo aus isolierten Hülsenfruchtproteinen mit immensem Aufwand Produkte erzeugt werden, die der Kundschaft Fleisch vortäuschen sollen, erfreut man sich in den traditionellen Küchen Afrikas, Asiens uns Amerikas an Bohnen, Kichererbsen und Linsen um ihrer selbst willen und verleiht ihnen mit einer abwechslungsreichen Würzung köstliche Geschmacksnoten. Nur der Kreuzkümmel (*Cuminum cyminum*) steckt in fast jeder Gewürzmischung für Hülsenfrüchte. Zum einen wirkt er blähungshemmend und verdauungsfördernd, zum anderen verbessert er erheblich den Geschmack. Wie es der Zufall will, findet sich sein Hauptaromastoff, das warm moschusartig schmeckende Cuminaldehyd, auch im Aroma des Roastbeefs.[8]

In Ägypten beispielsweise werden die preisgünstigen Dicken Bohnen, Ful genannt, zu allen erdenklichen Tages- und Nachtzeiten in allen möglichen Zubereitungsformen genossen. Alle haben eine Gemeinsamkeit: ihre aufwendige Zubereitung: Für die Suppe Shorbet Ful Nabet werden die Bohnensamen vor dem Kochen einige Tage lang gekeimt und dann geschält, für die Teigbällchen Ta'amiya über Nacht eingeweicht, zerkleinert und in siedendem Öl frittiert und für das beliebte Ful medames **(Abb. 32 + 33)** extrem lang gekocht, meist sogar über Nacht.

Dabei geht es nicht allein um den Geschmack, sondern vor allem um die bessere Verdaulichkeit. Ful Nabet wird aus gekeimten Bohnen gekocht, weil das Phytat vom wachsenden Pflänzchen als Energiequelle genutzt und damit abgebaut wird. Im Verdauungstrakt würde der Stoff dagegen die Mineralstoffaufnahme behindern. Die Samenschalen werden entfernt, weil in ihnen die unangenehm zusammenziehend schmeckenden Tannine stecken, die Gerbstoffe. Sie behindern überdies die Verdauung. Besonders reich an Tanninen sind übrigens die Schalen der dunklen Sorten.[1]

Bei allen Gerichten aus Dicken Bohnen wird das Einweichwasser stets verworfen. Es geht dabei aber nicht nur darum, die lästigen blähenden Kohlenhydrate auszuwaschen, sondern auch zwei ihrer natürlichen Inhaltsstoffe, Vicin und Convicin. Beide sind für die meisten vermutlich völlig harmlos, nicht aber für Menschen, die an einer bestimmten, im Alltag eher unauffälligen Erbkrankheit leiden, dem G6PD-Mangel. Und diese Krankheit tritt gerade dort besonders häufig auf, wo seit Jahrtausenden die Malaria grassierte, also auch in den Ländern rund ums Mittelmeer. Denn sie hat einen positiven Nebeneffekt: Sie vermag die roten Blutkörperchen vor den Malariaparasiten zu schützen!

Den Betroffenen mangelt es jedoch an einem Enzym, der Glucose-6-Phosphat-Dehydrogenase, kurz G6PD. Essen sie zu viele rohe oder ungenügend gekochte Dicke Bohnen, die noch viel Vicin und Convicin enthalten, erleiden sie eine Lebensmittelvergiftung namens Favismus. Denn

Abb. 32 + 33: In Ägypten gibt es Ful medames an jeder Straßenecke – sogar zum Frühstück. Die Bohnen simmern in speziell geformten Kesseln oft die ganze Nacht lang (links). Meist werden die weichen Bohnen mit der Gabel zu würzigem Mus zerdrückt, was die Verdaulichkeit steigert denn die unverdaulichen Zellwände werden zerstört und die Nährstoffe aus den Zellen freigesetzt. Das Mus wird dann mit Fladenbrot und ein wenig frischem Gemüse genossen (rechts).

mangels G6PD kann der Körper die beiden Stoffe nicht rasch genug unschädlich machen, und in der Folge kommt es zu Symptomen wie Fieber, Blutharnen, Milz- und Leberschwellungen. Ist der G6PD-Mangel besonders schwer ausgeprägt, was zum Glück nur für einen geringen Prozentsatz der Betroffenen gilt, kann der Verzehr dieser Bohnen sogar tödlich enden.[16, 18, 27] Durch Kochen oder Frittieren lassen sich Vicin und Convicin zwar nicht vollständig zerstören,[23, 24, 27] da man aber die Bohnen für das Ful medames traditionell die Nacht über einweicht und sie dann in frischem Wasser kocht, verringert sich ihr Gehalt deutlich. Und damit sinkt auch das Risiko, durch ein Volksnahrungsmittel an Favismus zu erkranken.

Radikalkur

Der G6PD-Mangel gehört zu den häufigsten angeborenen Enzymdefekten der Welt; über eine Milliarde Menschen sind davon betroffen.[26, 28] Das zeigt, welch immensen Einfluss die weitverbreitete Malaria in der menschlichen Evolution ausgeübt hat, bzw. welcher Stellenwert ihr in der Geschichte der Menschheit zukommt. «Kostenlos» ist der Schutzeffekt des G6PD-Mangels gegen Malaria leider nicht, denn die Betreffenden neigen dazu, eine Insulinresistenz, also Diabetes Typ 2, und Fettsucht zu entwickeln.[20]

Theoretisch kann derselbe Mechanismus, mit dem das Vicin und das Convicin die roten Blutkörperchen von Menschen mit G6PD-Mangel schädigen, auch vor der Malaria schützen. Das funktioniert so: Im Verdauungstrakt werden sie zu Divicin und Isouramil umgewandelt, die beide ins Blut gelangen. Dort produzieren sie munter freie Radikale. Normalerweise würden sie rasch von der G6PD abgebaut und unschädlich gemacht, doch eben daran herrscht ja ein Mangel. So bleibt den reaktiven Radikalen länger Zeit, die roten Blutkörperchen zu schädigen – und mit ihnen die Malariaparasiten, die ja in den Blutkörperchen sitzen.[2] Wer weiß, vielleicht liegt hier ein Grund, weshalb junge Dicke Bohnen in den von Malaria betroffenen Regionen auch gern roh verspeist werden.

Mit Vicin und Convicin ist das Arsenal der Dicken Bohnen noch nicht erschöpft. Wie alle Hülsenfrüchte enthalten sie auch Lektine, das sind Proteine, die die Darmschleimhaut angreifen. Sind zu viele Lektine im Essen, reagieren auch völlig gesunde Menschen darauf mit Übelkeit, Erbrechen und Durchfall. Zum Glück lassen sich diese Substanzen im Kochtopf unschädlich machen – vorausgesetzt, dass man die Bohnen auch wirklich gar kocht, so wie bei *Ful medames*.

Die Dicke Bohne bekam nach Kolumbus' Amerikareise heftige Konkurrenz von der dort heimischen Gartenbohne (*Phaseolus vulgaris*). Die weißen und bunten Bohnenkerne in unseren Supermarktregalen, z. B. Kidneybohnen, stammen nicht von der Dicken Bohne, sondern von der Gartenbohne (Abb. 34). Wegen ihres feineren Geschmacks konnten sie das altehrwürdige Volksnahrungsmittel vielerorts vollkommen verdrängen, wenn auch nicht in Ägypten und im Vorderen Orient. Die rote Kidneybohne enthält jedoch bis zu zehn Mal so viel Lektine wie die Dicke Bohne, und sie können nur durch ausreichend langes Erhitzen unschädlich gemacht werden. Da man die Bohnen früher grundsätzlich weich kochte, stellte dies nie ein Problem dar. Doch als Ende der 1960er-Jahre Rohkost und das vitaminschonende Al-dente-Kochen von Gemüse schwer in Mode kam, führten roh «genossene» rote Kidneybohnen bei eingefleischten britischen Rohkostfreaks zu schweren Vergiftungen.[10]

Nun kommen wohl die wenigsten Menschen auf die Idee, ihre Geschmacksnerven mit rohen Bohnen zu malträtieren, aber damit ist die Gefahr noch nicht gebannt: Halb rohe Exemplare sind noch giftiger als rohe! Leider können sie sich auch unerkannt auf den Teller schummeln: Seit die Niedrigtemperaturkocher (*sous vide*) in Mode gekommen sind. Was bei Fleisch funktioniert, versagt bei den meisten Hülsenfrüchten, denn Lektine werden erst bei der üblichen Kochtemperatur von 100 °C unschädlich gemacht. In Niedrigtemperaturkochern wird es jedoch höchstens 75 °C warm.[10] Wer sich böse Überraschungen ersparen will, vertraue also auf Uromas bewährte Methoden.

Hülsenfrüchte wie Bohnen, Linsen, Erbsen und Kichererbsen gehören zu den ältesten Nutzpflanzen der Menschheit, da sie – im Gegensatz zu vielen anderen pflanzlichen Lebensmitteln – mit einem besonders hohen Eiweiß- und manchmal auch Fettgehalt punkten. Natürlich musste auch die Pflanze viel Energie für die Produktion ihrer großen und nahrhaften Samen aufwenden, daher kann sie nur relativ wenige von ihnen bilden. Umso wichtiger ist, dass der Pflanzennachwuchs möglichst vollzählig überleben und keimen kann, daher muss er sich mit allen Mitteln verteidigen können. Da er nicht weglaufen kann, ist er mit allerlei fiesen «Chemiewaffen» gegen hungrige Mäuler und Münder ausgestattet.[12] Man denke nur an die Limabohne, die sich mit Blausäure wehrt **(siehe Kapitel Spanien)**.

Natürlich kam der Mensch rasch dahinter, wie er die Waffen der Pflanzen halbwegs unschädlich machen konnte. Meist durch einfache – wenn auch zeitaufwendige – Küchentechniken wie Schälen, Einweichen und Auslaugen, starkes Erhitzen oder stundenlanges Kochen. Auch konnte ihr Gehalt an giftigen Inhaltsstoffen züchterisch mit der Zeit meist auf ein erträgliches Maß verringert werden. Doch selbst moderne Sorten werden oft erst dann bekömmlich, wenn man sie mit althergebrachten Methoden zubereitet.[1, 4]

Abb. 34: Hülsenfrüchte aus der Alten und der Neuen Welt einträchtig nebeneinander auf einem Markt in Alexandria. Ganz vorn die Einheimischen: geschälte und gespaltene Dicke Bohnen (*Vicia faba*) für die Ta'amiya, links daneben in intakter Form für Ful medames und zahllose weitere beliebte ägyptische Bohnengerichte. Oft mischt man auch noch rote Spaltlinsen mit ins Ful medames, um die Farbe zu verbessern, zu sehen sind sie rechts im Bild. Ganz links: weiße Bohnen, die Samen der amerikanischen Gartenbohne (*Phaseolus vulgaris*), der schärfsten Konkurrentin der Dicken Bohne.

Exportschlager Ta'amiya

Im Gegensatz zum zeitaufwendigen Ful medames konnten die ägyptischen Ta'amiya in den Metropolen Europas inzwischen sogar zum beliebten Döner aufschließen. Allerdings kennt man die würzigen frittierten Hülsenfruchtbällchen hier nur unter dem Namen Falafel. Wohl wegen seiner immensen Beliebtheit glauben manche, darin ein uraltes Grundnahrungsmittel zu erkennen. Doch zur Zeit der Pharaonen war Speiseöl teuer, und es ist schwer vorstellbar, dass sich das Volk täglich eine Speise leisten konnte, die schwimmend in Fett ausgebacken wird.[17, 21]

In ägyptischen Quellen werden die Ta'amiya denn auch erst gegen Ende des 19. Jahrhunderts erwähnt.[21] Ab da kam die Evolution der Falafel ins Rollen, allerdings weniger durch die Ägypter, sondern mehr durch die Briten, der damaligen Besatzungsmacht. Viele Offiziere hatten schon etliche Dienstjahre in Britisch-Indien abgeleistet und sich an die dortigen würzigen Spezialitäten gewöhnt, zumal die köstlichen *vadas* und *bondas,* beides pikante frittierte Gemüsekroketten (**Abb. 35 a + b**). Man darf annehmen, dass die Offiziere ihre ägyptischen Köche baten, ihnen etwas ebenso Leckeres aus gängigen heimischen Zutaten – sprich Dicken Bohnen – zuzubereiten (**Abb. 35 c**).[17]

Da die meisten europäischen Truppen in der Hafenstadt Alexandria stationiert waren, dürfte sie auch die Geburtsstätte der Falafel sein. Nach dem Ersten Weltkrieg gelangte der schmackhafte Imbiss von dort aus nach ganz Ägypten, in den Nahen Osten und den Jemen, in die Türkei und nach Israel. Das Grundrezept blieb gleich, nur die Zutaten änderten sich je nach Region und deren landwirtschaftlichen Erzeugnissen. In der Levante bei-

spielsweise tauschte man die Ackerbohnen gegen Kichererbsen aus. Auch in Israel begeisterte man sich für den ebenso preiswerten wie leckeren und sättigenden Hülsenfrucht-Snack, der bald liebevoll-spöttisch «Israelischer Hotdog» getauft wurde.

Heute gelten Falafel in Israel sogar als Nationalgericht, obgleich sie aus Ägypten dort hingelangten und die beiden Länder bekanntlich keine Freundschaft verbindet. Doch nach dem Israelischen Unabhängigkeitskrieg (1948–49) gegen die arabische Allianz, zu der auch Ägypten gehörte, mangelte es Israel an Geld. Die Regierung musste zahlreiche Lebensmittel rationieren, und Fleisch war ohnehin knapp. Zum Glück konnten sich selbst die ärmsten Familien die Zutaten für Falafel leisten und die proteinreichen Hülsenfruchtkroketten wurden immer bekannter und beliebter. Dass die lebensrettenden Magenfüller aus einem arabischen Land stammten, geriet bei vielen in Vergessenheit – nicht jedoch bei der Regierung. Ihr wäre es lieber gewesen, wenn die Bevölkerung die Hungerperiode dank eines politisch unverdächtigen Nahrungsmittels überstanden hätte.[17]

Doch dann trafen immer mehr jüdische Einwanderer aus dem Jemen in Israel ein, und viele von ihnen eröffneten Falafel-Stände. Das kam für die Regierung wie gerufen, und flugs erklärte sie, übrigens wider besseres Wissen, die Falafel stammten aus dem Jemen. Damit war der begehrte Imbiss endgültig rehabilitiert und der Weg frei, sie zum Nationalgericht zu erklären.[17] Durchaus passend, denn die Falafel waren als eine Schöpfung der indisch-britisch-ägyptischen Fusion-Küche ähnlich international wie die Bevölkerung des jungen Staates Israel. Leckere und bekömmliche Speisen vermögen eben jede Grenze zu überwinden, ob sie real existiert oder nur

Abb. 35 a–c: Von links nach rechts: Vada a) und Bonda b) sehen Falafel c) zum Verwechseln ähnlich. Die frittierten Gemüsebällchen oder Kroketten gelten als die indischen Vorbilder der ägyptische Ta'amiya, besser bekannt unter dem arabischen Namen Falafel.

in den Köpfen herumspukt. Auch in Deutschland gilt ja inzwischen nicht mehr die Bulette, sondern der Döner als Nationalspeise.

Genuss ohne Reue: Joghurt und Käse

Zum Döner, aber auch zu seinem griechischen Pendant, dem Gyros, gibt es oft Joghurtsauce, und so verbinden wir das säuerliche Milchprodukt vor allem mit der türkischen und griechischen Küche. Tsatsiki oder Ayran kennt bei uns inzwischen jedes Kind. Doch Joghurt und ähnliche Sauermilcherzeugnisse sind in Nordafrika, Arabien und in der Levante seit alters ebenso beliebt, und ohne sie würden viele Menschen nicht genügend Proteine zu sich nehmen können. In der Levante schätzt man Labneh, dabei wird der Joghurt durch zusätzliches Ausdrücken in einem dünnen Tuch so weit entwässert, dass er zu halbfesten Frischkäse wird.

Joghurt kann sogar auch ohne Kühlung für milchlose Zeiten konserviert werden, die Muttertiere geben ja nur dann Milch, wenn sie Nachwuchs haben, und das ist im Frühjahr der Fall: In Arabien und der Levante rollen die Frauen gesalzenen und stark entwässerten Joghurt aus Schaf- oder Ziegenmilch zu Kügelchen, die in der Wüstenluft getrocknet werden. *Jameed* heißt dieser Trockenjoghurt (Abb. 36). Bei Bedarf nutzt man ihn zum Beispiel als Grundlage für Saucen und Suppen.

Frischmilch spielt in den Küchen der südlichen und östlichen Mittelmeeranrainer dagegen keine Rolle, aber nicht etwa, weil sie im heißen Klima

Abb. 36: Keine Marshmallows, sondern Jameed, getrocknete Joghurtbällchen.

so rasch verdirbt, sondern weil sie beim überwiegenden Teil der Erwachsenen Bauchschmerzen und Durchfall auslösen würde. Ihnen mangelt es an einem Enzym namens Laktase, das den in der frischen Milch enthaltenen Milchzucker abbaut. Laktoseintoleranz heißt der medizinische Fachbegriff. Frische Milch, egal ob von Rind, Schaf, Ziege, Kamel oder Mensch, enthält jedoch stets Milchzucker, inzwischen bei uns besser unter seiner Fachbezeichnung Laktose bekannt.

Der Laktase-Mangel ist jedoch keine Mutation, sondern kommt durch einen ganz normalen Schritt im Entwicklungsprogramm des Körpers zustande: Milch ist ja nur für Säuglinge lebenswichtig, doch ohne Laktase würden sie von ihrer von der Natur vorgesehenen Nahrung Bauchweh und Durchfall bekommen. Nachdem das Kind entwöhnt ist, tritt die Milch in den Hintergrund, und da der Stoffwechsel von Heranwachsenden haushalten muss, spart er sich die energieaufwendige Produktion überflüssiger Enzyme. Im Erwachsenenalter stellt er sie ganz ein.

Damit ist Milch das einzige tierische Lebensmittel (sieht man mal von seltenen Ausnahmen wie dem japanischen Kugelfisch mit seinem hochtoxischen Tetrodotoxin ab, das schon etlichen Sushi-Fans zum Verhängnis wurde), das ebenso wie pflanzliche Kost erst einmal von missliebigen Substanzen befreit werden muss, um für Erwachsene verdaulich zu werden. Dabei ist der Mensch auf die Hilfe freundlicher Mikroorganismen angewiesen, die sie in Joghurt, Quark oder Käse verwandeln. Sie bauen die Laktose größtenteils ab und verwandeln sie in die für uns unschädliche Milchsäure. So konnten die Menschen in den kargeren Regionen die tägliche Pflanzenkost mit Milchproteinen und -fetten ihrer Nutztiere ergänzen, ohne sie gleich schlachten zu müssen.

Wie der Mensch auf die Milch kam

Dass frische Milch nicht nur von Babys, sondern auch von Erwachsenen vertragen wird, ist für die Menschen in Mittel- und noch mehr in Nordeuropa eine Selbstverständlichkeit. Aber damit sind sie weltweit gesehen in der Unterzahl, denn für rund drei Viertel der Menschheit trifft das nicht zu (Abb. 37). Aber wieso können gerade in Skandinavien so gut wie alle Erwachsenen Milchzucker verdauen und damit frische Milch vertragen? Dieses Rätsel fachte die Fantasie der Gelehrten schon länger an, und so entwickelten sie im Laufe der Jahre mehrere spannende Theorien.

In den 1970er-Jahren vermutete man, dass der Lichtmangel in den hohen Breiten der Faktor war, der den Frischmilchkonsum antrieb. Der Mensch ist ja ein Kind der Tropen, und als unsere Ur-Ur-Ahnen in grauer Vorzeit begannen, von ihren Siedlungsgebieten nahe des Äquators nach Norden vorzudringen, mussten sie sich an die Kälte und an lange düstere Winter anpassen. Doch unter dichten Klamotten und bei tief stehender Sonne kann der menschliche Körper nicht genug Vitamin D in der Haut bilden, mit fatalen Folgen: Vitamin D transportiert Kalzium zu den Knochen, und wenn es fehlt, kommt es bei Kindern wie Erwachsenen zu Knochenerweichungen wie Rachitis und Osteoporose.[12]

Bestimmte Mutationen boten einen Ausweg: Wenn die Haut schwächer pigmentiert war, konnte sie besser von den Sonnenstrahlen durchdrungen werden und mehr Vitamin D bilden. Aber auch der Milchzucker vermag Kalzium zu transportieren. Wer ihn – wegen einer anderen Mutation – auch als Erwachsener vertrug, war also im Vorteil, überlebte und konnte seine Gene an die folgende Generation weitergeben.[12]

Eine aktuelle Hypothese sieht dagegen eher Hungersnöte und Seuchen

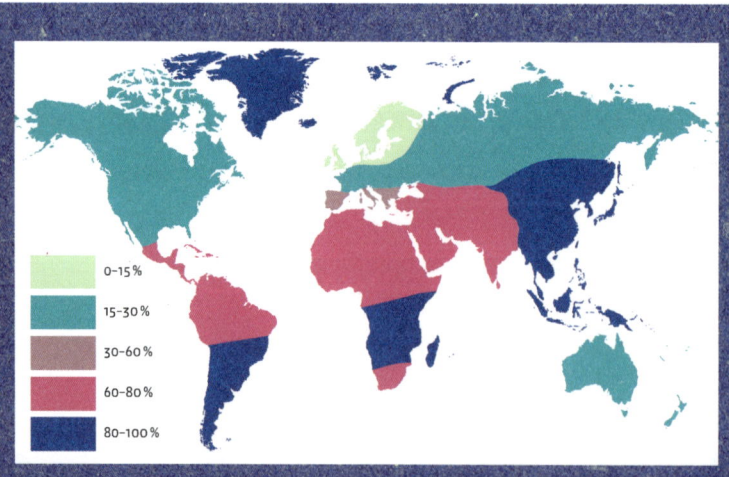

Abb. 37: Wo es traditionelle Milchwirtschaft gibt, z. B. in Nordeuropa, leiden nur wenig Menschen unter Laktoseintoleranz. (Die dargestellten Werte sind grob gemittelt.)

als den treibenden Faktor. Wenn ein Mensch durch Hunger geschwächt ist, aus purer Verzweiflung Milch trinkt, davon aber Durchfall bekommt, kann ihm diese weitere Schwächung seines Körpers ein rasches Ende bereiten.[7] Sesshafte Viehzüchter leben zudem auf engerem Raum zusammen und sind ständig in Kontakt mit ihren Nutztieren. Viele Infektionskrankheiten sind im Laufe der Jahrtausende jedoch von Tieren auf den Menschen übergesprungen, man denke nur an Corona. Wer halb verhungert und durch Milch von Durchfall geschwächt war, hatte den neuen Erregern kaum etwas entgegenzusetzen und starb eher als Menschen, die dank ihres Laktase-Gens von Durchfall verschont blieben.[7]

Nicht nur die Bakterien, auch die althergebrachten handwerklichen Methoden tragen zum Verschwinden der Laktose bei: Sie befindet sich vor allem in den wässrigen Bestandteilen der Milch, der Molke, die man bei der Käse- und Quarkbereitung, so gut es geht, herausdrückt und abtropfen lässt. In Ländern mit einem hohen Prozentsatz von laktoseintoleranten Menschen sind traditionell hergestellte Käse daher besonders arm an Milchzucker. Beispiele sind griechische und türkische Käse wie Feta und Halloumi.

Auf diese Weise kann auch der Laktosegehalt von Joghurt noch weiter verringert werden: Man gibt ihn in ein dichtmaschiges Sieb und lässt ihn einige Stunden abtropfen. Durch diese «Entwässerungskur» steigt zugleich sein Fettgehalt, was den cremigen Joghurt überall sehr beliebt macht, bei uns ist das bekannteste Gericht wohl griechischer Tsatsiki. In türkischen Läden findet man fertigen Abtropfjoghurt unter der Bezeichnung *Süzme Yoğurt*, nach dem Wort *süzgeç* für Sieb.

Nun könnte man meinen, dass auch der bei uns industriell erzeugte Joghurt, Quark oder Käse weitgehend frei von Molke und damit auch von Laktose wäre. Doch heute arbeiten die meisten Molkereibetriebe mit modernen, zeit- und kostensparenden Herstellungsverfahren. Ließ man früher die Molke bei der Quarkbereitung weitgehend abtropfen, sieht man heute zu, so viel wie möglich davon drin zu lassen.[4] Auch setzt man vielen Milchprodukten laktosehaltige Molken- und Milchpulver zu, und so kommt der Milchzucker auf Umwegen wieder hinein.²² Wie schön, dass man einst zwischen Gibraltar und dem Bosporus von all diesen neumodischen Methoden nichts ahnte, die aus einem nahrhaften Grundnahrungsmittel ein Abführmittel machen.

Joghurt als Jungbrunnen ²⁹

In die westliche Welt kam der Joghurt allerdings weder durch die arabische, griechische oder türkische noch die syrische Küche, sondern durch ein Heilsversprechen. Ein russischer Zoologe, der spätere Nobelpreisträger Ilja Iljitsch Metschnikoff (1845–1916, **Abb. 38**), erforschte zu Beginn des 20. Jahrhunderts am Pariser Institut Pasteur das Immunsystem. Dabei entwickelte er so viel Respekt vor Mikroben, dass er sich sogar seinen «bakterienverseuchten» Darm herausoperieren lassen wollte. Aber dann entdeckte er den Joghurt, was seinen Darm vor den Messern der Chirurgen bewahrte. Darin spürte Metschnikoff bestimmte Milchsäurebakterien auf, denen er eine höchst segensreiche Wirkung zusprach: Das Sauermilchprodukt verdarb nicht so rasch wie Frischmilch, was er auf den konservierenden Effekt der bakteriellen Ausscheidung zurückführte, der Milchsäure.

In einem populärwissenschaftlichen Vortrag, den Metschnikoff 1904 vor dem interessierten Pariser Publikum hielt, behauptete er, dass die bulgarische Landbevölkerung ihr angeblich überaus langes Leben dem fleißi-

Abb. 38: Ilja Metschnikoff, 1913 in seinem Labor.

gen Verzehr ihres Joghurts verdankte. Denn seine «guten» Milchsäurebakterien, vor allem *Lactobacillus bulgaricus,* würden sie vor dem vorzeitigen Tod durch inneres Verfaulen retten. Diese skurrile Schlussfolgerung beherrschte am folgenden Tag die Schlagzeilen der Pariser Gazetten. Die Tageszeitung *Le Temps* titelte in etwa: «Ihr bezaubernden Damen und geistreichen Herren, wenn Sie weder altern noch sterben wollen, hier das Rezept, essen Sie Yaghourt!»

Nicht nur in Europa, auch in den USA wurde dieser Vorschlag begeistert aufgenommen, denn ein derart preiswert herzustellendes Wundermittel versprach satte Gewinne. Als Metschnikoff immer mehr Fragen nach der Wirkungsweise des Joghurts erreichten und er unter der Flut von Briefen zu ertrinken drohte, ruderte er allerdings zurück. 1905 veröffentlichte er eine Broschüre, in der er erklärte: «Natürlich betrachten wir die Bakterien in der Milch weder als ein neues Elixier, das ewige Jugend verleiht, noch als Mittel gegen Alterserscheinungen.» Doch da war die Werbemaschinerie schon nicht mehr zu stoppen.

Zwischen den Weltkriegen ebbte das Interesse an dem säuerlichen Milchprodukt jedoch immer mehr ab, da die gewünschten Erfolge, optisch für jeden erkennbar, ausgeblieben waren. Auch Metschnikoff starb 1916 nicht als Hundertjähriger, sondern bereits mit 71 Jahren. Erst in den 1960er-Jahren nahm der Joghurtkonsum wieder an Fahrt auf, in den USA vor allem dank der Hippies, die ja zu einem «natürlichen» Leben zurückkehren wollten und der modernen «Plastikwelt» skeptisch gegenüberstanden. Der Joghurt als althergebrachtes, traditionelles Lebensmittel passte sich perfekt in ihre «Zurück zu den Wurzeln»-Philosophie ein. In Deutschland stieg der Joghurtabsatz ebenfalls, allerdings weniger als naturbelassene Zutat aus der orientalischen kaukasischen Küche, sondern als gezuckertes und mit Fruchtgeschmack aromatisiertes Dessert. Erst dank der Zuwanderer aus Griechenland, den Balkanländern und der Türkei fand der Joghurt inzwischen auch bei uns in seiner ursprünglichen Verwendungsform Platz, zum Beispiel als Joghurtdrink Ayran, den es heute in fast jedem Supermarkt zu kaufen gibt.

Rezepte

Ta'amiya / Falafel (aus Ägypten und dem Nahen Osten)
Für ca. 30 Stück

In Ägypten bereitet man Falafel aus Dicken Bohnen zu, in der Levante und in Israel bevorzugt man Kichererbsen. Da Kichererbsen in der Hülsenfruchtabteilung der Supermärkte inzwischen zum Standardangebot gehören – anders als Dicke Bohnen –, hier ein israelisches Rezept.

Teig

    300 g getrocknete Kichererbsen
    ½ Tasse feiner Bulgur
    1 ½ Tassen grob zerbröseltes Weiß- oder Fladenbrot

Gewürze

    4 EL Zitronensaft
    2 TL Knoblauch, fein gehackt
    2 EL Koriander oder Petersilie, fein gehackt
    1 TL Kreuzkümmel, frisch gemahlen oder gemörsert
    1 TL Salz
    schwarzer Pfeffer, frisch gemahlen
    nach Geschmack getrockneter roter Chili, frisch zerstoßen

    Pflanzenöl zum Frittieren

Zubereitung

Kichererbsen über Nacht einweichen, in frischem Wasser ca. 60 bis 75 Minuten gar kochen, abtropfen lassen und kalt abspülen.
    Während die Kichererbsen köcheln, den Bulgur in einer kleinen Schüssel mit kaltem Wasser bedecken und 45 Minuten weichen lassen. Anschließend in einem Durchschlag gut abtropfen lassen. Das Brot ebenfalls für ungefähr 15 Minuten in Wasser einweichen und dann so lange kräftig ausdrücken, bis es so gut wie trocken ist.
    Kichererbsen mit den Gewürzen in eine Küchenmaschine geben und zu einem glatten Püree verarbeiten. Oder das Ganze in einem Mörser zerstoßen, dabei zuerst den

Knoblauch mit etwas Salz zerreiben, dann nach und nach den Koriander, den Zitronensaft und die Kichererbsen zugeben. Hat man alles püriert, rührt man die restlichen Gewürze unter.

Nun Bulgur und Brot ins Püree rühren und aus diesem Teig kleine Bällchen formen. Immer mal Hände mit Wasser nass machen, damit's nicht so klebt. So 3 cm Durchmesser sind ein handliches Format. Außerdem brauchen sie so nicht ewig, um gar zu werden, was auch die Gefahr senkt, dass sie beim Frittieren zerfallen.

Falafel auf einem Teller bei Zimmertemperatur ungefähr 1 Stunde lang trocknen lassen.

In einer tiefen Pfanne oder in einer Fritteuse das Öl auf ca. 200 °C erhitzen, es muss so hoch stehen, dass man die Falafel darin versenken kann, also etwa 5 bis 7 cm. Immer um die zehn Stück auf einmal frittieren, bis sie golden schimmern. Das dauert mindestens 2 Minuten. Mit einem Schaumlöffel herausheben und auf Küchenpapier abtropfen lassen.

Auf einer vorgewärmten Platte heiß servieren.

Ta'amiya

Wer das Glück hat, getrocknete Dicke Bohnen, übrigens auch Puff-, Sau-, Pferde- oder Ackerbohnen genannt, zu erbeuten, kann das ägyptische Original zubereiten. Geschälte Bohnen eigenen sich am besten, sonst muss man sie vor der Zubereitung einweichen, einige Minuten kochen, abkühlen lassen und dann die Schalen abrubbeln; und das ist nun wirklich mühsam.

Bohnen waschen und über Nacht oder mindestens 12 Stunden einweichen, bis die Samenhälften weich sind. Gut abspülen. Sie werden dann wie im obigen Rezept zu Teig weiterverarbeitet, mit der Ausnahme, dass sie nicht gekocht werden müssen und dass man den Bulgur und das Brot weglässt. Die Frittierzeit verlängert sich natürlich auf 10 bis 15 Minuten, da der Teig aus rohen Bohnen ja gegart werden muss.

Ful medames (aus Ägypten)

Für 4 Personen

Zutaten

ca. 200 g getrocknete Dicke Bohnen
1 EL rote Spaltlinsen
1–2 Knoblauchzehen, geschält
¼ Tasse Olivenöl

1–2 EL Zitronensaft, nach Geschmack auch mehr
1 EL Petersilie, fein gehackt
1 TL Kreuzkümmel, frisch gemahlen oder gemörsert
Salz nach Belieben

Zubereitung
Bohnen über Nacht einweichen (in Ägypten weicht man sie zwischen 8 und 24 Stunden ein). Linsen so lange im Durchschlagsieb spülen, bis das Wasser klar ist. Einweichwasser der Bohnen wegkippen und Bohnen unter fließendem Wasser abspülen.

1 l frisches Wasser zum Kochen bringen und die Hülsenfrüchte hineingeben. Hitze aufs Minimum herunterschalten und bei leicht geöffnetem Deckel 3 bis 4 Stunden köcheln lassen, bis sich die Bohnen leicht zwischen den Fingern zerdrücken lassen. Die zarteren Linsen zergehen sowieso bald. Auf keinen Fall anbrennen lassen! Ist zu viel Wasser verdampft, mit einigen EL kochendem Wasser auffüllen. Am Ende der Kochzeit soll aber praktisch keine Flüssigkeit mehr im Topf sein.

Tipp: Schneller geht es mit Dicken Bohnen aus der Dose. Aber nicht die aus grüner, frischer Ware erzeugte Konserve nehmen! Sie müssen in einem Sieb unter fließendem Wasser abgespült, mit 2 Tassen Wasser aufgesetzt und ungefähr 20 Minuten gekocht werden. Da die roten Linsen nicht so rasch garen, lässt man sie weg.

Alles in eine Schüssel geben und auf Zimmertemperatur abkühlen lassen.

Knoblauch mit etwas Salz im Mörser zerdrücken, in einer Schüssel Zitronensaft, Salz und Öl mit einer Gabel verschlagen und den Kreuzkümmel hineingeben. Dann die Hülsenfrüchte hinzugeben und mit Salz abschmecken. Vorsichtig mit der Gabel zerdrücken, bis sie die Sauce fast vollständig absorbiert haben.

Auf das Bohnenmus geben wir nun die Petersilie und ein wenig Olivenöl. Dazu isst man Brot und jedes erdenkliche frische Gemüse. In Ägypten wird Ful oft mit hart gekochten Eiern und Oliven garniert. Ach ja, Ful lässt sich auch gut einfrieren.

İmam bayıldı (Der Imam fiel in Ohnmacht, aus der Türkei)
Der Legende nach soll ein berühmter Imam in Ohnmacht gefallen sein, als ihm dieser Leckerbissen vorenthalten wurde. Eine andere Legende besagt, dass ihm die Sinne schwanden, als ihm seine Frau erzählte, wie viel Olivenöl sie ans Gericht gegeben hatte. Da gutes Olivenöl stets teuer war, steckt hier wohl das größere Körnchen Wahrheit drin. Es gibt zahlreiche Rezepte, dieses hier gelingt immer (Abb. 39).

Von Nordafrika bis Griechenland

Für 6 Personen

1,5 kg Auberginen, möglichst lang und schmal
70 g Salz
6 große Zwiebeln, in Ringe geschnitten
650 g Tomaten, abgezogen, entkernt und fein gehackt
⅛ l Olivenöl
12 Knoblauchzehen, für jede Aubergine 2
¼ l Wasser
2 EL fein gehackte Petersilie

Abb. 39: İmam bayıldı.

Die Auberginen der Länge nach schälen, dabei aber 4 gleichmäßig voneinander entfernte Streifen Schale stehen lassen. Die Auberginen längs halbieren. Die Schnittflächen dann der Länge nach einschneiden, sodass 3 oder 4 Längsschlitze entstehen. Dann die Auberginen mit ca. 15 g Salz bestreuen und in ein flaches Gefäß legen. Mit kaltem Wasser begießen, bis es noch ca. 3 cm über den Früchten steht. Dann mit einem Teller o. Ä. abdecken und beschweren. Mindestens 30 Minuten stehen lassen.

Zwiebelringe in einen Durchschlag legen und über eine Schüssel hängen. Die Zwiebeln mit ca. 45 g Salz bestreuen, gut durchmischen und mindestens 30 min stehen lassen, das nimmt ihnen die Schärfe. Danach mit warmem Wasser abspülen und mit einem Handtuch gut trocken drücken, so werden sie weich und lassen sich besser in die Auberginen drücken. Mit den Tomaten vermengen und das restliche Salz zugeben.

2 EL Öl in den Topf geben, die kalt abgespülten, abgetrockneten Auberginen mit der Schnittfläche nach oben hineinlegen. In die Schlitze möglichst viel Tomaten-Zwiebel-Gemisch pressen, den Rest auf die Schnittflächen häufen. Auf jede Auberginenhälfte eine Knoblauchzehe legen und mit dem restlichen Öl beträufeln. ¼ l Wasser dazugeben und zum Kochen bringen. Dann 75 Minuten auf schwacher Hitze dünsten. Im Topf auf Zimmertemperatur abkühlen lassen.

Anrichten, mit Petersilie bestreuen und mit der Kochflüssigkeit umgeben.

Kousa Mahshi – Gefüllte Zucchini mit Tomatensauce
(aus der Levante)

Für 6 Personen

Gefüllte Gemüse sind überall beliebt, und so gibt es eine unüberschaubare Fülle von Rezepten. Im Libanon bereitet man gefüllte Zucchini mit einer Sauce zu, die aus *Jameed*, getrocknetem Joghurt, hergestellt wird. Da *Jameed* bei uns kaum erhältlich ist, hier ein Rezept mit einer Tomatensauce. Als Clou wird das geschmacksneutrale Zucchinifleisch mit Pfefferminzblättern aromatisiert (**Abb. 40**).

Abb. 40: Kousa Mahshi mal mit minzgewürztem Salat ergänzt.

Die Sauce
 850 g Tomaten, abgezogen, entkernt
 150 g Zwiebeln
 gut ½ l Wasser
 1 TL Salz
 schwarzer Pfeffer

Die Zucchini
 6 mittelgroße Zucchini, ca. 20 cm lang
 2 TL Salz
 2 TL fein gehackte Minze

Die Füllung
 500 g Hack
 150 g Reis, gewaschen und abgetropft
 1 TL Salz
 ¼ TL Muskatnuss
 ½ TL Piment
 schwarzer Pfeffer

Für die Sauce die Zutaten in einen Topf geben, der groß genug ist, um die Zucchini darin in ein oder zwei Lagen aufzuschichten. Aufkochen lassen und 20 Minuten schmoren.

Währenddessen die Zucchini der Länge nach aushöhlen und dabei eine etwa ¼ cm dicke Wand stehen lassen. Das geht am besten mit einem Apfelausstecher. Dann 5 bis 10 Minuten in einer Schüssel mit 2 l Wasser, Salz und Minze einweichen.

Für die Füllung alle Zutaten verkneten und dann mit einem Holzlöffel schlagen, bis ein glattes, lockeres Gemisch entstanden ist. Die Zucchini damit ganz füllen.

Die gefüllten Zucchini in die Tomatensauce legen und fest zugedeckt ca. 30 Minuten schmoren. Nicht zerkochen lassen!

Dann auf einer vorgewärmten Platte anrichten und die Sauce darübergeben. Kalt schmeckt das Gericht ebenso gut.

Tsatsiki (aus Griechenland)

Am einfachsten ist es natürlich, wenn man sich für Tsatsiki griechischen oder auch türkischen Abtropfjoghurt besorgen kann. Ob er aus traditioneller Schaf- oder aus Kuhmilch hergestellt ist, spielt geschmacklich nicht wirklich eine Rolle, er muss vor allem cremig sein. Mit dem üblichen deutschen, eher fettarmen Joghurt gerät Tsatsiki auf jeden Fall zu wässerig.

Wer viel Zeit hat, kann aber heimischen Sahnejoghurt in einen Durchschlag geben, der mit einem feinen Tuch ausgelegt wurde, und ihn über Nacht abtropfen lassen.

Natürlich darf man den Joghurt nicht nachträglich durch die Gurke verwässern. Also mit Salz bestreuen und warten, bis sie Wasser lässt.

Zutaten

500 g griechischer Abtropfjoghurt
1 Salatgurke
1–4 Zehen frischer Knoblauch, je nach Geschmack
Salz
Pfeffer

Der Joghurt ist sehr fest, also gut durchrühren. Die Salatgurke wird geschält, grob geraspelt und dann eingesalzen. Warten, bis sich der Saft absetzt. In der Zwischenzeit werden die Knoblauchzehen geschält und in den Joghurt gepresst. Die Gurkenraspel kommen in ein sauberes Tuch, dann wird der Saft ausgedrückt. In den Joghurt geben und unterrühren. Eine Prise Pfeffer hinzugeben und ungefähr 5 Stunden durchziehen lassen. Am Schluss noch mit Salz und Pfeffer abschmecken.

Der Siegeszug des Gulaschs
Von der Puszta in den Prater: Österreich und Ungarn

Im Mehlspeis'-Himmel

Stehen Karfiol und Dalken auf einer Wiener oder Grazer Speisekarte, erscheinen schon mal Fragezeichen im Gesicht deutscher Gäste, denn nur wenige vermuten dahinter Blumenkohl (italienisch: *cavolfiori*) und Schmalzgebäck (tschechisch: *vdolek*). Da aber Österreich einst unter den Habsburgern eine gewaltige Ausdehnung erreicht hatte und sogar als zweitgrößte Macht nach Russland galt, fanden eine Menge kulinarischer Lehnworte ihren natürlichen Weg dorthin. Immerhin gehörten ganz Ungarn und Böhmen zum Habsburger Reich, woran das Fernsehen sein Publikum immer mal wieder mit Wiederholungen der Hans-Moser-Filme erinnert. 1880 in Wien geboren, war er noch ein richtiger Österreich-Ungar, er hatte sogar einen ungarischen Vater, allerdings französischer Herkunft. Ach ja, Teile Italiens und Kroatiens gehörten ebenfalls zum Alpenkaiserreich, sodass es sich nicht nur als Seemacht versuchen konnte, sondern auch über frischen Seefisch von der Adria verfügte.

Die verzweigte Evolution der wohl berühmtesten und feinsten Erzeugnisse der österreichischen Kochkunst, der Mehlspeisen, hat aber nicht nur in den Küchen der «Großkopferten», sondern auch in denen der «kleinen Leit» ihren Anfang genommen. Den Anstoß gaben die strengen kirchlichen Fastenregeln, die im Mittelalter sogar bis auf 180 Tage im Jahr ausgedehnt wurden und an denen sämtliche fleischliche Genüsse (einschließlich Sex ...) verboten waren. Sie verbannten sogar Eier, Honig und sämtliche tierischen Fette wie Butter und Schmalz, Rinder- und Hammeltalg aus den Töpfen.[13] Pflanzenöle gestattete der Heilige Stuhl zwar, aber sie kosteten teures Geld, und anders als die geistlichen hohen Herren, die häufig aus den Mittelmeeranrainern stammten, wo das Olivenöl eine gern gesehene Küchenzutat war, schätzten die alpenländischen Bewohner nördlich der Apenninen seinen typischen Geschmack gar nicht.[14] Und auch wenn heute Rapsöl in aller Munde ist, damals füllte man es möglichst nur in seine Funzeln, denn es sollte noch bis weit ins 20. Jahrhundert dauern, bis es gelang, dem Biobrennstoff seine widerwärtig kratzig schmeckende Erucasäure abzuzüchten.[9]

Diese mageren und freudlosen Zeiten waren erst Ende des 15. Jahrhunderts vorbei, als Papst Innozenz VIII. (Abb. 41) den Gläubigen an Fastentagen wenigstens Milch, Honig und Eier gestattete.[12, 13] Vielleicht, weil die körperlich schwer arbeitende Landbevölkerung mit knurrendem Magen kaum noch kraftvoll die Felder beackern konnte, was sich in einem Agrarland wie Österreich besonders fatal auswirkte. Und damit rief Innozenz – wohl ungewollt – eine ebenso üppige wie erfreuliche kulinarische Entwicklung ins Leben. Mit den fleischfreien, aber ungeheuer nahrhaften Mehlspeis'n geriet das ungeliebte Fastengebot zur willkommenen Gottesgabe.

Der Name Mehlspeis' führte den erzkatholischen Klerus aufs trefflichste an der Nase herum. Da es dabei weniger ums Mehl, sondern vor allem ums Fasten ging, verlangen die überlieferten Rezepte nicht etwa nur Mehl

Abb. 41: Papst Innozenz VIII. (Giovanni Battista Cybo [oder Cibo], 1432–1492) gestand den Menschen zwar kulinarische Freiheiten an Fastentagen zu, aber das geschah womöglich nicht ganz uneigennützig: Zeitgenössische Abbildungen bilden ihn als wohlbeleibten Herrn ab. Andererseits gelangte er zu zweifelhaftem Ruhm, weil er Hexenprozesse forcierte.

aus Weizen oder Haiden (Buchweizen), sondern auch Sago, Reis, Kartoffeln und sogar Erbsen als Grundzutat. Feines Weizenmehl war jedoch besonders beliebt. Der Teig wurde in die Backröhre geschoben oder auf dem Herd in Wasser gegart, bis man ihn als Nockerl, Schmarrn, Knödel, Fleckeln, Strauben, Strudel und Krapfeln wieder zum Vorschein holte. Außerhalb der Fastenzeit buk man ihn natürlich auch in Schmalz aus. Heimische Früchte wie Kirschen, Zwetschgen und vor allem Marillen (*Prunus armeniaca*), die aromatischen Aprikosen aus der Wachau, sorgten für eine unwiderstehliche Aromenvielfalt **(Abb. 42)**.

Schnecken, Frösche, Reiher

Aufschlussreich ist, dass klassisches Gebäck in Österreich nur bedingt zu den Mehlspeisen gezählt wird. Ein weiterer dezenter Hinweis darauf, dass es bei den Mehlspeis'n eher um den Fleischverzicht denn ums Mehl ging. So finden sich in dem berühmten Kochbuch der Grazerin Katharina Prato (1818–1897), «Die Süddeutsche Küche», im Kapitel «Backwerk» Rezepte für Puffer und Schokoladentorten, Biskuit, Lebkuchen und Karlsbader Oblaten. Unter «Mehlspeisen» firmieren Strudel, Obsttorten und Nuss-Schnitten sowie Weihnachtsstollen und Apfelkuchen.[14] Ein Schelm, der Böses dabei denkt ...

Abb. 42: Marillenknödl, die Pointe der Wiener Küche.

Ähnlich unverkrampft wie mit der Einteilung in Mehlspeis' und Gebäck hielt man's in der Donaumonarchie auch mit den tierischen Zutaten, mit denen man die Fastenspeisen legal anreichern durfte. Sehr kam den Köchinnen dabei die christliche Tradition zupass, laut der Wasserlebewesen *per definitionem* kein Fleisch sind. Die Palette der Fischspeisen war in der damaligen Zeit ähnlich bunt bestückt wie die der Mehlspeisen, zumal der Wiener Fischmarkt nicht etwa nur heimisches Süßwassergetier wie Hecht, Forelle oder Krebse, sondern auch Seefisch, Langusten und Austern in Hülle und Fülle feilbot.[11, 14]

Der Seefischtransport ins Inland war natürlich teuer, schließlich musste das Meeresgetier entweder lebend in Fässern, oder, in der kalten Jahreszeit, auf zerstoßenem Eis von der Adriaküste in die Landeshauptstadt reisen. Das dauerte schon mal drei bis fünf Tage, und erst, als 1857 die Bahnstrecke Triest-Wien eröffnet wurde, ging's endlich flotter. Für den schmalen Geldbeutel eignete sich Seefisch daher weniger, aber zum Glück gab es ja eine spottbillige Alternative: Weinbergschnecken. Im 18. Jahrhundert galten sie in Österreich sogar als Grundnahrungsmittel! Das lag nicht nur daran, dass die Weichtiere auch ohne Jagdschein ebenso leicht wie legal zu erbeuten waren. Schnecken verschließen ihr Haus in trockener Umgebung mit einem Deckel, und daher konnten sie auch als lebende Fleischkonserve aufbewahrt werden **(Abb. 43)**. Sie wurden zu Schnecken-

Abb. 43: «Besser a Schneck als gar kan Speck!»: Wiener Schneckenverkäuferin. Die Jagdgründe für Weinbergschnecken befanden sich rund um Wien in den Weinbergen.

knödeln und Brotaufstrich verarbeitet, zierten aber auch Eierspeisen und Pasteten.

Wer genügend Kleingeld übrig hatte, holte sich zur Fastenzeit noch weitere «niedere» Tiere auf den Teller, Kaltblüter wie Schildkröten und Frösche.[2, 14] Besonders beliebt waren Froschschenkel. Pratos Zeitgenossen, die Gastrosophen Robert Habs und Leopold Rosner, schwärmten 1894 in ihrem «Appetit-Lexikon»: «... mit Butter und Gewürz in Weißwein gedünstet ... dürfen sich diese deliciösen Schenkel auf der Tafel sehen lassen und sind immer Gegenstand eines bewundernden Ahs! der Versammlung, bei weitem sicherer, als manche anerkannte Schönheit im fußfreien Kleide und sogar als manche Balletteuse in voller Uniform.»[4]

Sogar wasseraffine Säugetiere wie Biber und Fischotter zählten zu den Fastenspeisen. Beim Reiher genügte es bereits, dass er beim Fischen mit den Füßen im feuchten Nass steht, um ihn als Wasserlebewesen zu deklarieren! Vielleicht wollten die Klöster, die ja häufig Karpfenteiche unterhielten, sich aber auch nur geschickt dieser vermeintlichen Fischräuber entledigen, der ihren Erlös schmälerte. Wie auch immer, die geschickten Fischfänger galten unter den «Fastenthieren» eher als dritte Wahl, denn Katharina Prato erklärt der interessierten Köchin: «Man überkocht den Reiher mit Wasser und Essig, schüttet den Sud weg, damit sich der unangenehme Geschmack verliert, bereitet ihn weiter wie eine Wildente und säuert die Sauce mit Limonensaft.»[14] Während Habs und Rosner dem Publikum raten: «Im übrigen aber ist im 19. Jahrhundert jeder nicht gerade Heißhungerkranke berechtigt, eine Einladung auf Fischotter für eine tätliche Beleidigung anzusehen und sich in entsprechender Weise dagegen zur Wehr zu setzen.»[4]

Heute ist eine solche «Jagdbeute» nicht nur aus Gründen des guten Geschmacks Geschichte. All diese Tiere unterliegen dem Natur- und Artenschutz und dürfen in freier Wildbahn weder gesammelt noch erlegt werden. Zudem nahm der Bedarf an sättigenden Fastenspeisen immer mehr ab, als die Religion ihren Einfluss auf das tägliche Leben nach und nach verlor. Und als es im 19. Jahrhundert gelang, preisgünstig Rübenzucker zu produzieren, war auch ein Ersatz für den tierisch teuren Honig in den Mehlspeis'n gefunden, was den Erfindungsgeist auch in bescheideneren Haushalten beflügelte und die «Fastenspeise» endgültig in einen raffinierten süßen Nachtisch verwandelte.

Sternstunden der Backstube

Auch die Mehlqualität verbesserte sich, und so wurden Mehlspeis'n und Gebäck zu wahren Hochgenüssen. Das galt nicht nur für Marillenknödel und Strudel, sondern ebenso für ein typisch wienerisches Weißmehlgebäck, die Kaisersemmel (Abb. 44). Sogar die Amerikaner zeigten sich schwer beeindruckt, als sie das knusprige Brötchen im Jahre 1867 auf der Pariser Weltausstellung kosten durften. Nachdem sie ihre Geschmacksknospen sechs Jahre später auf der Wiener Weltausstellung noch eingehender verwöhnen konnten, gab die US-Regierung eiligst einen «Brotreport» in Auftrag, um dem Semmel-Geheimnis mit wissenschaftlicher Exaktheit auf die Spur zu kommen. Das Ergebnis gipfelte in einer gut 150 Seiten starken Abhandlung und der «bahnbrechenden» Erkenntnis, dass die Grundlage für das Gelingen des begehrten Gebäcks zum einen in der überragenden Qualität der Rohstoffe lag, zum anderen im handwerklichen Geschick der Wiener Bäcker.[5]

Ihren hochwertigen Weizen bezog die österreichisch-ungarische Doppelmonarchie aus Ungarn, dessen trocken-warmes Kontinentalklima ideale Wachstumsbedingungen bot. Um seine herausragende Qualität zu erhalten, musste er natürlich schonend vermahlen werden. Doch bis Anfang des 19. Jahrhunderts wurde Getreide noch immer mit einem althergebrachten Verfahren gemahlen, der sogenannten Flachmüllerei. Da die Mahlsteine nah zusammenstanden und das Korn sofort kräftig zerquetschten und zerrieben, erhielten die Müller zwar schon nach wenigen Mahlgängen eine hohe Mehlausbeute, doch die Qualität, vor allem von Weizenmehl, ließ dadurch oft zu wünschen übrigen. Denn beim Mahlen entsteht ja bekanntlich Reibungshitze, und die schädigt unter anderem die für eine luftig-lockere Krume notwendigen Klebereiweiße des Weizens. Roggen, der geringere Ansprüche ans Klima stellt und darum das hauptsächliche Brotgetreide des Nordens war, überstand diese Prozedur besser, weil auch noch andere, gegen Hitze weniger empfindliche Stoffe für seine Backqualität verantwortlich sind. Zudem wachsen im Norden Weizensorten mit weicherem Korn, der sich mit der Flachmüllerei rascher vermahlen lässt. Die hartkörnigen Weizensorten des Südens widerstanden dem Mahlprozess länger und litten entsprechend stärker unter dieser Behandlung.

Für den hartkörnigen Weizen entwickelte Österreich-Ungarn ein schonendes Mahlverfahren, die Hochmüllerei, auch Grießmüllerei genannt. Damit sich das Korn nicht mehr so stark wie bei der Flachmüllerei erhitzte, wurde es zwischen Steinen bzw. Walzen mit regulierbarem Abstand gemahlen; anfangs bei relativ großem Abstand, dann bei immer geringerem. Nach jedem Mahlgang siebten die Müller das feinste Mehl ab und vermahlten die gröberen Bestandteile erneut – diesen Vorgang wiederholten sie bis zu 30 Mal! Die Hochmüllerei erlaubte es den Mühlen auch erstmals, das Mehl nach verschiedenen Korngrößen zu sortieren. Die feinste Qualität verkauften sie unter dem stolzen Namen Kaiserauszugsmehl **(Abb. 45)**.[5, 6]

Abb. 44: Kaisersemmel auf der kaiserlichen Tafel. Wie dieses Bild aus dem 18. Jahrhundert zeigt, kannten die Wiener Bäcker schon vor der Erfindung der Hochmüllerei zu Beginn des 19. Jahrhunderts feinstes Weißmehl, anderenfalls wäre die auserlesene Kaisersemmel wohl nie auf die blütenweißen Tischtücher der Großkopferten gelangt.

Aus diesem Top-Erzeugnis entstanden Luxusartikel wie die Kaisersemmel. Nicht nur das Mehl war teuer, man konnte die zeitintensive Semmelherstellung auch nicht mal eben dem Bäckerlehrling überlassen. Zunächst muss der Hefeteig ausreichend lange gehen und reifen, denn nur so haben die Mikroorganismen Gelegenheit, Aromastoffe zu bilden und teiglockerndes Kohlendioxidgas zu bilden. Hier geht es nicht um Stunden, sondern um Tage! Heutige Betriebswirte würden sich die Haare raufen, da sie die Gewinnmaximierung abschreiben können! Die Teigstücke müssen dann geschickt mit fünf Falten verziert werden, damit sich das spiralförmige Sternmuster bildet. Auch wenn es hübsch aussieht, der Hauptgrund für die Faltenlegung ist, die Semmeloberfläche zu vergrößern. Dadurch kann sich beim Backen mehr Kruste und zugleich auch mehr köstliches Röstaroma bilden als auf der glatten Oberfläche eines vulgären Brötchens.[5, 12] Heute finden sich leider allzu oft «Kaisersemmeln» in den Regalen, die ihr Sternmuster einem Stempel verdanken und deren Teig im Schnellverfahren reifen musste. Wenn Zeit Geld ist, wer fragt da noch nach Geschmack und Bekömmlichkeit? Doch selbst, wenn den Österreichern das Führen von Adelstiteln nach dem Ersten Weltkrieg von den Siegermächten untersagt und der berühmt-berüchtigten K.-u.-k.-Titelhuberei ein schwerer Schlag versetzt wurde: Dass sie aber unzähligen Semmeln heute ebenfalls jegliche Noblesse verweigern, «is scho' a Schand'»!

Abb. 45: Das feine Kaiserauszugsmehl wurde nicht nur in Österreich-Ungarn, sondern bald auch im tiefsten Preußen gemahlen. Denn nicht nur die Österreicher, auch die Deutschen konnten mit einem Kaiser aufwarten ...

Von der Puszta in den Prater

In Ungarn wächst natürlich nicht nur Weizen. Auch wenn Ungarn nach der Gründung der Doppelmonarchie auf wirtschaftliche und damit technische Entwicklung setzte, den Weizenanbau forcierte und ein anderes althergebrachtes Agrarprodukt damit ein wenig zurückdrängte: das Rindfleisch.[8] Die weiten Steppen des Karpatenbeckens bieten ja – genau wie die Prärien des Mittleren Westens – ideale Bedingungen für die extensive Weideviehhaltung **(siehe Kapitel Golfküste)**. Vom ausgehenden Mittelalter bis zum 19. Jahrhundert war Ungarn ein Hauptlieferant von Rindfleisch und versorgte nicht nur Wien, sondern noch weitere europäische Handelszentren: von Venedig über Nürnberg nach Straßburg. Die ausdauernden Szilays, die Steppenrinder der Magyaren, eigneten sich besonders gut, denn die Qualität ihres Fleisches litt nicht allzu sehr unter den langen Trecks von der Puszta in die Städte **(Abb. 47)**.[1]

Jedenfalls war Wien immer bestens mit Rindfleisch versorgt, ja, es galt dort sogar als Volksgut! Denn das Fleisch durfte laut eines Dekrets aus dem 15. Jahrhundert nur zu einem festgesetzten, recht niedrigen Preis verkauft werden; allein für die feinsten und zartesten Teile wie das Filet oder den Rostbraten konnten die Fleischhauer mehr verlangen. Das nicht so begüterte Wiener Rindfleischuniversum ließ Steaks und anderes Kurzgebratenes daher weitgehend außen vor, denn die preisgünstigen Zuschnitte des eher kernigen Rindfleisches eignen sich nun mal besser zum langsamen Weichkochen. Aber auch Kaiser Franz Joseph war ein ausgemachter Siedfleisch-Fan, das bei ihm – außer an Fastentagen – täglich auf den Tisch kam. Was seine K.-u.-k.-Untertanen natürlich zur eifrigsten Nachahmung motivierte.

Entwurzelt

Gutes Siedfleisch hat mit vulgärem Suppenfleisch rein gar nichts gemein, denn es wird sanft in einer guten Rindsbrühe gar gezogen. Aber die darf weder zu salzig noch zu süß geraten. Zu viel Salz zieht die Fleischsäfte heraus und hinterlässt ein trockenes Suppenfleischrelikt, zu wenig Salz lässt das Fleisch zwar saftig, dafür bleibt es fade. Die österreichische Siedfleischküche achtet also sehr genau darauf, dass der Salzgehalt der Brühe nur ein wenig über dem natürlichen Salzgehalt des Fleisches liegt. Hier gilt es, am eigenen Herd Erfahrung zu sammeln!

Aber auch die Möhren (Abb. 46), die heute gleich im Dutzend in den Suppenbunden stecken, schaden dem herzhaften Geschmack, denn sie sind in der Regel zuckersüß. Zu Kaisers Zeiten verleihen vor allem Gelbe Rüben den Brühen Würze. Das sind Möhrensorten, die heute aufgrund ihres – wohl nicht kindgerechten – herben Aromas allenfalls noch als Futter für Pferde oder Karnickel vermarktet werden. Besonders in österreichischen Internetforen wurde das Verschwinden der Gelben Rüben im Suppengrün aufs Äußerste beklagt.

Zum Glück ist Saatgut für historische gelbe Sorten wie die «Lobbericher Möhre» hier und dort noch bzw. wieder zu haben. Wer keinen Garten hat und auf die handelsübliche «Süßware» angewiesen ist, gibt davon einfach nur eine oder zwei in die Brühe. Einige wenige moderne Möhrensorten, die es inzwischen ja in allen Farben gibt, schmecken auch relativ herb. Gewissheit bringt

Abb. 46: Ursprünglich war die Wurzel weiß gefärbt, durch Züchtung entstand die bekannte orange Möhre, und heute sind fast schwarze Sorten en vogue.

> hier aber nur eine Geschmacksprobe, da die Eigenschaften von Naturprodukten stets natürlichen Schwankungen unterliegen. Eine arg ausgeprägte Bitternote lässt allerdings auf Schädlingsbefall oder widriges Wetter während des Wachstums schließen.

Die Köchinnen jedenfalls veredelten die besten Siedfleischstücke in Klassiker wie den Wiener Tafelspitz. Diese Delikatesse aus magerem, sehnen- und knochenfreiem Fleisch vom hinteren Rinderrücken konnte aber nur entstehen, weil die Wiener Fleischer das Rindvieh in ganz eigener Weise zerteilen, anderswo entsteht dieses Teil gar nicht erst. Österreich ist übrigens das einzige Land, in dem Rinder nicht in vier, sondern in fünf «Viertel» geteilt werden. Die Brust wird nämlich neben den beiden Vorder- und Hintervierteln getrennt herausgeschnitten und mitgezählt.[14]

Die Gulasch-Nation

Die ungarischen Viehhirten konnten sich am Lagerfeuer natürlich nur einfache Gerichte zubereiten. Dort entstand der Vorläufer des modernen Gulaschs aus transportablen und haltbaren Vorräten wie Speck, Schmalz und Hirse, denn nur so etwas konnte von den magyarischen «Cowboys», Gulyás genannt, auf ihren langen Wanderungen über die Puszta mitgeführt

Abb. 47: Ungarische Rinderhirten, die Gulyás, verdanken ihren Namen der Gulyá, der Rinderherde. Szilays sind nicht nur ausdauernd, sie haben zudem harte Hufe, wodurch sie die langen Trecks über die Puszta gut überstehen konnten.

werden. Ab und zu wanderte eines ihrer Rinder als Frischfleisch in den Eisenkessel, den Bogrács. Da das Fleisch während eines Viehtriebs nicht abhängen konnte, um mürbe zu werden, musste es stundenlang schmoren, um genießbar zu werden. Eine praktische Konserve entstand, wenn man die Fleischwürfel so lange kochte, bis das Wasser verdampft war. Dann wurde es in der Sonne getrocknet, die Masse in transportable Vorratsbehälter gefüllt – zum Beispiel Schafsmägen. Mal mit mehr, mal mit weniger Wasser aufgefüllt, entstand daraus am Lagerfeuer ein einfacher, aber nahrhafter «Instant»-Eintopf.[3]

Seit Ende des 16. Jahrhunderts konnten die Gulyás den Geschmack ihres «Gulyás-hus» auch mit Chili aufpeppen. Der Scharfmacher war ja von Kolumbus' Leuten in der Neuen Welt entdeckt und nach Spanien mitgebracht worden; er fand nach und nach seinen Weg nach Osten zu den Türken. Sie schätzten den Chili sowohl als Würze wie auch als Medikament gegen Malaria und bauten ihn nachweislich spätestens seit 1569 auch in Ungarn an;[7] Ungarn gehörte ja seit 40 Jahren in großen Teilen zum Osmanischen Reich. Bald wuchsen Chilis auch in den Gärten der Magyaren und ersetzten als billiger «türkischer Pfeffer», später Paprika genannt, den teuren schwarzen Pfeffer aus dem fernen Orient. Als die Osmanen Ungarn nach 150 Jahren endgültig an die Habsburger verloren, hatte das höllenscharfe Gulasch auch Buda und Pest erreicht und war allgemein beliebt, wurde aber eher als Arme-Leute-Essen angesehen.[10] Das änderte sich im 19. Jahrhundert, und zwar aus politischen Gründen. Die Habsburger waren ständig pleite, weil sie es einfach nicht lassen konnten, sich immer wieder mit erfolglosen Kriegen zu blamieren. Darunter mussten auch ihre ungarischen «Untertanen» leiden. Zwar billigte Kaiser Franz dem Königreich Ungarn – im Gegensatz zu den meisten anderen österreichischen Ländereien – politische Selbständigkeit zu. Doch merkten sie schnell, dass ihnen der Kaiser unerträgliche Steuersummen abknöpfte, um die immensen Ausgaben abzufedern, die dem Reich während der diversen Kriege gegen Napoleon bis 1815 entstanden waren. Bald kochte der ungarische Volkszorn über, und 1848 kam es zum Aufstand gegen Österreich, der aber von des Kaisers Thronfolger, seinem Sohn Franz Joseph I., blutig niedergeschlagen wurde.

Auch danach wollte sich die österreichische Staatskasse einfach nicht erholen, zum einen, weil Kaiser Franz Joseph im Italienischen Unabhängigkeitskrieg unterlag, zum anderen, weil er von den Preußen im Deutschen Bruderkrieg aufs Gründlichste geschlagen wurde. Klar, dass die ungarische Krone endlich Morgenluft witterte, und so kam es 1867/68 zur Bildung der österreich-ungarischen Doppelmonarchie, – kaiserlich und königlich – k. u. k. eben. Natürlich wollten sich die Magyaren von den Österreichern abgrenzen, und was eignet sich besser zu Stärkung der Identität als ein leckeres und unverwechselbares Nationalgericht? Aber wenn es beim einfachen Volk gut ankommen sollte, durfte es keinesfalls aus der abgehobenen höfischen Küche Wiens stammen.[10] Außerdem konnte man mit einem volkstümlichen Gericht prima den österreichischen Adel provozieren **(Abb. 48)**.

So fiel die Wahl auf das Gulyás aus den Weiten des Karpatenbeckens. Dass diese ausgedehnte Region nicht nur auf ungarischem, sondern auch auf ukrainischem, polnischem und slawonischem Gebiet lag, um nur einige zu nennen, wurde von den eifrigen magyarischen Nationalisten geflis-

Österreich und Ungarn

Abb. 48: Künstler stilisierten die Viehhirten im Sinne des neuen ungarischen Selbstbewusstseins zu feschen, stolzen Burschen, die nichts lieber täten, als Tag für Tag unter der gleißenden Pusztasonne mit ihrem Vieh über die baumlose Ebene zu wandern.

sentlich übersehen.[10] Und so kommt es, obwohl einfache Fleischtöpfe dieser Art an allen Lagerfeuern der Welt «erfunden» wurden und bis heute überall den Geschmack von Freiheit und Abenteuer symbolisieren, dass alle Welt dieses Gericht heute als «Ungarisches Gulasch» kennt.

Gulasch wird gesellschaftsfähig

Heute dürfte das Gulasch geschmacklich mit dem mittelalterlichen Zwiebel-Hirse-Speck-Rindfleisch-Kessel der Gulyás nicht mehr viel gemein haben. Wie historische Kochbücher nahelegen, gelangte der Eintopf wohl Anfang des 19. Jahrhunderts nach Wien, wo er sich in das heute in der ganzen Welt bekannte und beliebte Wiener Saftgulasch verwandelte. Und wie das so mit Eintöpfen geht, den Variationen sind keine Grenzen gesetzt. Es wird nicht nur mit Chilis, sondern gern auch mit anderen Zutaten aus der Neuen Welt verfeinert, Tomaten und Mais beispielsweise. Alle neumodischen Gulasch-Spielarten entsprechen eh nicht mehr dem Original-Gulyás, denn das ist eine Suppe **(Abb. 49)**, während Gulasch zur Gattung der Ragouts gehört. In Ungarn heißt «unser» Gulasch daher Pörkölt.[3, 14]

Abb. 49: Gulyás gilt in Ungarn nur als echt, wenn es über offenem Feuer gegart wurde.

Im Laufe der Jahre wurde das höllische Kesselgericht zudem immer milder. Auch, weil es in der Puszta nicht ganz so heiß ist wie in Mexiko, dem Ursprungsland der Chilis. In Ungarn waren die erstaunlichen, kühlenden Eigenschaften seiner Scharfstoffe, die die Hitze erträglicher machen, nicht so überlebenswichtig wie dort **(siehe Kapitel Golfküste und Indien)**.[12] Und in den bürgerlichen Haushalten schätzte man sowieso mildere Kost: Viele Köchinnen fürchteten damals noch die Kündigung, würden sie es wagen, mit grobschlächtiger Gulaschschärfe zarte Damenlippen zu malträtieren. Niemand aber wollte auf die schöne rote Farbe verzichten, die die getrockneten und gemahlenen Früchte dem Gulasch oder anderen paprikawürzigen Gerichten verliehen.

In der Mitte des 19. Jahrhunderts kamen die Pálffy-Brüder, Paprikapulverfabrikanten aus Szeged, einer der Hauptanbauregionen für Chilis, auf die geniale Idee, die brennend scharfen capsaicinhaltigen Scheidewände im Inneren der Früchte vor dem Trocknen und Vermahlen entfernen zu lassen. Viele ungarische Mädchen fanden dadurch Arbeit als Paprikaspalterinnen. Die Pálffys hatten mit ihrem entschärften Pulver durchschlagenden Erfolg, denn «Edelsüß-Paprika» steht heute in jedem Gewürzregal. Vielleicht auch, weil der legendäre französische Meisterkoch Auguste Escoffier (1846–1935) seinen anspruchsvollen Gästen 1879 «Goulash à la Hongroise» mit eigens aus Szeged importiertem Edelsüß-Paprika servierte.[7] Mit dem Reiz eines «exotischen» Gewürzes verpasste er dem bodenständigen und billigen Hirtentopf den Hauch des Exklusiven, und siehe da, jetzt hatte das Gulasch endgültig den Aufstieg in höchste Kreise geschafft. Escoffier muss gewusst haben, dass er mit diesem Experiment kein unternehmerisches Risiko einging, denn auch hochwohlgeborene Mägen reagieren erfreut auf eine gut verdauliche Mahlzeit, und sei sie noch so plebejisch.

Rezepte

Wiener Saftgulasch

Zubereitung ca. 300 Minuten
Für 4 Personen

Zutaten

1 kg Zwiebeln
2 Knoblauchzehen
1 kg Rindfleisch (Rinderhaxe, also Beinscheiben)
½ Bio-Zitrone
1 Sardellenfilet
1 TL Kümmel
5 EL Schmalz oder Butterschmalz, oder auch einfach Öl
2 EL Tomatenmark
3 EL Paprikapulver edelsüß
500 ml Rinderbrühe
Salz und Pfeffer

Wer dieses Gericht zubereitet und den halben Tag lang sanft köcheln lässt, bekommt eine rare Köstlichkeit. Doch wer mag seinen Topf schon über 6 Stunden hinweg bewachen? Genau das ist der Grund, warum für Gulasch heute gerne zarteres Keulenfleisch, die Schulter oder sonstiges fettarmes, trockenfaseriges Fleisch verwendet wird, das nur mit großen Humpen Wein oder Bier durch die Gurgel gespült werden kann. Um ein vortreffliches Gulasch zu kochen, braucht es eine seltene Ressource: Zeit.

  Bei der Rinderhaxe, bzw. den Beinscheiben, handelt es sich um Fleisch mit extrem vielen Sehnen. Diese sind nach ungefähr 6 Stunden weich wie Gummibärchen und verleihen dem Fleisch herrliche Saftigkeit. Wer Beinscheiben kauft, hat zugleich Markknochen für eine vortreffliche Brühe. Es empfiehlt sich, Gulasch mit reichlich Zwiebeln anzurösten, immer wieder mal mit ganz wenig Wasser den Bratensatz zu lösen und ihn nach 15 Minuten – mit einem Deckel versehen – bei ca. 180 Grad in den Ofen zu stellen.

Zubereitung

Die Zwiebeln und eine Knoblauchzehe schälen und fein schneiden. Das Fleisch in etwa 5 cm große Würfel schneiden.

Von der Zitrone etwas Schale abschneiden. Diese mit Sardellenfilet und Kümmel sehr fein zu einer Gulasch-Gewürzmischung zerhacken.

In einem Topf mit 5 EL Schmalz die Fleischwürfel und Zwiebeln anbraten. Knoblauch, Tomatenmark, Paprikapulver – alles hinein, was im Rezept steht. Mit der Brühe gehen wir noch sparsam um, immer gerade so, dass nichts anbrennt.

Das Gulasch abgedeckt etwa 4 Stunden leicht simmern lassen, bis das Fleisch weich ist. Die beste Kontrolle wäre, immer wieder zu probieren, bis womöglich nur noch die Hälfte im Topf ist. Dann das Fleisch mit einer Fleischgabel ausstechen und in die Würfel in eine Schüssel geben. Den Sud so lange einkochen, bis er eine dickliche Konsistenz hat. Fleischwürfel wieder hinzugeben und eventuell nochmals mit Salz, Pfeffer abschmecken. Das Fleisch darf gern zerfallen. Sieht ein Gulasch schön aus, hat man das Thema verfehlt.

Wiener Tafelspitz

Für 2 Personen

Zutaten

½ kg Fleischknochen
½ TL weiße Pfefferkörner
½ kg Tafelspitz
Salz
1 Zwiebel
1 Bund Suppengrün
1 Knoblauchzehe
1 EL Muskatblüte (als Stücke, nicht als Pulver)

Zubereitung

Fleischknochen waschen (oder die Markknochen von den Beinscheiben des Gulaschs) und mit den Pfefferkörnern in einen Topf mit 4 Liter Wasser geben und zum Kochen bringen. Sobald die Brühe aufwallt, erfordert sie unsere volle Aufmerksamkeit: Hitze sofort reduzieren, damit die Brühe nur noch schwach köchelt, und gleich den Schaum abschöpfen. Anderenfalls erhalten wir eine trübe Brühe, die sich kaum wieder klären wird.

Fleisch abspülen und mit ca. 1 TL Salz in die köchelnde Brühe geben. Temperatur wieder hochdrehen, und wenn sich Schaum bildet, sofort abschöpfen. Dann die Hitze zurücknehmen, bis alles wieder gemütlich simmert. Aber nicht so weit herunterdrehen, dass die Brühe nicht mehr «arbeitet». Es soll immer wieder Schaum aufsteigen, der dann gleich wieder abgeschöpft werden muss. Das Köcheln dauert 1,5 Stunden. Und auch, wenn es nervt: Brühe beobachten und immer wieder abschäumen.

Währenddessen die ungeschälte Zwiebel halbieren und die Schnittflächen in einer Pfanne dunkel anrösten. Suppengemüse putzen und würfeln, Knoblauchzehe schälen.

Nach anderthalb Stunden sämtliches Grünzeug in den Topf geben und alles noch mal 30 Minuten simmern lassen. Am Schluss kommt die Muskatblüte dazu.

Wenn das Fleisch weich ist, muss es fachgerecht tranchiert werden. Der Tafelspitz hat eine dreieckige Form, von dessen spitzem Ende wir nun so lange Scheiben abschneiden, bis wir erkennen, dass sich die Fleischfasern drehen. Das passiert ungefähr in der Mitte des Stücks. Das Fleisch wird gedreht und die Scheiben nun quer zur Faser abgeschnitten. Anderenfalls würden wir auf Fleischfasern herumkauen, die bis zu 15 cm lang sind. So aber schneiden wir erst gegen und dann quer zur Faser, sodass die Fasern immer nur so lang sind, wie die Scheibe dick ist.

Dazu gibt's klassisch Salzkartoffeln mit Petersilie garniert oder kleine Rösti-Plätzchen **(siehe Kapitel Schweiz)** und natürlich eine Meerrettichsauce.

Tafelspitzwürze: Meerrettichsauce und Co.

In Österreich heißt der Meerrettich Kren, was sich von dem slawischen *chren* ableitet, und den serviert man zum Tafelspitz in Form einer eingedickten Sauce, aber auch als Apfelkren, d. h. frisch geriebener Apfel und Meerrettich werden einfach mit 1 TL Olivenöl, 1 TL Zitronensaft und ein wenig Salz miteinander vermengt.

Für 2 Personen

Zutaten

2 EL Butter
2 EL Mehl
Fleischbrühe
½ l Milch
3 EL Meerrettich, frisch gerieben
4 EL süße Sahne

Österreich und Ungarn

Salz
Muskat

Zubereitung

Die Krensauce basiert auf einem Grundpfeiler der Küche, der Béchamelsauce. Zuerst 1 EL Butter im Topf langsam schmelzen lassen. Dann das Mehl dazugeben und einrühren. Ich nehme allerdings immer die doppelte Menge Butter, dadurch lässt sich das Ganze leichter verrühren und die Sauce bekommt später einen feinen Schmelz.

Mit der kräftig reduzierten Fleischbrühe und der Milch aufgießen, dabei gut rühren, damit sich keine Klümpchen bilden. Bei schwacher Hitze ca. 10 Minuten rühren und köcheln, dann mit Sahne, Salz und Muskat abschmecken. Den Meerrettich erst ganz am Schluss dazugeben, da seine Scharfstoffe sich beim Erhitzen rasch verflüchtigen.

Am Schluss noch mit dem Handmixer ordentlich Luft darunter schlagen, damit die Sauce schön fluffig gerät.

Gern wird zum Tafelspitz auch Schnittlauchsauce gereicht, dafür einfach den Kren durch das fein geschnittene Küchenkraut ersetzen.

Marillenknödel – Die Pointe der Wiener Mehlspeis-Küche

In der Saison nehmen wir natürlich vollreife Aprikosen, aber sonst tun es auch getrocknete. Die Früchte werden entkernt, dabei aber nicht ganz aufgeschnitten, sonst zerfallen sie in zwei Hälften. Der Kern wird durch ein Stück Würfelzucker ersetzt.

Zutaten

100 g getrocknete Aprikosen
150 g Hefezopf oder Milchbrötchen
1 Vanilleschote
60 g Butter
65 g Puderzucker
1 EL Speisestärke
3 Eigelb
500 g Schichtkäse
2 EL Rum
1 Msp. abgeriebene Zitronenschale
1 Prise Salz

Zubereitung

Nehmen wir getrocknete Aprikosen, bedecken wir sie in einem Topf mit Zuckerwasser und kochen sie auf. Topf vom Herd nehmen und ca. 1 Stunde ziehen lassen. Frische Früchte nur entkernen.

Hefezopf oder Milchbrötchen würfeln, Vanille längs aufschlitzen und das Mark herausstreichen.

30 g Butter mit 40 g Puderzucker, der Speisestärke und den Eigelben schaumig schlagen.

Den Schichtkäse in einem Tuch gut ausdrücken. Rum mit 100 g Gebäck-Bröseln, der Zitronenschale, dem Vanillemark, dem Salz und dem Schichtkäse zur schaumig gerührten Masse geben und gut durchkneten.

Den Teig ausrollen und kleine Quadrate zuschneiden.

Die abgetropften Aprikosen mit einem Teigflecken umgeben und zu Knödeln formen. Am besten lassen sich die Knödel kugeln, wenn man die Hände immer wieder in kaltes Wasser taucht. Die Knödel in siedendes Zuckerwasser geben, aber unbedingt einen Probeknödel machen. Wenn er sich auflöst, noch etwas geriebenes Weißbrot in den Teig geben.

Diese herrlichen Lustkugeln sind nach etwa 15 Minuten gar. Herausnehmen und abtropfen lassen.

Zwischenzeitlich mischen wir die restlichen Brösel mit dem übrig gebliebenen Puderzucker, geben alles in eine nicht allzu heiße Pfanne und schwenken sie so lange, bis die Brösel braun sind und der Zucker karamellisiert ist. Dann kommt die restliche Butter hinzu, die wir schmelzen lassen.

Über die angerichteten Knödel verteilen und schwelgen!

Kein Mallorca-Fan kann der *Paella mixta* entkommen, auf der Hühnchen- und Schweinefleischstücke, Muscheln, Riesengarnelen und anderes kostspielig wirkendes Meeresgetier ein quietschgelbes Reisbett schmücken. Aber Reispfannen mit lustig durcheinandergewürfelten Zutaten werden von eingefleischten Paella-*aficionados* zu Recht als Version für Touristen geschmäht. Denn die Paella ist laut der spanischen Lebensmittelhistorikerin und Köchin Lourdes March das traditionelle Mittagessen der Landarbeiter, die sich ihren Lohn in den Orangenhainen Valencias verdienten. Die Fleischeinlage dieser Paella valenciana bestand aus dem, was sich in der näheren Umgebung erhaschen ließ oder was der Hof so hergab, und das waren Wildkaninchen und Hüner. Und statt Meeresmuscheln zierten landbewohnende Weichtiere den Reis: Schnecken **(Abb. 50)**.[1]

Wie gelang es diesen einfachen Männern, aus den eher bescheidenen Grundakkorden eine kunstvolle Geschmackssymphonie zu komponieren? Wie vermochten sie einen simplen Sattmacher in eine bis heute allseits begehrte Delikatesse zu verwandeln? Dazu müssen wir zunächst einen genaueren Blick auf die – im Übrigen strengen – Regeln der Paella-Kunst werfen: Eine Paella muss unter freiem Himmel zubereitet werden, das Feuerholz muss von Orangenbäumen und Weinreben stammen, es muss ein saugfähiger, aber beim Kochen kernig bleibender Rundkornreis verwendet werden. Kommen Schnecken dazu, hat der Rosmarin draußen zu bleiben. Und – eine Paella muss von Männern zubereitet werden, auch wenn die meisten Spanier heute nicht mehr in Orangenhainen schuften und ein stärkendes Mittagessen benötigen …

Feuriges Parfüm

Natürlich gibt es auch etliche Frauen, die Paellas zubereiten, vor allem in Restaurants. Doch die althergebrachte Freiluft-Regel verschafft zahllosen Männern einen guten Grund, gemeinsam unter der spanischen Sonne ein Feuer zu entfachen – zur Not tut es auch ein Gaskocher – und es sich nach rund zwei Stunden des Bratens, Rührens, Köchelns, Würzens und oft hitzigen Fachsimpelns schmecken zu lassen. Ein Feuer mit Weinrebenreisern und Orangenholz zu unterhalten, klingt zunächst zwar elitär, ist aber aus der puren Not geboren: Die Küstenregion bei Valencia ist ein Feuchtgebiet, in dem zwar Reis bestens gedeiht, der Boden aber für die meisten Bäume, bis auf Weichhölzer wie Weiden, zu nass ist. So musste das Schnittholz der Orangen und Reben herhalten. Dass sie einen hohen Heizwert aufweisen und lang anhaltend brennen, erwies sich für das Paella-Aroma als Glücksfall, denn deren fachgerechte Zubereitung dauert anderthalb bis zwei Stunden. Währenddessen bleibt dem duftenden Rauch viel Zeit, sich immer wieder mit der verdampfenden Kochflüssigkeit aus der Paella-Pfanne zu vermischen. Sobald der Dampf kondensiert, fällt er in Form von aromatisierten Tropfen in die Pfanne zurück und verleiht der valencianischen Paella ihre einzigartige Geschmacksnote. Das ist auch der Grund, warum eingefleischte Paella-Freaks Gaskocher zu meiden suchen **(Abb. 51)**.

Abb. 50: Das Paella-Original aus Valencia: keine Hummerkrabben, keine Muscheln, nur Landbewohner.

Zahlenmystik

Als Originalzutaten gelten neben Kaninchen- und Hühnerfleisch die ebenso leicht verfügbaren Tomaten sowie Bohnen diverser Arten und Farben; und je nach Region auch Enten, Artischocken, Schnecken, Rosmarin und Knoblauch. Gebraten wird in dem allgegenwärtigen Olivenöl. Frisch erbeutete Wildkaninchen und Weinbergschnecken, von Letzteren übrigens immer zwölf Stück, bilden den kostengünstigsten Teil der Fleischeinlage. Blieb die Schneckenjagd mal erfolglos, kamen zwei Rosmarinzweige in die Pfanne.

Diese mysteriös anmutende Regel entspringt jedoch nicht irgendwelchen abergläubischen Vorstellungen, sondern soll die Geschmacksnerven schonen: In und um Valencia werden Weinbergschnecken für eine Paella mehrere Tage lang mit Rosmarin gefüttert. Zum einen verdrängt die Kräuterkost Missliebiges aus ihrem Verdauungstrakt, zum anderen erhält ihr Fleisch dadurch eine aparte Würze. Und Würzkräuter, die unter der südspanischen Sonne herangewachsen sind, haben ein so starkes Aroma, dass die zwölf Auserwählten locker Rosmarinwürze für eine ganze Paella-Pfanne liefern.[8]

Wem das noch nicht genug Geschmack ist, der lässt noch einige reife Tomaten in der Paella verkochen. Denn die stecken voller natürlicher

Abb. 51: Eines der Geheimnisse der valencianischen Paella liegt in ihrem Raucharoma.

Geschmacksverstärker wie der Glutaminsäure. Die ist besser unter dem Namen Glutamat bekannt – und berüchtigt. Denn sparsame Köche und Lebensmittelfabrikanten schütten industriell erzeugtes Glutamat gleich grammweise ins Essen. Durch ihre geschmacksverstärkende Wirkung lassen sich zwar wertvollere, schmackhaftere Zutaten vortäuschen, aber empfindliche Menschen reagieren auf die Glutamatschwemme mit dem bekannten China-Restaurant-Syndrom. In Tomaten sind selbstredend niemals so gigantische Mengen Glutamat enthalten, dass sie schädliche Wirkungen hervorbringen könnten. Sie genügen aber, um den Geschmack von Speisen zu verstärken. Das ist einer der Gründe, weshalb die roten Früchte weltweit zu den beliebtesten Gemüsen überhaupt avancieren konnten. Mehr darüber im Kapitel Italien.

Im Land der Kaninchen

Die spanische Küche ist nicht nur für die Paella, sondern auch für seine zahllosen anderen Kaninchengerichte bekannt, beispielsweise das *Conejo al ajillo*, das Kaninchen in Knoblauchsauce, das erst angebraten und dann in würzigem Sud im Tontopf gar gezogen wird. Die spanische Vorliebe fürs *conejo* ist nicht weiter verwunderlich, gaben diese höchst vermehrungsfreudigen Langohren dem Land doch seinen Namen: Die Phönizier, ein expeditionsfreudiges Volk von Händlern, das einst in der Region des heutigen Libanons, Syriens und Israels lebte, errichtete vor ungefähr 3000 Jahren diverse Handelsstationen

Abb. 52: K-&-K-Doppelgänger: Oberflächlich betrachtet ähneln Klippschiefer den Kaninchen durchaus. Aber ihre weitläufige Ähnlichkeit mit Ratten hielt die Phönizier davon ab, sie zu verzehren. Die Römer kannten solche Berührungsängste nicht und delektierten sich sogar an dem Mutterleib entnommenen oder gerade geworfenen Kaninchenjungen. Diese *laurices* spielten bis weit ins Mittelalter auch in christlichen Klöstern eine große Rolle, nämlich als Fastenspeise. Die frisch geborenen, noch feuchten Jungen ließen sich wohl als Wasserlebewesen deklarieren, und der Verzehr von Fisch war in der Fastenzeit ja erlaubt ... *Honi soit qui mal y pense!*

in Südspanien und brachte unter anderem Oliven und Wein mit. Da ihnen dort ständig unbekannte Tierchen über den Weg hoppelten, die sie in Farbe, Form und Größe an die Klippschliefer ihrer Heimat erinnerten, die *shephan*, nannten sie ihre neue Kolonie *I-shephan-im*, das Land der Klippschiefer (**Abb. 52**).

Etwa tausend Jahre nach den Phöniziern interessierten sich auch die Römer für das ressourcenreiche *I-shephan-im*. Leider konnten sie die phönizischen Wörter nicht richtig aussprechen. Dabei heraus kam *Hispania*, das dann weiter zum heutigen Namen España verballhornt wurde. Damit beruhte die Namensgebung Spaniens – wie so vieles in der Geschichte der Menschheit – auf einem Irrtum.[2] Die praktisch veranlagten Römer nahmen einige Kaninchen in ihre Heimat mit, um die anspruchslosen und schmackhaften Tierchen zusammen mit Feldhasen in Gehegen zu mästen und zu züchten. Natürlich konnten sich etliche Karnickel unter den Mauern hindurchwühlen und verwildern. Und von ihnen stammen die Wildkaninchen ab, die heute in fast ganz Europa Dünen, Gärten und Parks bevölkern.[11]

Reis – Mut zur Mücke

Der Reis, die Hauptzutat der Paella, wurde wahrscheinlich von keinem Geringerem als Alexander dem Großen aus Indien nach Westeuropa gebracht. Anfangs nur selten angebaut, war das exotische Getreide entsprechend kostspielig. Bei den alten Griechen galt er vor allem als Arznei gegen Verdauungsbeschwerden – in Form von fadem Reisschleim.[14] In Nordafrika und Syrien lernten die Menschen dagegen schnell, den Reis als Nahrungsmittel zu schätzen und einfallsreich zuzubereiten. Als die Mauren ab dem 8. Jahrhundert Spanien eroberten, fanden sie im Süden des Landes geeignete Feuchtgebiete für die Reiskultur und begannen sogleich mit dem Anbau.

Erst im 16. Jahrhundert gelang es den Spaniern, auch die letzten Mauren aus ihrem Land zu vertreiben. So mussten aber auch die Spezialisten das Land verlassen, die für die ausgeklügelten Bewässerungssysteme der Reisfelder zuständig waren. Davon profitierten dummerweise die Malariamücken, denn mangels Bewässerungsmanagement bildeten sich mehr und mehr Tümpel und Sümpfe, in denen sich die Mückenlarven bestens entwickeln konnten. In der Folge kam es immer wieder zu schweren Malariaausbrüchen.

Es waren jedoch nicht die Mücken, die bei der Obrigkeit in Verdacht gerieten, die Malaria zu verursachen, sondern der Reisanbau! Da der Malariaparasit, den die Mücken durch ihren Stich übertragen können, mikroskopisch klein ist, konnten die Menschen im Mittelalter diesen Zusammenhang noch nicht durchschauen, und so wurde der Reisanbau in Spanien von den katholischen Königen wiederholt verboten. Nicht alle Bauern hielten sich daran, von irgendetwas mussten sie ja satt werden, und anderes Getreide gedieh in dem feuchten Boden nicht. Das Anbauverbot wurde übrigens erst im Jahre 1860 endgültig aufgehoben[9] – gut für alle Paella-Fans!

Gelb macht glücklich

Nach der langen Kochzeit bleiben die Aromen natürlich weniger im Fleisch oder Gemüse, sondern wandern in die Kochflüssigkeit. Also gilt es, die sorgfältig erzeugte Brühe so vollständig wie möglich vom Reis aufsaugen zu lassen. Im Gegensatz zu den aromatischen Sorten, die in Asien so hoch geschätzt werden, man denke nur an den thailändischen Jasminreis oder den duftenden Basmati, ist bei spanischem Reis ein starker Eigengeschmack unerwünscht. Wichtig ist dagegen, dass der Reis bissfest und körnig bleibt und die Paella sich nicht, wie es zum Beispiel bei Milchreissorten unausweichlich wäre, in eine salzige Pampe verwandelt.

Auch wenn in Spanien um das Für und Wider der erlaubten Zutaten gern und vehement gestritten wird, auffällig ist: Alle Paella-Köche sind sich einig, dass gerade die teuerste Zutat niemals fehlen darf, der Safran. Genauer betrachtet ist das rätselhaft, denn um Reis kräftig gelb zu färben, hätten sie auf genug andere, wesentlich billigere Pflanzenfarbstoffe zurückgreifen können; zum Beispiel die dort an jeder Ecke wachsende Färberdistel oder die Kurkuma. Und auch der eher medizinische Safrangeschmack ist nicht unbedingt unvergleichlich köstlich. Trotzdem wollte selbst der ärmste Landarbeiter nicht auf Safran verzichten.

Solche auf den ersten Blick unverständliche Begierden haben häufig eine pharmakologische Ursache, und in diesem Falle ist es das Verlangen nach «Stoff». Safran vermag die Stimmung tatsächlich ein wenig zu heben! Den Paella-Köchen war das natürlich nicht bewusst, Safran ist ja keine harte Droge, die high macht wie Haschisch. Für sie war zunächst nur augenfällig, dass er den Reis gelb färbte. Doch die befriedigende Wirkung der Paella wäre ohne Safran ein wenig geringer ausgefallen, und das hätte sich darin geäußert, dass ihnen die Paella nicht ganz so gut geschmeckt hätte.

Neuere Untersuchungen bestätigen die stimmungsaufhellende Wirkung des Safrans.[1, 5, 10] Die Forschung über stimmungsbeeinflussende Stoffe im Essen steht zwar noch immer am Anfang, aber inzwischen kennt man eine seiner antidepressiv wirkenden Substanzen, sie heißt Crocetin. Das Crocetin entsteht im Darm aus bestimmten orangefarbenen Farbstoffen des Safrans und kann direkt ins Gehirn wandern.[7] Da sich das Farb- und Aromastoffgemisch des Safrans aus zum Teil höchst reaktionsfreudigen Substanzen zusammensetzt, dürften sie sich in der Hitze der Paella-Pfanne zudem auch mit anderen Nahrungsmittelbestandteilen zu neuen Stoffen verbinden, darunter mutmaßlich auch einigen, die eine Wirkung aufs Nervensystem ausüben.

Safran – Opium für Kinder

Die Mauren brachten neben Grundnahrungsmitteln wie dem Reis auch zahllose neue Früchte, Gemüse und Gewürze nach Spanien, darunter den Safran. Als bester Safran der Welt gilt heute der aus La Mancha, zugleich

ein Hauptanbaugebiet für das hübsche Krokusgewächs. Safran gehört zu den teuersten Gewürzen der Welt, und das, obwohl sein leicht bitterer Geschmack alles andere als preisverdächtig ist und sein Duft eher an Medizin erinnert, genauer gesagt, an Jodoform. Die Safranfäden sind nichts anderes als die orangefarbenen Narben, die in mühevoller Handarbeit einzeln aus den Blüten gezupft und dann getrocknet werden. Gemessen an seinem Aroma ist seine Gewinnung unverhältnismäßig aufwendig und kann nur mit seiner medizinischen Wirkung erklärt werden.

Arzneikundige vergangener Jahrhunderte nannten den Safran «Opium für Kinder». Sie verschnitten damit das Laudanum, eine opiathaltige Schmerz- und Schlaftinktur, aber auch den Theriak, ein ebenfalls opiathaltiges Universalheilmittel. Andere verordneten Safran als Beruhigungsmittel bei Krämpfen, Asthma und als Mittel gegen Melancholie. Im alten Rom wurde Safran von denen, die es sich leisten konnten, gern hoch dosiert mit alkoholischen Getränken konsumiert, wie ein Rezept aus dem berühmten Kochbuch des Apicius nahelegt.[3] Safran wirkt bei männlichen Ratten sogar als Aphrodisiakum, aber nur in sehr hoher Dosis[6], der Grat zwischen Lust und Leid ist hier arg schmal. Denn das Gewürz ist in größeren Mengen tödlich giftig[15], zehn Gramm können schon ausreichen.

Warenkunde Safran

Safran ist nicht nur eines der teuersten, sondern auch das am häufigsten gefälschte Gewürz der Welt. Denn um ein Gramm Safran zu erhalten, müssen die Narben von etwa 200 Blüten mühsam ausgezupft werden (siehe Abb. 53, 54). Je sorgfältiger dies geschieht, desto höher der Preis: Der gelb-orange Griffel einer Safrankrokusblüte endet in drei Narbenschenkeln, und nur die sind tiefrot. Je weniger nun von dem blasseren Griffel abgeknipst wird, desto teurer und aromatischer die Ware. Denn nur in den dunklen Teilen befinden sich die wertbestimmenden Farb- und Aromastoffe.

Finger weg von billigem «Safran», denn der besteht meist nur aus den dunkelgelben Blütenblättern der Färberdistel (siehe Abb. 55) oder Ringelblumen, und derartigem Heu entströmt keinerlei medizinisches Safranaroma. Kommt bei Billigware wenigstens ein klein wenig typischer Safranduft zum Vorschein, handelt es sich entweder um ein Gemisch oder überlagerte Ware. Reiner, hochqualitativer Safran ist dunkelorange gefärbt und duftet stets deutlich narkotisch.

Spanien

Brutzeln macht glücklich

Den allerletzten Pfiff erhält die Paella erst durch die sorgfältig erzeugte Kruste am Pfannenboden, den *socarrat*. Diese geröstete Reisschicht ist ihr begehrtester Teil. Aber nicht nur, weil sich in diesem Geschmackskonzentrat alles an Aromen vereint, was die Zutaten an ihn abgegeben haben, sondern, weil er voller euphorisierender Substanzen steckt, die während des Kochens entstanden sind. Solche Stoffe ähneln in ihrer Wirkung den Opiaten des Schlafmohns.[13]

Die Bildung dieser Stoffe benötigt in der Regel etwas Zeit und wird häufig nur durch Energiezufuhr, meist Hitze, ermöglicht bzw. beschleunigt. Um weich und genießbar zu werden, bräuchten weder Huhn noch Karnickel zwei Stunden lang in der Paella-Pfanne zu schmurgeln, aber die auffallend lange Garzeit verleiht den Ausgangssubstanzen genügend Zeit, wirksame Mengen der begehrenswerten Stimmungsmacher zu bilden. Spanische Wissenschaftler fanden heraus, dass sich eine spezielle Klas-

Abb. 53: Mühsame Handarbeit: Safranzupfen.

Abb. 54: Safran (*Crocus sativus*).

Abb. 55: Färberdistel (*Carthamus tinctorius*).

se dieser Stimmungsmacher, die β-Carboline, in besonders großen Mengen in Gebratenem und Gegrilltem bilden.[4, 12] Das erklärt auch, wieso das Fleisch für die Brühe angebraten und nicht einfach nur gekocht wird.

Erst die richtige Wahl der Zutaten liefert die passenden Ausgangsstoffe, und erst deren richtige Behandlung liefert die optimale Menge an stimmungssteigernden Substanzen. Darum schmecken uns korrekt zubereitete klassische Rezepte oft am besten. Das Hervorzaubern des «Gute-Laune-Effekts» ist eine Kunst, die meist über viele Generationen optimiert wurde, und darum müssen bei den meisten dieser Rezepte genaue Vorgaben eingehalten werden. Entstehen in Topf oder Pfanne die falschen Stoffe, vielleicht, weil sie zu heiß gebraten oder nicht ausreichend lange gekocht wurden, dann kann die Oma mit Kopfschmerzen reagieren oder dem Sohn der Appetit vergehen.

Immer schon kühl bleiben: Gazpacho

Genauso beliebt wie die Paella ist ein anderes Gericht aus der Volksküche: der Gazpacho, die erfrischende, möglichst mit Sherry-Essig aromatisierte, gekühlt servierte rote Gemüsesuppe aus dem heißen Süden der iberischen Halbinsel. Ursprünglich war sie blass und errötete erst, nachdem die Spanier im 15. Jahrhundert Tomaten aus der Neuen in die Alte Welt mitgebracht hatten. Farbwechsel und andere Metamorphosen sind bei Suppen allerdings so einzigartig nicht, auch dem osteuropäischen Borschtsch blieb er nicht erspart, selbst, wenn die heute besonders beliebte Tomate ausnahmsweise keine Schuld daran trug. Mehr darüber im **Kapitel Zwischen Polen und Sibirien**.

Ursprünglich war die Herstellung eines Gazpachos harte körperliche Arbeit, denn sämtliche Zutaten mussten im Mörser zerstoßen werden. Seitdem in den Haushalten Strom fließt, werden Gazpachos fast ausschließlich im Mixer fabriziert. Die Ergebnisse unterscheiden sich allerdings voneinander, denn durch die hohe Umdrehungsgeschwindigkeit, mit der das Gemüse in der Küchenmaschine zerschnitten wird, gleicht die moderne Version eher einem aufgeschäumten Milchkaffee. Außerdem entsteht Reibungshitze, sodass sich die Mischung überflüssigerweise auch noch erwärmt. Da heute aber in praktisch jedem Haushalt ein Kühlschrank steht, lässt sich die Suppe rasch auf die gewünschte Temperatur bringen.

Aber auch vor der Erfindung der Eis- und Kühlschränke musste niemand auf gekühlten Gazpacho verzichten. Er wurde einfach in einen unglasierten Tonkrug gegossen. Durch die Poren des Tons verdunstet ständig ein wenig Wasser, dabei entsteht Verdunstungskälte, und die Wände des Kruges werden kühl. Da das abgekühlte Wasser ein höheres spezifisches Gewicht hat, sinkt es nach unten, und der Gazpacho beginnt, ständig im Gefäß zu zirkulieren. Dieses geniale Verfahren war übrigens schon in der Antike bekannt. Da das Wasser aus dem Krug nur bei Hitze und trockener Luft in ausreichender Menge verdunstet, konnte es sich nördlich der Alpen, wo bekanntlich feuchteres und eher kühleres Wetter vorherrscht, nicht etablieren.

Alles in Essig

Die Ursprünge des Gazpachos werden sich wohl nie zweifelsfrei klären lassen. Manche nehmen an, dass sie auf die Mauren zurückgehen, andere schreiben sie den Römern zu. Angeblich brachten römische Legionäre eine ebenso einfache wie nahrhafte Suppe mit nach Hispania; sie bestand aus trockenem, meist wohl altbackenem Brot, Olivenöl und Knoblauch, alles mit einem Schuss Essig im Mörser zerquetscht und mit Wasser auf Trinkstärke gebracht. Ihre Grundsubstanz, die Knoblauch-Paste, ist übrigens in vielen Variationen im Mittelmeerraum weit verbreitet, in Frankreich als *pistou*, in Italien als *pesto*, und findet sich als würzende Zutat in allerlei Gerichten wieder.

Ob nur die römischen Soldaten auf die naheliegende Idee gekommen waren, ihre hart gewordene Brotration auf diese Weise wieder genießbar zu machen, darf bezweifelt werden. Denn auch die ärmere Bevölkerung Hispaniens, Hirten und Bauern, konnte es sich nicht leisten, Brotkanten verkommen zu lassen. Wie auch immer, die Knoblauchbrotsuppe hat bis heute überlebt, heißt *ajo blanco* und wird in Tapas-Bars als beliebte und appetitanregende Vorspeise serviert. Dieser «weiße Gazpacho» wird durch weitere regionaltypische (landwirtschaftliche) Erzeugnisse wie zerstoßene Mandeln und eine Garnierung aus Weintrauben ergänzt.

Sicher wissen wir, dass die alten Römer zur Erfrischung Essigwasser tranken und dass dieser essigsaure Softdrink, *posca* genannt, mit dem Vordringen der Legionäre nach und nach im gesamten römischen Reich getrunken wurde. Die Säure des Essigs verbessert nicht nur den Geschmack abgestandenen Wassers in Feldflaschen, sondern macht vor allem dem einen oder anderen Keim den Garaus – das gilt natürlich auch für den Gazpacho, in dem ja die zerquetschten Gemüseteilchen Bakterien und Schimmelpilzen eine gigantische Angriffsfläche bieten. In Kaltgetränken wird inzwischen die desinfizierende und erfrischende Wirkung der Essigsäure von der Zitronensäure ersetzt. Die antiken Säuerlinge sind heute endgültig von den Zitruslimonaden abgelöst worden.

Abb. 56: In eine original valencianische Paella gehören auch *garrofónes*, Mondbohnen bzw. Limabohnen (*Phaseolus lunatus*). Sie gedeihen nur in den heißen Regionen und werden auch in Südeuropa angebaut. Ihre großen Samen sind sehr wohlschmeckend. Wie bei Hülsenfrüchten so üblich, hat sich auch die Mondbohne anfangs dagegen gesträubt, dass ihre großen und nahrhaften Samen vom Menschen vernascht werden. Die züchterisch noch nicht bearbeitete Wildform wartete sogar mit hochgiftiger Blausäure auf. Beim Kochen entwich sie ins Wasser, das deshalb weggeschüttet werden musste. Moderne Sorten enthalten wenig oder gar keine Blausäure mehr. Dennoch sollte man sich nicht darauf verlassen und das Kochwasser wegschütten.

Rezepte

Paella valenciana

Die Paella ist ein typisches Gericht der *comida de pobres*, sie entstammt also der Küche der armen Leute. Ihre Zutaten sind einfach und äußerst sättigend. Deswegen wird eine Paella in Spanien auch niemals am Abend gegessen!

Ihre Zubereitung ist allerdings anspruchsvoll, denn eine Paella ist alles andere als eine simple Reispfanne, bei der alle Zutaten einfach gemeinsam in die Pfanne geworfen werden und so lange gebrutzelt werden, bis alles gar ist. Nur auf das Raucharoma von Orangenholz und Weinrebenreisern werden die meisten hierzulande leider verzichten müssen …

Zubereitungszeit: 1,5 bis 2 Stunden

- 1 Pfund Kaninchen und/oder
- 1 Pfund Huhn
- 2 reife Tomaten
- 1–2 Paprikaschoten, Farbe nach Wunsch
- 500 g grüne Bohnen
- evtl. eine Handvoll Limabohnen (Abb. 56)
- etwa 400 g Rundkornreis, am besten spanischer Paellareis wie Bomba, die meisten Paella-Köche rechnen zwischen 75 und 100 g Reis pro Person
- 2 Zweige Rosmarin
- 2 g Safran
- 300–500 ml Olivenöl

Kaninchen und Huhn (mit Knochen) in handliche Stücke zerteilen und langsam in Olivenöl anbraten, bis sie eine schöne goldbraune Farbe annehmen. Danach einen Teil des Öls entfernen, damit die Paella nicht zu fettig wird. Aber nicht zu viel, sonst gelingt die Reiskruste nicht; das richtige Maß erfordert Fingerspitzengefühl und ist Erfahrungssache.

Fleischteile an den Rand schieben und in der Pfannenmitte die Bohnen unter Rühren kurz anschwitzen. Danach zerdrückte Tomaten und Paprika in die Pfanne geben. Temperatur reduzieren, damit nichts anbrennt und die sorgfältig erzeugten Röstaromen nicht verkohlen.

Nach einigen Minuten so viel Wasser zugeben, bis Fleisch und Gemüse bedeckt sind, Salz, Safran und Rosmarin hineingeben. Etwa 1 Stunde kochen, dann haben sich ausreichend Aromen und stimmungssteigernde Stoffe aus dem Safran und dem Fleisch gebildet und sind ins Wasser übergegangen. Je besser die Brühe, in der später der Reis gegart wird, desto köstlicher die Paella!

Nun kommt der Reis in die Pfanne. Die richtige Menge Reis abzuschätzen, ist ebenfalls Erfahrungssache. Zu wenig Reis verkocht, bevor die Flüssigkeit verdampft ist, zu viel Reis verwandelt die Paella in eine fade Pampe. Es gilt: Die Brühe muss einen Daumenbreit über dem Reis stehen. Zu viel Brühe abschöpfen, aber natürlich aufbewahren, falls der Reis doch mehr Flüssigkeit aufsaugen sollte. Naturprodukte sind ja «ungenormt» und können sich von Erntejahr zu Erntejahr in ihren Eigenschaften deutlich unterscheiden.

Nun den Reis mit schwungvollen Bewegungen über die Oberfläche der Brühe verteilen, damit alle Körner gleichzeitig von Flüssigkeit umschmeichelt werden und nicht etwa zusammenpappen. Gleichmäßig verteilen, aber danach nicht mehr umrühren. 10 Minuten brodelnd kochen, dann Hitze reduzieren und noch mal 10 Minuten leise köcheln lassen. Sollten Sie die klassische spanische Paellareissorte Bomba verwenden, beide Zeiten etwas ausdehnen, da dieser Reis eine längere Kochzeit benötigt. Aber dabei unbedingt ständig probieren, ob der Reis schon *al dente* ist; nach Geschmack nachsalzen.

Ach ja, auf keinen Fall italienischen Risottoreis verwenden! Auch wenn er optisch dem spanischen Paella-Reis gleicht, er sondert beim Kochen viel zu viel Stärke ab. Und da die Paella – anders als ein Risotto – nicht umgerührt wird, wird der Reis pappig. Falls spanischer Reis nicht erhältlich ist, einen Reis mit mittlerer Korngröße nehmen und ungewaschen verwenden.

Steht die Paella zu lange auf dem Feuer, verbrennt die köstliche hocharomatische Kruste am Boden, der *socarrat*, und innerhalb von Sekunden sind anderthalb Stunden Arbeit für die Katz! Ist der Reis gar, ohne Hitzezufuhr einige Minuten ruhen lassen, damit sich die Reiskörner voneinander lösen können.

Alle heben sich nun ihren Reis mit einem Löffel oder einer Gabel mitsamt der Kruste vom Boden ab. Der Reis hat das gesamte Aroma der Zutaten mit der Brühe aufgesogen. Die ausgekochten Fleisch- und Gemüsestücke werden darum von manchen Genießern schon mal liegen gelassen …

Gazpacho

In Spanien werden Gazpachos mit Gemüse zubereitet, das unter heißer Sonne herangewachsen ist und reif geerntet wurde. Bei hiesiger Marktware lässt vor allem das Aroma von Tomaten oft zu wünschen übrig. Also besser nicht außerhalb der Tomatensaison zubereiten.

2–3 Scheiben Weißbrot
500 g zerdrückte oder klein geschnittene, sehr reife Tomaten. Vorzugsweise gehäutet, nur entkernen, wenn gewünscht
1 in Stücke geschnittene Salatgurke
1 grüne, in Stücke geschnittene Paprikaschote
3–4 Knoblauchzehen
⅛ l natives Olivenöl
Salz
2–3 EL Sherryessig
Wasser

Knoblauchzehen mit Salz im Mörser zerdrücken, in Wasser eingeweichtes Weißbrot zufügen und alles mit Olivenöl zu einer Paste verarbeiten. Diese Paste dient auch als Emulgator, sie sorgt dafür, dass sich Öl und Wasser miteinander vermischen. Das sorgt für einen runderen Geschmack. Die Aromastoffe der Gemüse sind nämlich vor allem wasserlöslich und können nur schlecht in die Öltröpfchen eindringen.

Knoblauch-Brot-Paste mit den Gemüsen und dem Sherryessig in eine Küchenmaschine geben und pürieren. Mit Wasser bis zur gewünschten Konsistenz auffüllen.

Wer experimentierfreudig ist und einen größeren Mörser besitzt, kann auch mal die klassische Zerkleinerungsmethode ausprobieren und schauen, ob es auffällige Geschmacksunterschiede gibt.

Fertigen Gazpacho 2 bis 4 Stunden in den Kühlschrank geben. Keine Eiswürfel zufügen und nicht eiskalt servieren, denn viele der Aromastoffe müssen einem beim Essen in die Nase steigen, um vernünftig wahrgenommen werden zu können.

Manche mögen's scharf Cowboys, Pigboys und Tortillas:

Am Golf von Mexiko

Was hierzulande als einfacher und preisgünstiger, mehr oder weniger scharfer Eintopf aus Hackfleisch, Bohnen und Tomaten schon seit Generationen studentische WGs sättigt, ist in Texas Gegenstand heftigster Kontroversen: das Chili con Carne. 1977 wurde es im Lone-Star-State sogar zum Nationalgericht ausgerufen. Und ist der Nationalstolz erst mal geweckt, wird's bekanntlich ernst. Strenge Reinheitsgebote werden ersonnen bzw. aus Mottenkisten gezerrt und jede Verfälschung der geheiligten Speise aufs Äußerste verdammt. Ins texanische «Original» dürfen darum nur Fleisch, am besten vom Rind, und scharfe Chilis. Auf keinen Fall aber Bohnen, die gelten im *bowl of red* geradezu als Verunreinigung.

Dass die Erhebung des Chili con Carne zum texanischen Nationalgericht weniger historische Gründe hat, sondern auf Betreiben diverser Konserven-Hersteller geschah,[9] die mutmaßlich ein kräftiges Umsatzplus witterten, ist dort inzwischen wohl weitgehend in Vergessenheit geraten. Und was soll an der Kombination Fleisch plus Chili so außergewöhnlich sein? Die gibt's auch anderswo, man denke nur ans Gulasch **(siehe Kapitel Österreich und Ungarn)**. Vielleicht verachtet man die Hülsenfrüchte im Land der Ölmagnaten und Viehbarone ja so sehr, weil dort alles größer und besser sein soll als auf dem Rest des Planeten. Da darf der Nationalspeise natürlich auf keinen Fall das Image eines Arme-Leute-Essens anhaften. Aber genau das war das Chili in den USA schon immer. Wie überall auf der Welt ersetzten Bohnen und Co. darin die teure Proteinquelle Fleisch. Während der Weltwirtschaftskrise der 1920er-Jahre soll der Eintopf unzählige Amerikaner vor dem Hungertod bewahrt haben, und bis heute werden damit günstig Gefängnisinsassen verköstigt.

Die bohnenfreie Texas-Version könnte in der Mitte des 19. Jahrhunderts entstanden sein, als texanisches Rindfleisch nur noch Dumpingpreise erzielte. Denn Texas kämpfte während des Amerikanischen Bürgerkriegs (1861–1865) für die Konföderierten, also für die Bundesstaaten, die sich für die Beibehaltung der Sklaverei einsetzten. Nun konnten die Cowboys die Longhorn-Herden nicht mehr in den unionistischen Norden treiben, den damaligen Hauptabnehmern für das Vieh **(Abb. 57)**. Denn die Unionsstaaten waren strikte Gegner der Sklaverei. So blieben die texanischen Viehbarone auf ihren Herden sitzen. Da sich ihre Rinder auf der Prärie weiter fleißig vermehrten, kam es zu einem Überangebot. 1866 betrug der Preis für ein texanisches Rind mit vier Dollar ein Zehntel dessen, was im Norden und Osten der USA bezahlt wurde.[3, 28] Nun konnten sich auch die ärmeren Texaner Rindfleisch leisten und öfter mal auf die Bohneneinlage verzichten.

> **Bunte Genossinnen**
>
> In der Neuen Welt werden schon seit 8000 Jahren Bohnen (*Phaseolus*-Arten) angebaut. Die schmackhaften Hülsenfrüchte gelangten bald auch in die Alte Welt und machten dort als Gartenbohnen den angestammten Ackerbohnen (*Vicia faba*) Konkurrenz.[11] In weiten Teilen Mittel- und Nordamerikas konnten die amerikanischen Ureinwohner ihren Protein- und Energiebedarf auch bei Fleischknappheit mit ihren traditionellen Grundnahrungsmitteln decken, denn zusammen mit den Bohnen bauten sie auch Mais (*Zea mays*, **Abb. 58**) und Kürbis

Abb. 57: Texas Longhorns begründeten den Reichtum der texanischen Viehbarone. Kein Wunder, dass sie in Dallas in wetterfester Form in Bronze verewigt wurden.

(*Cucurbita pepo*) an. Was der einen Pflanze an essenziellen Aminosäuren fehlt, gleichen die anderen aus: Dem Mais mangelt's an Tryptophan und Lysin, die aber finden sich in den Bohnen. Und was dem Bohnenprotein an Methionin fehlt, steckt reichlich im Mais. Der Kürbis liefert nicht nur Lysin, sondern auch nahrhafte ölreiche Kerne. Alle drei versorgen den Menschen mit allen neun essenziellen Aminosäuren.

Diese drei Pflanzen ergänzen sich auch im Anbau perfekt: Die Bohnen winden sich an den Maisstängeln empor, die wiederum von den zähen Bohnenranken gegen Windbruch stabilisiert werden. Die Bohnen düngen den Boden nach, weil sie das Stickstoffgas der Luft mithilfe spezieller Bakterien in ihren Wurzeln pflanzenverfügbar machen, sprich zu Stickstoffdünger umbauen. Die großen Blätter der raschwüchsigen Kürbisse unterdrücken Unkräuter, indem sie den Boden beschatten, und ganz nebenbei bewahren sie ihn dadurch auch vor dem Austrocknen.

Diese Pflanzen-WG ist unter dem Namen «Die drei Schwestern» bekannt und konnte sich über die Jahrtausende von Mittelamerika bis in den Nordosten der USA zur kanadischen Grenze vorarbeiten. Weiter nördlich wird es für den Anbau von Mais und Kürbissen zu kühl. Mit dieser Anbaumethode erntet man ungefähr die gleiche Menge Nahrungsenergie wie mit einer gleich großen Monokultur Mais, aber die Ausbeute an Proteinen fällt durch die dazwischengepflanzten Bohnen und Kürbisse höher aus.[14] Genial!

Am Golf von Mexiko

Abb. 58: Kunterbunte Maiskolben kommen durch «springende Gene» zustande. Das unternehmungslustige Erbgut wechselt nach Lust und Laune das Chromosom und sorgt in den Samenkörnern für die verschiedenen Farben. Sie sind echte Evolutionsbeschleuniger – und es gibt sie auch beim Menschen ...

No chili, no crime

Warum hat ausgerechnet der kalorienarme Chili Gnade vor den Augen der Texaner gefunden? Man könnte spekulieren, dass seine umwerfende Schärfe zum gepflegten Macho-Image passt; angeblich hielt schon US-Präsident Lyndon B. Johnson, ein gebürtiger Texaner, die heimatliche Version für unübertroffen: «Wird Chili außerhalb von Texas zubereitet, ist es normalerweise ein schwacher und zaghafter Abklatsch des Originals. Immer wenn ich nach Texas heimkehre, genehmige ich mir als Erstes eine ‹Bowl of Red›.»[29] Und nicht zuletzt mag der Ruf des Chilis, ein wirksames Aphrodisiakum zu sein, zu seiner Beliebtheit beigetragen haben. Nach der Eroberung Mexikos durch die Konquistadoren (dem das Gebiet des heutigen Texas ja bis 1836 angehörte) sahen sich etliche spanische Priester dazu veranlasst, vor den heidnischen Scharfmachern aufs Eindringlichste zu warnen.[4]

Aber es gibt auch handfestere Gründe für die heiße Liebe der Texaner zum scharfen Chili. Der erste ist: Chili wirkt als Arznei. Er vertreibt Würmer aus dem Darmtrakt und tötet Bakterien ab, die fiese Lebensmittelvergiftungen hervorrufen können. Aus diesem Grund werden Fleischgerichte meist schärfer gewürzt als vegetarische,[24] da Fleisch, anders als frisch geerntetes und noch nicht geputztes Grünzeug, gleich nach der Schlachtung von diversen Bakterien angegriffen wird. Für die antibakterielle Wirkung der Chilis sind übrigens nicht seine Scharfstoffe, die Capsaicine, verantwortlich, sondern sogenannte Saponine. Diese seifenartig wirkenden Stoffe schädigen die Zellmembranen der Mikroorganismen.

Der zweite Grund: Die brennend scharfen Chilis können dazu führen, dass der Körper Endorphine, körpereigene Drogen, ausschüttet. Denn der brennende Schmerz im Mund löst eine ganze Kaskade von Reaktionen im Körper aus, und an deren Ende stehen die Endorphine. Sie erzeugen ein Gefühl der Zufriedenheit und des Glücks. Dieser Mechanismus wurde bei Schwerverletzten aufgeklärt; er soll ein Überleben in extremen Situationen sichern. Bei manchen Menschen kann er sogar in eine Endorphinsucht umschlagen. Chilifreaks bevorzugen übrigens genau die Menge an Chili, die knapp unter ihrer Toleranzgrenze liegt.[15, 22]

Doch nicht alle Menschen stehen auf den Schmerz, den die mit Chili geschärften Speisen hervorrufen. Warum manche Menschen leichter süchtig werden als andere, kann die Suchtforschung noch immer nicht beantworten. Aber dieses Phänomen erklärt, warum der Chili in Regionen mit gemäßigtem Klima nicht den immensen Erfolg hat wie in den Tropen und Subtropen. Denn dort steht neben seiner arzneilichen Wirkung eine andere Funktion im Vordergrund: Der Chili hilft, die Hitze erträglicher zu machen. Mehr darüber im **Kapitel Indien und Sri Lanka**.

Missverstandener Mais

Im Gegensatz zum Chili konnte ein anderer Klassiker aus der traditionellen Küche Mexikos und des amerikanischen Südwestens seinen Siegeszug um die Welt nur in europäisierter Form antreten: die Tortilla. Zwar dienen die im Original gelben oder blauen Fladen aus Maismehl, Wasser und ein wenig Salz seit Urzeiten als Bei- oder Unterlage für allerlei pikant Gewürztes **(Abb. 59)**, dennoch kommen in mexikanisch inspirierten Restaurants außerhalb von Amerika meist nur blasse Weizentortillas auf

Abb. 59: Blaue Maistortillas. Weizen enthält Stoffe, die die Fettverdauung behindern, indem sie die Enzyme der Bauchspeicheldrüse hemmen.[3] Dagegen hilft es, den Weizenmehlteig mit etwas Öl oder Schmalz anzureichern. Prähistorische Funde von Speiseresten aus Vollkorn enthalten in der Regel viel Fett, oft im Verhältnis 1 zu 1.[19] Mexikanische Weizentortillas werden daher mit Schweineschmalz gebacken, während das Rezept für die althergebrachten Original-Maistortillas nur Mehl, Wasser und eine Prise Salz vorsieht.

den Tisch. Fertig-Weizentortillas haben zusammen mit anderen mexikanischen Zutaten wie eingelegten Jalapeno-Chilis längst die Regale unserer Supermärkte erobert. Doch der Weizen, das europäische Brotgetreide schlechthin, wurde erst im 16. Jahrhundert von den spanischen Eroberern in die Neue Welt gebracht. Reine Maistortillas sucht man bei uns vergebens, denn die wollen in den Backöfen unserer Großbäckereien nicht gelingen. Aber woran liegt's?

Der Inhalt hiesiger Maismehltüten besteht aus *roh* vermahlenen Körnern. Brote aus rohem Maismehl gehen aber nicht richtig auf, denn der Mais enthält im Gegensatz zum Weizen kaum Klebereiweiß. Der Kleber sorgt beim Verkneten mit Wasser für einen elastischen Teig, der schön aufgeht und eine lockere Krume gibt. Er bildet im Teig lange Fäden, die wiederum ein Netz bilden. Darin fangen sich die Gasblasen, die die Hefe beim Gehen des Teigs erzeugt. Deswegen lassen sich aus unseren rohen Weizenmehlen locker-luftige Brote backen. Teig aus rohem Maismehl wird dagegen bröckelig, aus ihm kann man nur harte, praktisch unverdauliche Tortillas backen. Mehl aus unbehandeltem Mais, wie es in Europa üblich ist, eignet sich darum nur für Klöße und Breie, etwa die italienischen Gnocchi oder die Polenta.

Traditionelles mexikanisches Maismehl lässt sich dagegen zu einem geschmeidigen Teig verkneten und zu vernünftigen Tortillas verbacken. Aber

Abb. 60: Die Frauen mussten jeden Tag mühsam Maismehl für die Tortillas auf dem *metatl* mahlen, um sie dann auf einer Keramikplatte zu backen.

nur, weil es aufwendig mit einem zirka 3500 Jahre alten Verfahren vorbehandelt wird: Die Mexikanerinnen erhitzen die Maiskörner vor dem Mahlen in einer Lauge, die sie aus gebranntem Muschelkalk oder aus Pflanzenasche anrühren, und lassen das Ganze über Nacht stehen. Danach waschen sie die Körner mehrmals mit frischem Wasser, wobei sie die locker gewordenen Samenhüllen abrubbeln. Dieser vorbehandelte Mais heißt *nixtamal* und er wird noch nass zu feinem Mehl, der *masa*, vermahlen **(Abb. 60)**. Die Lauge hat die Stärke und das Eiweiß der Körner so verändert, dass sich die *masa* zu einem backfähigen Teig verarbeiten lässt. Und das ist das arbeitsintensive Geheimnis der schmackhaften traditionellen Maistortillas.[12, 23]

Natürlich hätten sich die Azteken und Maya auch mit Maismehl zufriedengeben können, das sich nur für Klöße und Breie eignet. So hielten es ja auch ihre südlichen Nachbarn in den Anden, die Inka, die auf die Nixtamalisation verzichteten. Allerdings wachsen dort neben dem Mais vor allem Quinoa und Kartoffeln, außerdem stand ihnen tierisches Protein in Form von halb zahmen Meerschweinchen ständig zur Verfügung. In Mittel- und Nordamerika scheute man dagegen keine Mühe, Mais durch die Nixtamalisation in ein «Brotgetreide» zu verwandeln. Abgesehen davon, dass es dabei auch zu einem gewissen Verlust an Nährstoffen kommt,[1, 2] ist das Verfahren so aufwendig, dass es neben der Verbesserung der Backeigenschaften unbedingt einen Mehrwert haben muss. Und der liegt in der Steigerung des Nährwerts.

Mais macht mobil

Erst mit den Fortschritten der biochemischen Analytik kam man den Vorteilen der Nixtamalisation im Labor auf die Spur. Zum Beispiel, dass die für alle wichtigen Stoffwechselvorgänge benötigte Nikotinsäure – früher besser bekannt als Niacin – fest an die Ballaststoffe des Maiskorns gebunden ist. Der menschliche Verdauungstrakt kann es dort nicht herauslösen, aber die althergebrachte Behandlung mit der Lauge befreit sie aus ihren

Fesseln.[27] Ein Niacinmangel gilt als Ursache für die Multiorganerkrankung Pellagra. Allerdings kann der Mensch das Niacin aus einem Proteinbaustein, der Aminosäure Tryptophan, selbst bilden.[7] Und diese ist nicht nur in Fleisch, sondern auch in einem weiteren mexikanischen Grundnahrungsmittel ausreichend enthalten, den Bohnen.

Ebenso wichtig waren für die mittel- und nordamerikanische Urbevölkerung zwei weitere Effekte. Erstens verbessert die Nixtamalisation die Verdaulichkeit des Maismehls: Wie die meisten Samenkörner enthält Mais Phytin, einen Energiespeicher, den das Korn bei der Keimung verbraucht. Im ungekeimten Samen dient das Phytin als Schutzfaktor. Bekommt ein Mensch oder Tier Appetit aufs rohe Maiskorn, behindert das Phytin die Aufnahme von Spurenelementen und Mineralstoffen wie Kalzium, Magnesium und Eisen. Der menschliche Verdauungstrakt kann das Phytin nicht unschädlich machen, damit kann unbehandelter Mais auf Dauer einen Mineralstoffmangel auslösen. Zu allem Überfluss blockiert Phytin auch noch unsere Verdauungsenzyme.[12] Es muss daher so weit wie möglich verschwinden, bevor es in die Tortilla gelangt, und durch die Nixtamalisation kann sein Gehalt fast um die Hälfte gesenkt werden.

Zweitens desinfiziert die Nixtamalisation den Mais. Die Körner aller Getreidearten werden gern von Schimmelpilzen befallen, und die bilden diverse Gifte. Die berüchtigten Aflatoxine beispielsweise können bei chronischem Verzehr zu Leberkrebs führen, Fumonisine, Citreoviridine und Trichothecene lösen Blutungen, Unfruchtbarkeit und andere böse Krankheiten aus.[20] Manche dieser Gifte wirken sogar als sogenannte endokrine Disruptoren, das sind Substanzen, die in den Hormonhaushalt des Menschen eingreifen. Sie können beispielsweise die sexuelle Reifung bei Mädchen verzögern.[8, 10, 21] Das Laugenbad entfernt die Schimmelgifte aus den Körnern zum größten Teil,[5, 17, 26] d. h., nixtamalisierter Mais schmeckt nicht nur besser, er ist auch gesünder.

Aufstieg und Fall einer Götterspeise

Getreidekörner mit Asche bzw. Ätzkalk einzuweichen, kam den Konquistadoren spanisch vor. Denn diese aggressive Chemikalie war ihnen schon lange vertraut, allerdings als Zutat bei der Mörtelbereitung oder als Desinfektionsmittel. Dass Getreide vor dem Verzehr desinfiziert werden musste, lag sicher außerhalb der Vorstellungskraft der Granden. Wie sollten sie auch ahnen, dass der Mais, mit dem sie anders als die mexikanische Urbevölkerung keinerlei Erfahrung hatten, im feuchten tropischen und subtropischen Klima häufig von unsichtbaren Schimmelpilzgiften befallen war?

Augenscheinlich war jedoch, dass sich der Mais nach der Nixtamalisation leichter mahlen ließ. Da die europäische Müllereitechnik deutlich weiter vorangeschritten war als die mexikanische, wo die Körner noch mühsam auf den steinernen *metatl* per Hand zermahlen werden mussten, hielten die vornehmen Herren die exotische Laugenbehandlung für überflüssig. Also unterließen sie es, die bewährte Lebensmitteltechnologie der Tortillabäckerinnen zusammen mit dem Mais in die Heimat zu importieren. Dort wurde der Mais, genau wie die Roggen- und Weizenkörner, «roh» vermahlen und das Maismehl entweder zu Brei zerkocht oder mit etwas kleberhaltigem Weizenmehl gemischt, woraus sich ein einigermaßen schmackhaftes, doch wenig haltbares und schimmelanfälliges Brot backen ließ.[13]

Dennoch wurde der Mais auch in weiten Teilen Europas zum vollen Erfolg. Denn dort, wo das Klima seinen Anbau ermöglichte, also vor allem im Süden Europas, lieferte er wesentlich höhere Erträge pro Hektar als Weizen oder Hirse. Die «Minderwertigkeit» des unbehandelten Maismehls als Brotgetreide sprach sich natürlich schnell herum. Und da Brot in Europa als unverzichtbares, geradezu heiliges Grundnahrungsmittel galt, stieg der Mais hier von einer Speise, die die mexikanischen Maisgötter ihren Kindern geschenkt hatten, zum Viehfutter ab, und das rohe Maismehl wurde zum billigen und zeitweise einzigen Nahrungsmittel der ärmsten Landbevölkerung. Als Folge erkrankten in Europa vor allem in Norditalien sowie in den Südstaaten der USA Hunderttausende bettelarmer Tagelöhner und Kleinstbauern an Niacinmangel, der Pellagra, und vermutlich auch an ähnlichen Krankheiten, die von Schimmelpilzgiften verursacht werden.[13]

Mit Weizen sollst du nicht geizen

Zwar fanden die spanischen Eroberer mit der Zeit Gefallen an nussigen Avocadocremes, scharfen Chilisaucen und an im Erdofen gegartem Wild, dem Barbacoa – dem Vorläufer des Barbecues. Aber ihre eigenen Lebensmittel, vor allem den Weizen, hielten die Spanier für überlegen. Auch vermissten sie Milch und Käse, Schmalz und Butter, denn das einzige mexikanische Haustier war der halbwilde Truthahn. Und so importieren sie Schafe, Schweine und Rinder, aber auch Esel, da es in diesem Teil der Neuen Welt keine Last- und Zugtiere gab.

Um die Urbevölkerung dauerhaft zu unterwerfen, mussten die Spanier zuerst die Maisgötter vertreiben, und überall dort, wo es die klimatischen Bedingungen zuließen, ersetzten sie den Mais durch Weizen. Das traf vor allem auf Nordmexiko zu, und anders als in den südlicheren Landesteilen, wo nur wenig Weizen wächst, essen die Menschen dort heute vor allem Weizentortillas. Als das Interesse an «exotischem» und vermeintlich gesundem Ethno-Food weltweit zunahm, schwamm die Weizentortilla auf der Erfolgswelle mit.

Der Welterfolg dieser Tortillasorte hat jedoch tiefer gehende Gründe: Inzwischen weiß man, dass nicht nur Pflanzen wie der Schlafmohn oder der Kokastrauch Stimmungsmacher enthalten, sondern auch manche Grundnahrungsmittel, darunter Weizen. In Anlehnung an das Morphium aus dem Mohn heißen diese Substanzen Exorphine. Dieser opiumähnliche «Stoff» steckt im Weizeneiweiß, und wenn es im Verdauungstrakt zerlegt wird, wird es freigesetzt. Das Exorphin aus dem Klebereiweiß ist sogar zehn Mal so wirksam wie das Morphin aus dem Schlafmohn.[18]

Schwein gehabt

Auch östlich von Mexiko und Texas hinterließen die Spanier kulinarische Spuren, wenn auch ungewollt. Nachdem der Konquistador Hernando de Soto (ca. 1496–1542) im 16. Jahrhundert ebenso brutal wie erfolgreich Peru erobert hatte, um die Gold- und Silberschätze der Inkas zu rauben, wollte er dasselbe auch in Nordamerika versuchen (**Abb. 61**). 1539 landete er in Florida, dabei führte er zur Fleischversorgung seiner Männer auch eine Herde Schweine mit. Seine Expedition scheiterte kläglich, aber etliche der iberischen Borstenviecher verzogen sich in die Wälder und Sümpfe entlang der Golfküste, wo sie sich bis heute prächtig vermehren.

Inzwischen haben sie sich nordwärts bis nach Neuengland vorgearbeitet und fühlen sich auch im Mittleren Westen sauwohl (**Abb. 62**). Niemand weiß so recht, wie viele es von ihnen gibt, die Angaben schwanken zwischen 500 000 und zwei Millionen.[16] Wegen ihres hoch stehenden Borstenkamms auf dem Rücken heißen die agilen und aggressiven verwilderten Schweine *Razorbacks* (**Abb. 63**).

So «beglückten» die Spanier die amerikanische Tierwelt mit dem Schwein und die Südstaatenküche mit billigem Fleisch. Für die ärmere Bevölkerung abseits der Plantagenbesitzer waren die Borstentiere ein Segen, da

Abb. 61: Nachdem es in Florida kein Gold zu rauben gab, versuchte Hernando de Soto sein Glück weiter westlich. So selbstbewusst, wie es der Künstler W. H. Powell darstellte, erschienen der Konquistador und seine Mannen 1541 jedoch nicht am Mississippi. Sie hatten sich monatelang durch schwieriges Gelände kämpfen müssen, sahen sich häufigen Angriffen ausgesetzt und erreichten den gewaltigen Strom in völlig ausgemergeltem Zustand.

sie halbwild gehalten werden konnten. Auch Menschen ohne Landbesitz konnten so zu Geld kommen, weil ihre Tiere ja überall in der Allmende weiden durften. Waren die Schweine im Herbst fett genug, fing man sie ein; waren sie zu wild geworden, erlegte man sie mit der Flinte. Natürlich musste diese anstrengende Arbeit zusammen mit den Nachbarn und Freunden mit einem Festessen belohnt werden, dem Barbecue.[1] Noch heute dominiert in der Küche der Südstaaten Schweinefleisch – außer in Texas, auf dessen endlosen Prärien die Rinder der Viehbarone inzwischen den amerikanischen Bison ersetzt haben, der von skrupellosen Jägern im 19. Jahrhundert praktisch ausgerottet wurde.

Das Geheimnis liegt in der Sauce ...

Ursprünglich wurden beim Barbacoa Holzfeuer in Erdlöchern angefacht, um Steine zu erhitzen. Waren sie heiß genug, erstickte man das Feuer und legte das Loch mit den breiten, saftigen Blättern der sukkulenten Agaven aus **(Abb. 64)**. Die steifen Agavenblätter mussten zuerst geröstet werden, damit sie weich wurden. Das Fleisch wickelte man ebenfalls in Agavenblätter ein, legte es auf die Steine und deckte es dann entweder mit weiteren Agavenblättern ab oder auch noch mit einer Schicht Erde. Nach den vielen Stunden im Erdofen war selbst das billigste und zäheste Fleisch zart ge-

Abb. 62: Im Wilden Westen reiten immer Cowboys, keiner redet von den «Pigboys» der Südstaaten. Ralf König hat das vernachlässigte Thema dankenswerterweise auf die Hörner genommen.

worden, da sein hartes Bindegewebe dabei zu weichem «Gelee» verkocht wird. Beim Barbacoa bzw. dem Barbecue kamen auch die Ärmeren in den Genuss von zartem, köstlichem Fleisch (Abb. 65).

Diese Methode, die langwierige Niedrigtemperaturgarung (*sous vide*) im eigenen Saft, erfreut sich bis heute großer Beliebtheit; in Frankreich kam es geradezu zu einem *Sous-vide*-Hype. In den USA werden die diversen «Smoker»-Typen vor allem mit Holzkohle, manchmal auch mit Propangas befeuert (Abb. 66). Auch in Deutschland findet man inzwischen an jeder Ecke Pulled-Pork-Sandwiches, traditionellerweise Fleisch von der Schweineschulter, das so zart ist, dass man es einfach mit der Gabel oder den bloßen Fingern auseinanderziehen kann (Abb. 67). Sein Erfolgsgeheimnis liegt aber nicht nur in seinem zarten Schmelz. Das Fleisch wird zuerst mit einer Gewürzmischung, dem *rub*, trocken eingerieben, und später impft man es noch mit einer raffiniert zusammengesetzten Marinade. Manchmal wird es auch noch während des Garens damit bestrichen.

Auch wenn es so viele Marinaden-Rezepte gibt wie *Pitmaster*, also Barbecue-Meister, auffällig ist, dass sie allesamt Essig oder Apfelsaft, gelegentlich Alkoholika wie Bourbon und manchmal sogar Cola[30] enthalten. Manche mischen auch noch Tomatenketchup hinein. Aber ganz gleich, ob mit oder ohne Alkohol, in all diesen Flüssigkeiten steckt Acetaldehyd. Und dieser Aromastoff vermag mit den Aminen des Fleisches Carboline

Am Golf von Mexiko

Abb. 63: Echt aggro, diese *Razorbacks*. Die verwilderten Hausschweine haben mit rundlichen Mastschweinen keine Ähnlichkeit mehr, da nur Tiere überlebten, die sich in freier Wildbahn gut behaupten konnten. Mastfähigkeit bot keinen Vorteil, dafür aber Aggressivität gegenüber Bären, Pumas und Menschen.

zu bilden, probate Stimmungsmacher (siehe Seite 155). So gerät wirklich jedes Fleischstück zum Gaumenschmaus. Wie hieß es noch in dem in den Südstaaten spielenden Kinofilm *Grüne Tomaten*, nachdem der Bösewicht in Notwehr erschlagen und kurzerhand stückchenweise als Barbecue über die Theke des *Whistle Stop Cafés* entsorgt wurde: «Das Geheimnis liegt in der Sauce.»

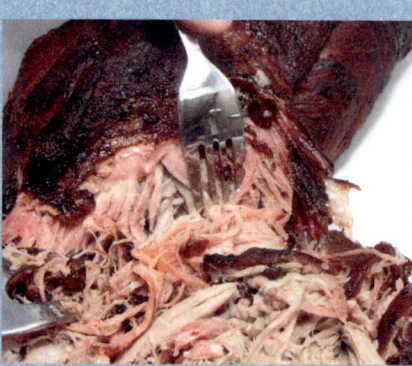

Abb. 64: Die gefährlich bedornten dickfleischigen Agaven dienten einst beim klassischen Barbacoa als «Alufolie» mit Feuchthalteeffekt. Ach ja, zur Herstellung von Schnäpsen wie Tequila und Pulque eignen sie sich auch bestens.

Abb. 65: So sah das Barbacoa ursprünglich aus: Ein Erdloch mit einem Holzrost ...

Abb. 66: ... und so heute: *Pitmaster* am Smoker. Das Garen dauert schon mal 24 Stunden; dann ist aber auch das zäheste Fleisch weich.

Abb. 67: Pulled Pork, ein klarer Fall für Fernseh-Gerichtsmediziner Prof. Boerne: Die charakteristische rote Farbe direkt unter der Kruste wird von Kohlenmonoxid hervorgerufen, einem giftigen Gas, das bei jedem Verbrennungsprozess entsteht und dem das Fleisch während der vielen Stunden des Garens im Smoker ausgesetzt ist. Es bindet fest an den roten Blutfarbstoff und verhindert so die Sauerstoffaufnahme. Für Gerichtsmediziner ist eine unnatürlich kirschrote Farbe des Blutes von Verstorbenen ein klares Indiz für eine Kohlenmonoxidvergiftung.[25] Das Fleisch hier ist selbstverständlich ungiftig.

Weizentortillas

Mehl für Maistortillas, also nixtamalisiertes Mehl, bekommen Sie eigentlich nur übers Internet. Vermutlich wollen Sie aber Maiskörner nicht selbst mit Pflanzenasche oder Ätzkalk behandeln, sprich nixtamalisieren, und auf einem Reibstein aus Vulkangestein mahlen, darum gibt's hier nur ein Rezept für Weizentortillas.

Da die Spanier nicht nur den Weizen, sondern auch das Schweineschmalz in die mexikanische Küche eingeführt haben, gehört dieses Fett in den Teig. Den Schmalz sollte man sich aus Flomen vom Fleischer selbst auslassen. Flomen auf kleiner Flamme auslassen, sonst fängt's an zu rauchen und der Geschmack ist ruiniert.

Wer kein Schmalzfan ist, kann Pflanzenöl nehmen. Die Mengenangaben beim Wasser bieten nur eine Orientierung, da jedes Mehl anders reagiert. Tortillas zu backen erfordert einiges an Übung, aber unbefriedigende Exemplare machen sich gut als Suppeneinlage.

Zutaten

Für 16 Tortillas:
500 g Weizenmehl, Type 550
1 EL Salz
½ Tasse Schweineschmalz oder Pflanzenöl, mindestens zimmerwarm, aber nicht heiß
1½ Tassen sehr warmes Wasser

Zubereitung

Mehl in einer Schüssel mit Salz vermischen. Das Schmalz darin wälzen, bis es mit Mehl bedeckt ist und dann in kleinere Stücke zerteilen, auch die immer mit Mehl bedecken. Immer so weiter machen, bis die Stücke ungefähr reiskorngroß sind. Wasser hinzugeben und alles verkneten, der fertige Teig wirkt noch ein wenig klumpig. Wenn er ausgerollt ist, darf er weder bröselig noch klebrig sein.

In 16 Stücke teilen und wieder in Mehl wälzen, eine Viertelstunde ruhen lassen. Dann zu Scheiben ausrollen, die ungefähr 15 cm Durchmesser haben. Die Mexikanerinnen werfen die Scheiben nun zwischen den Händen hin und her, damit sie hübsch gleichmäßig werden.

Dann kommen die Tortillas in eine auf kleiner bis mittlerer Flamme vorgeheizte, möglichst gusseiserne Pfanne. Das Backen dauert nur 4 bis 5 Minuten. Wenn sich die Tortilla rasch aufbläht und bräunt, stimmt die Temperatur. Nach zirka 2 Minuten wenden. Fertig!

Guacamole

Natürlich werden Tortillas nicht trocken runtergewürgt. Maistortillas, die ja ohne Fett gebacken werden, werden ideal von Guacamole, Avocadocreme, ergänzt. Die Früchte enthalten bis zu 40 Prozent Fett.

Als mexikanisches Essen in den USA en vogue wurde, sah die Zutatenliste neben den Avocados häufig Limettensaft vor. Eingefleischte Guacamole-Fans behaupten

Abb. 68: Das Koriandergrün wird in englisch- und spanischsprechenden Ländern Cilantro genannt …

Abb. 69: … was verwirrenderweise auch für den nach Koriander schmeckenden mexikanischen Culantro gilt!

jedoch, dass das Originalrezept gar keine Limette vorsehe, da der saure Saft den cremigen Avocadogeschmack verfälsche. Historisch gesehen haben sie recht, denn Zitrusgewächse stammen aus Asien und sind erst mit den Europäern nach Amerika gelangt. Zwar kommt auch der Koriander (*Coriandrum sativum*) (Abb. 68) aus Eurasien, aber in Mexiko wächst sein geschmackliches Ebenbild, der Culantro (*Eryngium foetidum*) (Abb. 69), der näher mit Disteln und Löwenzahn als mit dem Koriander verwandt ist.

Zutaten
1 Avocado
1 Chili, grob gehackt

>   1–2 EL grob gehackte Zwiebeln
>   frischer Koriander nach Belieben, 2–3 Stängel genügen bei aromatischer Ware meist
>   Ca. 3 EL Wasser

Zubereitung

Geschälte Avocado mit einem Kartoffelstampfer zerkleinern. Restliche Gewürze mit Wasser im Mixer pürieren oder im Mörser zerstoßen. Dann zur Avocado geben und alles zu einem feinklumpigen Püree zerstampfen. Wer möchte, kann noch eine angebratene und gehäutete Tomate mit zerstampfen. Salz gehört nicht hinein, das ist ja schon in der Tortilla.

Chiles Rellenos – Gefüllte Chilis

In Mexiko benutzt man *Chile poblanos* zum Füllen, das sind fleischige, spitz zulaufende, aber nicht gerade feurige Chilis. Sie lassen sich durch die hier erhältlichen Spitzpaprika ersetzen.

Bei der Füllung sind der Fantasie natürlich keine Grenzen gesetzt. Hier ein Vorschlag für Käsefans.

Abb. 70: Hier wurde die schwer verdauliche Haut der Paprika durch eine fluffige Eihülle ersetzt.

Zutaten

>   6 große Spitzpaprika
>   4 Eier
>   ca. ½ Tasse Mehl
>   1 Tasse Öl
>   ca. 250 g Käse, mangels mexikanischer Sorten wie Queso Oaxaca z. B. Büffelmozzarella
>   Salz

Salsa:

>   4 große Tomaten, gehäutet und entkernt
>   ½ Zwiebel
>   2 Knoblauchzehen

2 scharfe Chilis
1 TL Oregano
1 Tasse Wasser
2 EL Öl zum Braten

Zubereitung

Die Chilis bzw. die Spitzpaprika im heißen Backofen rösten, bis die Haut Blasen wirft, und dann in eine Papiertüte (aus Butterbrotpapier selbst falten) geben und für ein paar Minuten drinlassen. Ordentlich schütteln, so löst sich die Haut. Nicht unter Wasser abspülen, sonst gehen die Geschmacksstoffe gleich mit verloren. Dann öffnen und die Samen zusammen mit den Scheidewänden entfernen. Mit dem geschredderten Käse füllen und mit einem Zahnstocher verschließen.

Zwischendurch die Salsa machen. Backblech mit Alufolie bedecken und den Ofen entweder auf höchste Stufe stellen oder, wenn vorhanden, die Grillfunktion benutzen. Gemüse aufs Blech geben und rundherum schwärzen. Alles genau im Blick behalten, denn der Knoblauch wird als Erstes schwarz! Raus damit und genau wie bei den Paprika mit dem Papiertütentrick von den Chilis und dem Knoblauch die verkohlte Haut entfernen. Mit 2 TL Salz, dem Wasser und dem Oregano im Mixer oder Mörser zu einer glatten Paste zerkleinern. Die Paste dann mit 2 TL Öl über mittlerer Hitze braten, bis sie zu duften beginnt. Das dauert nur wenige Minuten. Warm halten.

Nun kommt die Paprika dran: Die Eier trennen, Eiweiß steif schlagen und Eigelb unterziehen, eine ordentliche Prise Salz hinzugeben. Die Schoten erst in Mehl, dann im Ei-Gemisch wälzen und ab ins Öl damit. Es darf aber nicht zu heiß sein, mittlere Hitze genügt, sonst verbrennt das Ei im Nullkommanix, ein typischer Fehler auch bei Rührei und Pfannkuchen … Nachdem die Masse gestockt ist, eventuell noch weiter runter mit der Hitze. Wird's zu kalt, wieder hochstellen. Hier ist Fingerspitzengefühl gefragt. Goldbraun braten, aus der Pfanne nehmen und auf Küchenkrepp abtropfen lassen. Noch eine Prise Salz obendrauf und mit der Salsa servieren (**Abb. 70**).

Die Erfindung der Nudelgabel
Pizze, Paste, Pomodori:
Bella Italia

Bella Italia

Die Tomate gilt als *das* Kennzeichen der italienischen Küche überhaupt, und so ist inzwischen vielfach in Vergessenheit geraten, dass sie eigentlich aus der Neuen Welt stammt. Selbst Pizza und Pasta mussten lange ohne sie auskommen! Denn erst im 16. Jahrhundert nahmen spanische Konquistadoren Tomatensamen aus Mexiko mit nach Hause und zogen sie in ihren Gärten als Zier-, Zauber- und Heilpflanze. Ein kulinarischer Erfolg wurde sie zunächst nicht, denn ihre Früchte galten als praktisch ungenießbar, wenig nahrhaft und sogar als giftig. Tomaten haben, wie für Nachtschattengewächse so üblich, in der Tat einiges an Giften zu bieten, man denke nur an Tabak, Tollkirsche und Bilsenkraut. Zudem dürften in den Früchten der historischen Sorten noch größere Mengen toxischer Alkaloide gesteckt haben, bevor sie durch Züchterfleiß deutlich verringert werden konnten **(Abb. 71)**.[10]

Bald brachten die Spanier die Tomaten in ihre italienischen Ländereien, also ins Königreich Neapel, zu dem auch Sizilien gehörte. Anfangs blühte das Kraut mit seinen filigranen gelben Blüten und dekorativen Früchten

Abb. 71: Historische und moderne Tomatensorten in allen Farben, Formen und Größen. Der italienische Gelehrte Pietro Andrea Mattioli (1501–1578) beschrieb die ersten Tomaten als gelb, später berichtete er auch über rote Sorten. Er verlieh den Früchten auch den poetischen Namen *pomo d'oro*, **also Goldäpfel, der sich bis heute in Italien gehalten hat, obwohl die roten Sorten am beliebtesten sind.**

auch dort nur in den Gärten der Wohlhabenden. Aber das Gewächs fühlte sich unter der Sonne Süditaliens wie zu Hause und gedieh wie Unkraut. So konnte die Tomate mithilfe der Vögel, die von ihren Früchten naschten und die Samen via Hinterausgang überall in der Landschaft verteilten, aber wohl auch in den Taschen der Gärtner den Sprung über die hochherrschaftlichen Gartenzäune schaffen. Irgendwann landeten die saftigen Früchte im Kochtopf. Die ärmere Bevölkerung Siziliens und Süditaliens litt ja unter chronischem Hunger, und man darf annehmen, dass ihr die Tomaten als Ergänzung ihrer kargen Kost gerade recht kamen; und auch, dass eine Frucht, die als giftig verschrien war, für die Ärmsten der Armen gerade gut genug war, die sie einfach zerkleinert ins Kochwasser der Pasta gaben.[16]

Nach und nach erwärmten sich aber auch die herrschaftlichen Köche für die Früchte aus der Neuen Welt. Sie wurden gekocht, in Scheiben geschnitten, in Mehl gewendet und frittiert. Oder in Öl gebraten und mit Grüner Minze und Knoblauch gewürzt. Bis die *pomodori* als Sauce auf die Spaghetti oder die Pizza gelangten, dauerte es aber noch. Vermutlich tauchten erst im 19. Jahrhundert vermehrt Tomaten auf der Pizza auf.[4, 5]

Der große Durchbruch als Pastasauce ließ ebenfalls auf sich warten. Alte neapolitanische Aquarelle und Fotos zeigen Maccheroni stets mit geriebenem Hartkäse[16], der mit seinem Fett- und Eiweißgehalt die stärkehal-

Abb. 72: Noch zu Beginn des 20. Jahrhunderts war es in den neapolitanischen Straßenrestaurants völlig normal, dass alle ihre Maccheroni mit den Fingern aßen.

tigen Teigwaren bestens ergänzte. Dank seines natürlich enthaltenen Geschmacksverstärkers, des Glutamats, befriedigte er nicht nur den Magen, sondern auch den Gaumen. Während sich die eher kargen Weidegründe Süd- und Mittelitaliens vor allem für genügsame Schafe eignen und entsprechend Schafskäse produziert wird, der Pecorino, überwiegt im Norden des Landes mit seinen saftigen Weiden und Almen der Kuhmilchkäse.[9]

Ein besonders kostspieliger Kuhmilch-Hartkäse steht bis heute über die Landesgrenzen hinaus in besonders gutem Ruf: 1858 empfahl die berühmte Grazer Kochbuchautorin Katharina Prato, die Macceroni mit Parmesan zu servieren.[18] Ihre Zeitgenossen Habs und Rosner, die Autoren des 1894 in Wien erschienenen «Appetit-Lexikons», waren ebenfalls begeistert: «Die Macceroni werden recht eigentlich erst durch die Parmesanzuthat ein anständiges Gericht ... Dabei nahrhaft und nicht schwerer verdaulich als jedes andere Gewürz, ist er in der That eine ‹Schmackreizung› erster Klasse, wirklich ‹Manna für den Mund und Balsam für den Gaumen›.»[11] Von der Tomate ist nicht die Rede, denn hier ergänzen sich die typisch süditalienischen Hartweizennudeln perfekt mit dem norditalienische Hartkäse.

Tischkultur dank Nudelsauce

Nach und nach liefen die Tomaten aber in Italien dem Käse den Rang als Nudelbeigabe Nr. 1 ab. Das älteste bekannte Rezept für eine Tomatensauce stammt zwar aus dem Jahr 1692,[12] aber erst, als sie mit den «Vermicelli co' le pommodore» 1839 in das neapolitanische Kochbuch von Ippolito Cavalcanti (1787–1859) aufgenommen wurde, gab es einen Rat für ihren besten Verwendungszweck: Der Autor riet, Tomatensauce nur auf Nudeln, nicht aber auf Fleisch, Fisch und Gemüse zu geben, da sich hierfür Butter wesentlich besser eigne.[7] Die rote Sauce sollte sogar Folgen für unsere Tischkultur haben: Die flüssige Tomatensauce machte die Vermicelli glitschig. Zwar wurde so das Einsaugen erleichtert, es führte aber auch dazu, dass sie nicht mehr mit den Fingern gegessen werden konnten, wollte man sich nicht von oben bis unten bekleckern (Abb. 72). Und so brachte die rote Nudelsauce ein in bürgerlichen Haushalten damals noch recht ungebräuchliches Werkzeug auf den Tisch: die Gabel. Im Übrigen ist die Gabel mit den vier Zinken, die heute weltweit Tische ziert, das Modell, das zum Spaghettiessen entworfen wurde.[16]

Dass ein so kalorienarmes Gemüse wie die Tomate den nahrhaften Käse ablösen konnte, kann nur an ihren Inhaltsstoffen liegen. Dazu gehört ihr ungewöhnlich hoher Gehalt an den biogenen Aminen. Aus diesen Stoffen können bei dem in Italien üblichen langen Simmern der Tomatensauce interessante stimmungsbeeinflussende Stoffe entstehen (siehe nebenstehender Kasten).[8, 13, 14] Auch wenn es den Generationen von italienischen Köchinnen und Köchen nicht bewusst war: Indem sie die wässerigen Tomaten klassischerweise zu einer dickflüssigen Sauce einkochten, die sich zudem besser auf den Spaghetti macht als ein dünnes Süppchen aus kurz erhitzten Früchten, optimierten sie den Genuss.

Der Welterfolg der italienischen *cucina* rührt nicht nur daher, dass sie, anders als die französische *haute cuisine,* eine «Mamma-Küche» ist, die zu Hause mit relativ geringem Aufwand und höchst befriedigendem Erfolg nachgekocht werden kann, er beruht auch auf dem hohen natürlichen Glutamatgehalt ihrer klassischen Zutaten und Zubereitungen. Tomatensauce und Hartkäse sind reich mit dieser appetitanregenden Aminosäure gesegnet. Denn alle großen Küchen der Welt, sei es die französische mit ihrem konzentrierten Fleischfond oder die chinesische mit ihren Soja- und Fischsaucen, nutzen diese kulinarische Strategie! Dieses Prinzip ist weltweit gültig, weil Generationen von Köchinnen und Köchen es unbewusst auf die Physiologie des Menschen abgestimmt haben.

Phänomenale Tomaten

Die Tomate zählt weltweit zu den beliebtesten Gemüsen, und das bei ihrem eher bescheidenen Nährwert. Warum nur, wenn doch die Physiologie des Menschen nach möglichst hochkalorischer Nahrung strebt? Die Tomate muss also einen Mehrwert bieten, und hier kommen stimmungssteigernde Substanzen ins Spiel. Um zu verstehen, wie sie entstehen, müssen wir einen kleinen Ausflug ins Reich der Naturstoffchemie unternehmen.

Tomaten enthalten außergewöhnlich viele biogene Amine, vor allem Serotonin und Tryptamin. 200 Milligramm pro Kilo Trockenmasse sind nicht selten, hinzu kommt noch der Acetaldehyd [sprich Acet-aldehyd]. Er findet sich in besonders großen Mengen in dem Tomatenmark aus vollreifen süditalienischen Früchten. Der Stoff reagiert rasch mit den Aminen zu stimmungsbeeinflussenden Substanzen. Natürlicher Acetaldehyd steckt aber auch in einem anderen Naturprodukt, dem Essig. Ketchup-Rezepte sehen in aller Regel einen ordentlichen Schuss Essig vor, was eigentlich verwundern sollte, da Tomaten ja schon selbst eine gehörige Dosis Säure mitbringen. Aus dem oben gesagten wird klar, dass er weniger das Aroma, sondern eher die Wirkung verbessern soll.[17]

Doch damit nicht genug. Serotonin und Tryptamin können in der Wärme des Saucentopfes noch in eine weitere Richtung verändert werden. Aus Ersterem kann dabei das Krötengift Bufotenin, aus Zweiterem das Dimethyltryptamin, kurz DMT, entstehen. Beide Substanzen sind Drogenexperten bestens bekannt, sie wirken halluzinogen. Bis jetzt gibt es zwar keine lebensmittelchemischen Analysen, die sich mit dem Gehalt dieser beiden Stoffe in Ketchup und Co. befasst haben. Aber nicht nur Pflanzen, auch Säugetiere wie der Mensch verfügen in ihren Geweben über Enzyme, die aus Serotonin und Tryptamin diesen Stoff basteln können.[17]

Wer nun fürchtet, sein Körper sei ein unkontrollierbares Drogenlabor, sei beruhigt: Natürlich wird niemand von so geringen Mengen «Stoff» high, hier geht es nur um das unterschwellig gute Gefühl, das durch traditionell und sachgerecht zubereitete Nahrungsmittel erzeugt werden kann. Und genau das ist ja das Wesen der Kochkunst. Übrigens: Schon das erste Rezept, das nachweislich für Tomatensauce niedergeschrieben wurde und aus dem Jahr 1692 stammt, listet neben Knoblauch, Zwiebeln, Petersilie, Pfeffer, Öl und Salz auch Essig auf ...[12]

Let it grow: Pizza

Obwohl der Tomate ein beachtlicher Anteil an der Beliebtheit von Pizza und Pasta zukommt, ist die schmackhafte rote Sauce mit ihren unsichtbaren «Nachbrennern» nicht das einzige Geheimnis hinter dem Erfolg der beiden Weizenmehlerzeugnisse. Aber sie erklärt, warum selbst weniger gelungene *pizze* aus heimischer Produktion einigermaßen akzeptabel schmecken. Denn eines hat sich ja inzwischen herumgesprochen: Genau wie ein chinesisches Wokgericht (siehe Seite 188 f.) lässt sich auch die Pizza zu Hause kaum fachgerecht zubereiten – es sei denn, man investiert in einen Pizzaofen.

Diese Öfen haben altehrwürdige Vorbilder und gleichen ziemlich genau denen, die bereits in der Antike am Mittelmeer glühten (Abb. 73). Diese Holzkohleöfen werden viel heißer als heimische Herde, denn die erreichen nur 250, allerhöchstens 280 Grad. Bis unsere Pizza nach einer Viertelstunde endlich durch ist, ist ihr Belag ausgedörrt. In den über 450 Grad heißen Pizzaöfen ist das Gebäck dagegen bereits nach 60 bis 90 Sekunden fertig.

Ob diese Hochgeschwindigkeitsproduktion der Pizza den Ruf eingebracht hat, der niederen Klasse des Fastfoods anzugehören? Seltsamerweise haf-

Abb. 73: In Neapel werden Pizzaöfen zusätzlich noch mit *pampuglia* angefeuert, das sind Holzspäne, die gleich nach Zugabe zu einer kräftigen Temperaturerhöhung führen.

tet dieser Ruf ja den anderen pizzaartigen Weizenmehlfladen, die seit Menschengedenken rund ums Mittelmeer gebacken werden, nicht an **(Abb. 74)**. Oder lag es etwa daran, dass die Pizza im 20. Jahrhundert von der «Fastfood-Nation» USA ausgehend ihren Siegeszug über die ganze Welt antrat? Doch mit der landläufigen Vorstellung von Fastfood hat eine nach allen Regeln der Kunst zubereitete klassische Pizza nichts zu tun. Nicht nur in Neapel, auch in den besten amerikanischen Pizzerien wird der Teig noch heute zeitaufwendig von Hand gefertigt. Nur so kann ein gut verdaulicher Boden entstehen.

Neapolitanische Auswanderer hatten ihren beliebten Hefefladen im 19. Jahrhundert mit in die USA gebracht. Und dort setzten sie eine Pizza-Evolution in Gang, die heute alle Welt glauben lässt, nur dieses Produkt sei wahre Pizza! Dabei ist der größte Unterschied zum süditalienischen Original offenkundig: In der amerikanisierten Version verschwindet der Pizzaboden gern unter allem, was der Supermarkt so hergibt. Unter dem Zutatengebirge lässt sich, nebenbei bemerkt, probat eine mangelhafte Krume und Kruste verbergen. Aber gerade auf die legt man in Napoli den allergrößten Wert, der Belag ist eher zweitrangig **(Abb. 75)**. Ein anderer Unterschied offenbart sich erst auf den zweiten Blick: Bevor die amerikanische Pizza in den Ofen kommt, wird sie grundsätzlich mit *vorgekochter* Tomatensauce bestrichen – was übrigens auch für unsere Tiefkühlpiz-

Abb. 74 a–c: Die «Pizza-Familie» ist rund ums Mittelmeer ansässig. Von links nach rechts: libanesische Zaatar (a), türkische Pide (b), ägyptische Sfiha (c). Obwohl sich Belag und Boden inhaltlich nur marginal voneinander unterscheiden, gilt seltsamerweise nur die Pizza als ungesund.

zen gilt. So lässt sich selbst aus aromatisch minderbemittelten Tomaten Geschmack rausholen und gleichzeitig ihr Gehalt an Stimmungsmachern steigern (s. o.).

Weizen zähmen

Ein guter Pizzateig erfordert neben handwerklichem Können vor allem die richtigen Zutaten, wenn er schmackhaft und verdaulich sein soll. Es fängt damit an, dass auf 500 Gramm Mehl nicht etwa der handelsübliche 42-Gramm-Hefewürfel kommt, sondern gerade mal ein Krümelchen. Die Hefepilze dürfen sich im Teig zuerst ordentlich vermehren, bis er noch mal gründlich durchgeknetet und in Einzelportionen geteilt wird.[2] Nun darf er noch ein zweites Mal gehen, aber nicht etwa ein, zwei Stunden im ausgeschalteten Backofen, wie es gern bei uns praktiziert wird, um Zeit zu sparen, sondern bei gemäßigter Zimmertemperatur! Und das bedeutet in Napoli während des größten Teils des Jahres: ab in den Kühlraum!

Diese lange Gärzeit ist entscheidend, will man einen gut verdaulichen Hefeteig herstellen. Denn die Hefen und die Enzyme im Mehl aus dem Korn sollen ja aus den von ihnen vernaschten Mehlbestandteilen nicht nur teiglockernde Gasbläschen für eine feine Krume bilden, sondern auch die langen, für menschliche Mägen unverdaulichen Stärkeketten des Mehls verkürzen und womöglich noch vorhandene verdauungshemmende In-

Abb. 75: So priesen neapolitanische *pizzaiuolo* Mitte des 19. Jahrhunderts ihre Ware an. Im simpelsten Fall dienten als Pizzabelag Olivenöl, Knoblauch und Oregano sowie eine Prise Salz. Etwas aufwendigere *pizze* waren mit geriebenem Käse und Speck belegt. Wenn verfügbar, legte der *pizzaiuolo* noch *cecenelli*, das sind winzige Fischchen, Muscheln, Schinken und gelegentlich auch Tomaten auf die Pizza.[4,5]

haltsstoffe des Weizenmehls abbauen, die Antinutritiva. Ganz nebenbei sollen sie auch noch köstliche Aromastoffe bilden. Und für diese wichtige Arbeit benötigen sie zwischen 8 und 24 Stunden![2]

> **Natürlicher Pflanzenschutz**
>
> So lästig Antinutritiva für uns auch sind, für Samenkörner, also den Pflanzennachwuchs, sind sie überlebenswichtig. Das Arsenal ist reichhaltig. Die sogenannten Amylase-Inhibitoren beispielsweise hindern unsere Verdauungsenzyme daran, Kohlenhydrate wie Stärke zu verdauen. Ursprünglich zielten sie vor allem auf genäschige Insekten wie Kornkäfer und Konsorten ab, denn die gab es lange vor dem Menschen. In handwerklich schlecht gemachtem Weizenteig, der nicht ausreichend lange mit Hefe fermentiert wurde, bleiben deutlich mehr dieser Inhibitoren erhalten. Das mag auch einer der Gründe sein, warum immer mehr Menschen kein industriell hergestelltes Weizengebäck mehr vertragen.
>
> Ein anderer Stoff, das Phytin, dient dem Samenkorn als Speicher für das lebenswichtige Phosphat, denn das benötigt der Keimling zum Wachsen. In unserem Darmtrakt behindert intaktes Phytin dagegen die Aufnahme von Mineralien wie Zink und Eisen. Naschhaften Mäulern vergeht daher nach mehrmaligem Bauchgrimmen der Appetit auf rohes oder unzureichend verarbeitetes Getreide. Sobald die Hefen diese Stoffe um- oder abgebaut haben, schwindet deren Wirkung auf Magen und Darm.

Um die Hefepilze nicht zu «überfordern», bieten *pizzaiolo* und *pizzaiuola* ihnen ein möglichst helles Weizenmehl als «Nahrung» an. Es enthält nur noch sehr wenig Antinutritiva, da diese beim Mahlen mit den Randschichten zum größten Teil entfernt wurden. Denn im Pizzaofen bleibt den Hefen keine Zeit mehr für ihr segensreiches Werk, da sie in der infernalischen Hitze sofort absterben. Darum ist es beim Pizzateig essenziell, dass die Hefepilze und die mehleigenen Enzyme die unliebsamen Stoffe schon so weit wie möglich im Teig abbauen! Außerdem können sie in den maximal anderthalb Minuten Backzeit eh keine nennenswerten Mengen verdauungshemmender Stoffe mehr unschädlich machen.

Damit wird klar, weshalb sich aus Weizenvollkornmehl mit seinem größeren Gehalt an Antinutritiva keine gut verdaulichen, schmackhaften Pizzateige zubereiten lassen. Es sei denn, man gibt den Hefen für ihre Arbeit ein paar Wochen Zeit – währenddessen dürften sie den Teig allerdings zu einem schäumenden, leicht alkoholischen Getränk vergoren haben. Schon im alten Rom wurde feines weißes Weizenmehl, bei dem die Kleie abgesiebt worden war, erzeugt und geschätzt. Es hieß *simila*[20], und später sollte es unseren Brötchen den Namen Semmel verleihen. Übrigens: Unsere Brote werden anders hergestellt. Da sie bei deutlich niedrigerer Temperatur gebacken werden als Pizza, können die Hefen, bevor sie von der Ofenhitze gekillt werden, noch eine ganze Weile arbeiten, Gasbläschen bilden, unliebsame Mehlbestandteile abbauen und sogar noch weitere Aromastoffe bilden.

Pizza – das Original vom Vesuvio [2]

Im Leitfaden der *Associazione Verace Pizza Napoletana* wird minutiös beschrieben, wie man eine echte neapolitanische Pizza bäckt. Um den Geschmack und die Struktur des Originals hinzubekommen, muss man sich italienisches Pizzamehl *tipo 00* beschaffen. Denn das heimische Weizenmehl Type 405, aus dem wir Kuchen backen, ist ihm zwar sehr ähnlich, weist aber eine andere Backstärke auf. Der Grund liegt – vereinfacht gesagt – im unterschiedlichen Proteingehalt des Mehls. Auch wenn sich hartnäckig das Gerücht hält, Weißmehl bestehe praktisch nur aus Stärke, da alles andere mit den wertvollen Randschichten des Weizenkorns in der Mühle abgeschliffen wurde. Das helle Korninnere, der Mehlkörper, enthält natürlich ebenfalls Proteine, sonst könnte man mit Weißmehl gar nicht backen!

Diese Proteine quellen bei der Teigbereitung im zugesetzten Wasser auf und verbinden sich zu langen Fäden. Aus diesem Grund spricht man von Gluten, übersetzt: Klebereiweiß. Nur der Kleber vermag im Teig ein elastisches Netz aus Eiweißfäden zu bilden. Darin fangen sich die Gasblasen, die von der Hefe erzeugt wurden. Sie dehnen sich beim Backen in der Wärme aus und das Ergebnis ist ein lockeres, voluminöses Gebäck. Je dichter dieses Netz, also je mehr Gluten das

Mehl bilden kann, desto stabiler der Teig. Guter Pizzateig muss sich wie Kaugummi dehnen lassen, ohne zu zerreißen! Er soll das Gas ja gut halten, sich also ordentlich aufblähen können und nicht gleich wieder in sich zusammenfallen, weil die Blasen zu rasch platzen. Und da der Pizzaboden luftig werden soll, muss er schöne große Poren haben.

Italienisches Pizzamehl enthält mehr Gluten als unser Weißmehl und kann darum mehr Wasser aufnehmen. Die Backhefe braucht länger, um einen solchen Teig aufzublähen, aber der elastische Teig bleibt ja lange genug stabil (**Abb. 76**). Unser 405er Mehl nimmt weniger Wasser auf, und der Teig wird von der Hefe relativ schnell aufgebläht. In seiner Struktur und seinem Geschmack ähnelt der deutsche Pizzaboden daher eher den Hefeteigböden, wie sie sich unter Pflaumenkuchen finden.

Für alle, die einen Grill mit Pizzastein besitzen, hier das neapolitanische Rezept, behutsam an die heimische Küche angepasst. Aber auch andere Weizenmehl-Hefeteige profitieren in puncto Verdaulichkeit von der langen Teigführung, hier ergibt sich ein reiches Feld für Experimente!

Abb. 76: Wurde der Teig nach allen Regeln der Kunst hergestellt, gelingt auch ein XXL-Pizzaboden, wie diese amerikanische *pizzaiuola* beweist.

Zutaten:

Wasser: 1 Liter

Salz: 40–60 g

Hefe: frische Hefe: 0,1–3 g

Trockenhefe: ⅓ des Gewichts frischer Hefe

Mehl: italienisches Pizzamehl, 1600/1800 g, abhängig davon, wie viel Wasser es aufnehmen kann. Denn Mehl ist ein Naturprodukt und seine Eigenschaften schwanken.

Zubereitung:

Mehl, Wasser, Salz und Hefe mischen, dabei darauf achten, dass Salz mit der

Hefe für allerhöchstens 5 Minuten in direkten Kontakt kommt. Anderenfalls schädigt es die Hefepilze. Den Teig gut durchkneten. Geschieht das in einer Küchenmaschine, aufpassen! Wird er zu lange geknetet, kommt es durch die mechanische Reibungshitze zu einer übermäßigen Erwärmung des Teigs. Das schädigt die Klebereiweiße und damit die Backeigenschaften; der Teig geht beim Backen schlecht auf.

Der fertige Teig muss sich klebrig, weich und elastisch anfühlen, so wie ein Ohrläppchen, wie man in Neapel sagt, und sich leicht aus der Schüssel heben lassen.

Den Teig mit einem Tuch bedecken und das erste Mal gehen lassen. Immer mal nachsehen. Wenn nicht mehr allzu viel passiert, in 200 bis 280 g schwere Stücke *(panetti)* teilen. Erstere ergeben Pizzen mit 22–24, Zweitere solche mit 28–35 cm Durchmesser.

Die Teigstücke ein zweites Mal in jeweils einem Gefäß gehen lassen. Richtwerte sind:

Fermentationszeit (Stunden)	Temperatur (C°)	frische Hefe (g)	Salz (g)
8	23	1,5	50
24	23	0,3	50–55

Nun die *panetti* per Hand zum Pizzaboden formen. In der Mitte darf er nicht dicker als 25 mm sein, gegen den Rand zu darf er 1 bis 2 cm dick sein. Der knusprige Rand ist das Kennzeichen der neapolitanischen Pizza! Mit Ausrollen geht das nicht wirklich, aber im Internet kann man sich ansehen, wie man's macht. Dabei die Hände mit möglichst wenig Mehl bestäuben, da rohes Mehl an einem guten Pizzaboden nichts zu suchen hat. Es ist unverdaulich und verdirbt den Geschmack des Gebäcks.

Nun zum Belag. In Neapel dürfen nur heimische Tomatensorten auf die Pizza, die bekannte San Marzano, die Pomodorino di Corbara oder die Pomodorino del piennolo del Vesuvio. Das ist auch hier empfehlenswert, da diese unter der süditalienischen Sonne gereiften und vor allem reif geernteten Tomaten höchst aromatisch sind und geschmacklich selbst denen aus dem heimischen Garten weit überlegen sind. Zumindest die San Marzano gibt es auch bei uns in der Dose zu kaufen. Die geschälten Dosentomaten werden mit der Hand zerdrückt, damit die Kerne nicht kaputtgehen, denn die schmecken sonst bitter. Natürlich können auch frische Tomaten verwendet werden, die müssen dann aber auch vollreif sein.

Belag für je eine klassische Pizza:
Pizza Marinara: (Abb. 77 →)
    Dosentomaten: 70–100 g
    Olivenöl, extra vergine: 6–8 g
    Knoblauch: eine Zehe, geschält und fein
        geschnitten
    Oregano: eine Prise

Pizza Margherita: (Abb. 78 →)
    Dosentomaten: 60–80 g
    Olivenöl, vergine oder extra vergine: 6–7 g
    Mozzarella: 80–100 g, in dünne Streifen
        geschnitten
    Frisches Basilikum: einige Blätter
    Hartkäse, gerieben: 5–7 g

Tomaten von innen nach außen spiralförmig auf den Boden auftragen, dabei unbedingt ca. 2 cm Rand freilassen. Die anderen Zutaten gleichmäßig verteilen, am Schluss das Olivenöl ebenfalls spiralförmig von innen nach außen über die Pizza geben. Es dient nicht nur als Sattmacher, sondern auch als Lösungsvermittler für die fettlöslichen Aromen. Außerdem leitet es die Hitze weiter und sorgt dafür, dass alle Zutaten gleichmäßig garen.

    Nun ab damit in den Pizza-(Grill-)Ofen, nach 60 bis 90 Sekunden Backzeit auf dem 380–430 Grad heißen Boden kann die Pizza genossen werden. *Buon appetito!*

Pasta-Legenden

Während in Deutschland vorwiegend Weichweizen **(Abb. 79)** angebaut wird (aus dieser Weizensorte wird auch das italienische Pizzamehl gemahlen), gedeiht südlich von Rom der Wärme liebende Hartweizen besonders gut **(Abb. 80)**.[3] Wie der Name verrät, ist sein Korn hart, aber auch sein Klebereiweiß ist etwas anders zusammengesetzt als das des Weichweizens. Es ist weniger dehnbar und klebt besser zusammen, darum eignet sich der Hartweizen, auch Durum genannt, besser für Teigwaren.

Weichweizennudeln sind dagegen typisch deutsch. Sie nehmen beim Kochen schnell Wasser auf, und wenn man nicht aufpasst, sind sie verkocht. Setzt man dem Teig Eier zu, wird er besser gebunden. Wer in den 1950er- und 60er-Jahren aufwuchs, erinnert sich sicher noch daran, dass er oder sie immer mal wieder matschige Weichweizennudeln vorgesetzt bekam. Das hat so einigen den Appetit auf Teigwaren für immer vergällt! Da nützte der spätere Siegeszug der kernigen italienischen Hartweizenpasta, durch die die Deutschen den Begriff *al dente* für «bissfest» kennenlernten, auch nix mehr. Wer in Italien Appetit auf etwas weniger Bissfestes bekommt, hält sich lieber an Gnocchi **(Abb. 81)**.

Die immer wieder kolportierte Behauptung, der venezianische Asienrei-

Abb. 79 + 80: Aus Weichweizen (*Triticum aestivum*, links) bereitet man Brotteig, aus Hartweizen (*Triticum durum*, rechts). Pastateig. Hartweizenkörner sind glasartig durchscheinend und durch Carotinoide gelb gefärbt. Daher – und nicht etwa von zugesetzten Eigelben – stammt auch die sattgelbe Farbe der italienischen Pasta.

sende Marco Polo habe die ersten Nudeln im 13. Jahrhundert aus China nach Italien gebracht, sorgt dort bis heute für erregtes Kopfschütteln **(siehe Kasten)**. Dass aber die Nudel eine italienische Erfindung ist, darf getrost bezweifelt werden. Schon die Frage, wer die Nudel «erfunden» hat, ist müßig. Überall auf der Welt wird Mehl, das sich aufgrund der Qualität oder der Menge des Klebereiweißes nur mäßig zum Backen luftigen Gebäcks eignet, zu Teig angerührt, der sich in getrockneter und zerkleinerter Form ideal als Vorrat eignet.

Das gilt natürlich nicht nur für den Hartweizen, in Asien bestehen Nudeln unter anderem auch aus Buchweizen-, Reis- oder Mungbohnenmehl. Alte Weizensorten, zu denen ja nicht nur der Hartweizen, sondern auch Einkorn, Emmer und Dinkel gehören, eignen sich aufgrund ihrer Eiweißzusammensetzung ebenfalls besser für Pasta oder Fladenbrote.[3] Man darf annehmen, dass bereits die alten Römer, die ja vorwiegend Emmer anbauten, einen Vorläufer der Pasta erzeugten, um ihn als Vorrat für ihre vom Getreidenachschub aus den umliegenden Provinzen und Nordafrika abhängigen Millionenstadt anzulegen.

> **Der chinesische Pasta-Baum**
>
> Pasta bedeutet im Italienischen nicht nur Nudel, sondern einfach Teig; egal, ob er mit Hefe gelockert und zu Brot verbacken oder, nur aus Mehl und Wasser angerührt, zu Nudeln verarbeitet wurde. Marco Polo (ca. 1254–1324) erwähnt

Abb. 81: Gnocchi werden in Norditalien oft aus Kartoffeln geformt, auch Weizengrieß wird gern genommen.

die Nudeln in seinem Reisebericht kein einziges Mal, vermutlich, weil er sie für alltäglich hielt. Dafür beschreibt er ein Kuriosum, einen Baum, dessen Früchte in China zu Mehl mit gerstenähnlichem Geschmack vermahlen wurden, und so schreibt er über den «Mehlbaum»: «Sie bereiten daraus eine exzellente Pasta und verzehren sie.» Er nahm davon zwar eine Probe mit nach Venedig, doch von dieser Pasta ward nie wieder gehört. Wohl auch deswegen, weil in Italien bis heute keine chinesischen «Mehlbäume» wachsen, und niemand weiß, welchen Baum Marco Polo eigentlich meinte. Vielleicht interessierte ihn das Wundergewächs aber vor allem deswegen, weil er wusste, dass Esskastanien von der ärmeren Bevölkerung Norditaliens in Ermangelung von Getreide zu Mehl verarbeitet wurden (**Abb. 82**).[19]

Abb. 82: Die stärkereichen Früchte der Ess- oder Edelkastanien (*Castanea sativa*) werden schon seit Langem auf heißen Kohlen zu delikaten Maroni gebacken. Das Mehl stand dagegen seit Lebzeiten des Marco Polo in geringerem Ansehen, da sich der Kastanienanbau in Regionen, wo kein Getreideanbau möglich war, intensiviert hatte, um die wachsende Bevölkerung zu versorgen. So wurden die edlen Kastanien zum Brot für Arme.

So wurde es um die chinesische «Pasta» erst mal still. Aber dann kopierte der selbst nur wenig gereiste Geograf Giovanni Ramusio (1485–1557) Mitte des 16. Jahrhunderts das – inzwischen verloren gegangene – Originalmanuskript Marco Polos und versah es eifrig mit Anmerkungen wie: «Sie nutzen sauberes und gemahlenes Mehl und machen daraus Lasagne und andere Pastagerichte, die der besagte Marco Polo mehrere Male aß. Er brachte davon mit nach Venedig, und es gleicht im Geschmack dem Gerstenbrot.»[19]

Was Ramusio nicht wusste: Es gab zu Lebzeiten Marco Polos alle möglichen Nudeln, nur keine Lasagne. Dieser Ausdruck musste dem Reisenden also unbekannt sein. Aber das wussten Ramusios Leser damals ebenso wenig wie er selbst, und so ward drei Jahrhunderte nach Marco Polos Reise in den fernen Osten die Mär geboren, dass die Nudeln in China erfunden wurden.[19]

Viel entscheidender als der Entstehungsort der Nudel war die Erfindung der Mahlsteine, also des Mehls und der dazugehörigen Siebe zum Abtrennen der Kleie, um helles Mehl zu erzeugen. Das Mahlen von Hand war allerdings bis zur Entwicklung der von Tieren, Wind und Wasser angetriebenen Mühlen ein mühsames und zeitraubendes Geschäft. Im alten Rom beispielsweise bürdeten die wohlhabenderen Hausfrauen es ihren Sklaven auf.[20] Leider hält Mehl sich ohne Qualitätsverlust nicht so gut wie das unversehrte Getreidekorn; eignet sich also schlecht als Vorrat. Das ließ sich ändern, wenn man, wie heute noch in Skandinavien üblich, Knäckebrote oder «Zwieback» buk. In trockener Umgebung fühlen sich Keime wie Bakterien und Schimmelpilze nicht wohl, sie brauchen Wasser, um zu leben. Daher ließen sich diese Brote, sofern sie nicht feucht wurden, oder in den Mägen von Nagern und Käfern landeten, lange lagern.

Noch energiesparender war es, aus dem Mehl einen trockenen und lagerfähigen Teig zu erzeugen, den man später rasch mit heißem Wasser in ein schmackhaftes Gericht verwandeln konnte. Diese Nudeln mussten aber ebenso gut verdaulich sein wie Brot oder Pizza. In Neapel wurde Pasta hergestellt, indem man den Teig mehrmals mit Wasser anfeuchtete und längere Zeit reifen und trocknen ließ.[15] Da man Nudelteig nicht fermentiert, also ohne zugesetzte Hefe oder Sauerteig herstellt, verließ man sich darauf, dass die im Mehl enthaltenen Enzyme aus dem Korn die Verdauungshemmer abbauten **(siehe Kasten Pizza vom Vesuvio und Abb. 83)**.

Abb. 83: Trockengestelle für Maccheroni in Neapel.

Nicht zuletzt ließen sich durchs Mahlen selbst minderwertige Getreidekörner in ein appetitlich aussehendes Lebensmittel verwandeln. Als in Thailand nach dem Zweiten Weltkrieg guter Reis knapp wurde, verfügte die Regierung, dass die Menschen gefälligst mehr Reisnudeln zu essen hätten, da sich zu ihrer Herstellung auch Bruchreis eigne. Auch Insektenbefall kann damit elegant kaschiert werden. Vorratsschädlinge, die sich ja seit jeher über die Getreidevorräte des Menschen hermachen, werden einfach mit vermahlen und verschwanden auf diese Weise. Gleichzeitig reicherten die Krabbeltiere die Nudeln mit etwas Protein an. Übrigens darf Weizenmehl in den USA pro 50 Gramm durchschnittlich 75 Bruchstücke von Insekten enthalten; in Deutschland sind keine Höchstmengen festgeschrieben. Wie auch immer, eine echte Pizza vegetale dürfte damit zu einem Ding der Unmöglichkeit werden ...

Rezepte

Spaghetti alla Duchessa

Zubereitung ca. 25 Minuten
Für 4 Personen

Zutaten

500 g Spaghetti (aus Gragnano oder Molise sind sehr gut)
4 Sardellen
1 Schalotte fein gehackt
2 Knoblauchzehen
2 EL Olivenöl
1 EL Butter
Salz, Pfeffer, Parmesan

Spaghetti kann jeder? Keineswegs! Ich wüsste nicht, wann ich jemals hierzulande in Gaststätten wirklich erstklassige Spaghetti gegessen habe.

Sobald viel Salzwasser im großen Topf sprudelt, sofort die Spaghetti hineingeben. Einige Tropfen Olivenöl ins Wasser, damit das Wasser nicht so aufschäumt. Die Spaghetti werden im Bündel senkrecht in die Mitte des Topfs gegeben, sodass sie sternförmig auseinanderfallen. Die über den Topf hinausragenden Enden mit der Hand langsam in den Topf drücken.

Spaghetti, die am Boden festkleben, mit einem Kochlöffel lösen. Sie müssen noch Biss haben, *al dente* sein. Fest sollen sie sein, aber nicht hart. Nach ungefähr 12 Minuten ist es so weit.

Ob die Pasta gar ist, kann man nur durch Probieren feststellen. Sind sie innen noch ein bisschen fest, muss es schnell gehen. Man nimmt sich eine Kaffeetasse Kochwasser heraus und stellt sie zur Seite. Dann die Spaghetti auf ein Sieb und sofort wieder in den Topf zurück. Einige Flocken Butter oder Olivenöl daruntermischen, damit nichts zusammenklebt.

Ein fataler Fehler, der allerdings kaum auszurotten ist, ist es, die Spaghetti mit kaltem Wasser abzuschrecken. Wieder aufgewärmte Spaghetti bringen das Gericht um jeden Charme, sie quellen unappetitlich auf.

Während die Spaghetti kochen, die Schalotten und den Knoblauch in einem separaten Topf mit Olivenöl anschwitzen, dann die gehackten Sardellen untermischen.

Abschmecken mit Salz und grobem Pfeffer. Auf den Tisch kommt nicht nur die Schüssel mit der Pasta, sondern auch die Tasse mit dem reservierten Kochwasser. Verkleben die Teigwaren, dann mit ein wenig davon durchrühren, damit sie wieder glitschig und etwas sämig werden. Eine wahnsinnig gut schmeckende Aufbaudiät erhält man, wenn beim Anrichten noch ein halbes Pfund Butter untergerührt wird. Diese Methode stammt aus der Nudelhauptstadt Bologna, der *Citta Grassa*, der fetten Stadt, in der diese Methode für Nudeln angewendet wird und Spaghetti nur in Touristenbuden aufgetischt werden.

Richtig gute Spaghetti, die kaum teurer sind als die Massenware, benötigen nicht unbedingt eine Sauce. Einfach mit Olivenöl, schwarzem, grob gemahlenem Pfeffer und Parmesan gewürzt, sind sie köstlich.

Tomaten-Kapern-Sugo

Zubereitung ca. 5 Minuten
Für 2 Personen

Zutaten

400 g frische Tomaten, oder Dosentomaten «San Marzano»
1 Zwiebel fein gehackt
1 EL gesalzene Kapern (keine Essigkapern!)
1 Knoblauchzehe
½ Peperoni fein geschnitten
1 EL Tomatenmark
½ TL Gemüsebrühepulver
1 TL Zucker
½ Bund Basilikum
2 EL Olivenöl
Salz, schwarzer Pfeffer

Tomaten-Kapern-Sugo ist nichts anderes als eine dicke Tomatensauce. Hängt der Garten voll reifer Tomaten, greift man selbstverständlich nicht zur Dose. Fast das ganze Jahr über ist aber Dosenware die bessere Wahl. Bitte achten Sie darauf, nicht die Billigsten zu kaufen, die meist sehr viel Tomatensaft enthalten.

Die Tomaten kurz in kochendem Wasser brühen und die Haut abziehen. Dann in einer mit Wasser gefüllten Schüssel oder im gefüllten Waschbecken die Flüssigkeit und die Kerne ausdrücken. Oder eben die 400-Gramm-Dose nehmen.

Olivenöl in den Topf und die Zwiebeln glasig anschwitzen, wenig später kommt der fein gehackte Knoblauch dazu. Beides sollte nicht braun und damit bitter werden. Tomaten in den Topf und diese mit einem Kochlöffel zerstoßen. Alle restlichen Zutaten dazu. Wegen der Spritzer- und Blubberei immer rühren, bis man die Hitze so gedrosselt hat, dass das Sugo sanft vor sich hin simmert. Vorsicht mit dem Salz, das steckt bereits in den Kapern.

Die Sauce zieht so lange auf dem Herd, bis sie eine beinahe pastenartige Konsistenz und das Maximum an Geschmack und Stimmungsmachern hat. So kann man sie gut auf einer Pizza verteilen oder zu Spaghetti reichen, ohne sie in einer roten Nudelsuppe zu ertränken.

Gnocchi

Zubereitung ca. 20 Minuten
Für 4 Personen

Zutaten

500 g mehlige Kartoffeln
5 Eigelbe
50 g geriebener Parmesan
1 Prise Muskat
2 EL Mehl
Salz, Pfeffer

Wer «Gnotschi» sagt, wird mit der Serviette erschlagen. Ausgesprochen wird diese Köstlichkeit wie «Nocki». Das Wort ist eindeutig mit den Nocken oder den Nockerln verwandt. Im Grunde sind sie nichts anderes als die schwäbische Schupfnudel, auch Bubenspitzle genannt, also ein Kartoffelteig. Er ist einfach herzustellen, kostet nicht viel, und so sind Gnocchi eindeutig der italienischen *cucina povera*, der Küche der Armen, zuzurechnen.

Aus gleichen Grundstoffen sind die schwäbischen Schupfnudeln konstruiert. Sie sind nicht rund, sondern torpedoartig geformt und der süddeutschen Armenküche angehörig. Kurzum, an Kalorien besteht kein Mangel. Kartoffeln lockern den Teig auf, und so geben wir möglichst viel durchgedrückte Kartoffeln in den Teig. Das darf man aber nicht übertreiben, sonst werden die Dinger so weich, dass sie auseinanderfallen.

Die Kartoffeln schälen, halbieren und in Salzwasser weich kochen, abschütten und wieder in den Topf zurückgeben. Die Kartoffeln im Topf auf der heißen Herdplatte hin- und herschütteln, sodass sie optimal ausdampfen. Dann werden sie möglichst heiß durch eine Pürierpresse gedrückt.

Ist der Teig fertig geknetet, sollte gleich mit der Produktion begonnen werden. Kartoffelteige ziehen beim Lagern Wasser und lösen sich dann im kochenden Wasser gerne auf.

Nun kommen teelöffelgroße Nocken auf den Handteller und werden zu Kugeln gerubbelt. Bei den Bubenspitzle empfiehlt es sich, die Mehlmenge um ein Viertel zu erhöhen. Dadurch wird der Teig fester, und sie haben dann entsprechend mehr Biss. Gerne können sie anschließend in kaltem Wasser abgekühlt werden, um dann irgendwann, eventuell sogar am nächsten Tag, sich mit Butter in einer Pfanne zu vereinigen.

Grundsätzlich immer einen kleinen Prototyp zu Wasser lassen und beten, dass er sich nicht auflöst.

Ein großer Topf mit sanft kochendem Salzwasser. Unsere Edelprodukte darin versenken und nach 10 Minuten sind sie servierfertig.

Mit Kartoffelteig kann man vielerlei anstellen. Marillenknödel bereiten die Österreicher ursprünglich nicht nur mit Topfenteig, sondern auch mit Kartoffelteig zu. Eine entkernte Aprikose nehmen und den Kartoffelteig drumherum formen. Mit dem Teig nicht übertreiben, es geht um die Aprikose **(siehe Kapitel Österreich und Ungarn).**

Mit Laib und Seele

Die Schweiz: Vom lustvollen Schmelzen der Käseberge

Eidgenössische Erzeugnisse konnten inzwischen Küchen auf der ganzen Welt erobern: Knoblauchpresse, Frischhaltefolie und Sparschäler,[1] Wanduhren und Raclette-Öfen. Doch sie alle sind Kinder der Moderne, wie steht's um urschweizerische Spezialitäten? Die begehrte *Schoggi* scheidet leider aus, denn die haben die spanischen Eroberer erst im 16. Jahrhundert aus der Neuen Welt nach Europa gebracht, und an der Rüblitorte scheiden sich bekanntlich die Geister. Aber wenigstens ist der berühmte Schweizer Käse über alle Zweifel erhaben! Schließlich gäbe es ohne die zumeist löcherigen Milchprodukte kein Käsefondue, und das gilt ja wohl als das schweizerische Nationalgericht schlechthin.

Auch wenn die Asterix-Comics suggerieren, dass sich bereits die Römer mit den Tücken des *Chääs*-Fondues herumschlagen mussten **(Abb. 84)**, damals war es noch unbekannt. Tatsächlich ist es eines der jüngsten Nationalgerichte der Welt! Aber der Reihe nach. Lange wurde die Käseschmelze nur in der westlichen Schweiz betrieben, denn diese Regionen lebten in größerem Stil von der Almwirtschaft. In der Nordschweiz dagegen aß man lieber Kartoffelgerichte wie knusprige Rösti, denn dort gedeihen die Erdäpfel besonders gut. Zudem kostete Käse bis ins 19. Jahrhundert teures Geld. Emmentaler, Greyerzer und Appenzeller kamen nur in wohlhabenderen Haushalten häufiger auf den Tisch. Und nicht zuletzt war der meiste Käse für den Export bestimmt. Erst zu Zeiten des Ersten Weltkriegs konnten Milchprodukte in der Schweiz zum Grundnahrungsmittel avancieren, da der Ausbau der Käseproduktion zu steigenden Einnahmen und damit zur Entwicklung von Gewerbe und Industrie führte.[4]

Die Schweiz

Die Schweiz produzierte auch während des Krieges fleißig Käse, bis zur Weltwirtschaftskrise 1929. Niemand wollte oder konnte der Schweiz mehr ihren Exportartikel Nr. 1 abkaufen, und so türmte sich der Käseberg gewaltig auf. Da kamen die verzweifelten Käseproduzenten 1934 bei einer Sitzung des Genfer Molkereiverbands auf eine zündende Idee: Das *Chääs*-Massiv sollte einfach abgeschmolzen werden, und zwar im Fonduetopf, dem *caquelon*! Im Kanton Genf startete schon wenige Tage später die erste Käsefondue-Kampagne unter dem Slogan «*La semaine de la bonne humeur*», also «Die Gute-Laune-Woche». Und tatsächlich schmolzen die Käsehalden so rasch dahin wie Eis an der Sonne.[3] Leider war es mit der guten Laune dann erst mal wieder vorbei, denn der Zweite Weltkrieg ging auch an der neutralen Schweiz nicht spurlos vorüber.

Switzerland exists!

In Genf war das *Chääs*-Fondue jedoch nichts Besonderes oder gar Neues, verdankt diese Region ihren Wohlstand doch zu großen Teilen der Almwirtschaft. Wollte die Schweiz ihren Käseabsatz nach Ende des Krieges nachhaltig steigern, musste die Käseschmelzerei landesweit, besser noch über die Gipfel der Alpen hinaus bekannt und begehrenswert werden. Als Werbebühne bot sich im Jahr 1939 die Weltausstellung in New York

Abb. 84: Asterix und Obelix hielten sich in der Schweiz klugerweise von *Chääs*-Fondue-Orgien fern. Hier haben die Römer wohl an der Käsequalität gespart. Guter, mittelalter Hartkäse hätte nicht so ewig lange Fäden gezogen, denn seine Eiweißketten wären während der Reifezeit von den käseeigenen Bakterien etwas abgebaut und verkürzt worden. Jüngere und preiswertere Schnittkäse ziehen sich dagegen oder sind völlig ungeeignet für Fondues.

an, wo das Käsefondue kurzerhand – und wider besseres Wissen! – als urschweizerisches und allgemein verbreitetes Gericht propagiert wurde. Angeblich soll auch der damalige US-Präsident, Franklin D. Roosevelt ein paar Brotwürfel ins *Chääs-Kächeli*, den *caquelon*, getunkt haben, um danach begeistert auszurufen «*Switzerland exists*!»² **(Abb. 85)**. Was natürlich auch am Begleitgetränk und Fondueverbesserer gelegen haben kann, dem Kirschwasser ...

Nach dem Zweiten Weltkrieg hatten die Menschen anderes zu tun, als Käse zu verflüssigen, und schon türmte sich der nächste *Chääs*-Berg auf. 1954 ging die Vertriebs- und Handelsorganisation der Molkereien, die Schweizerische Käseunion AG, aufs Ganze und rief das *Chääs*-Fondue kurzerhand zum Nationalgericht aus. Von Plakaten, in Broschüren und sogar aus einem Zeichentrickfilm tönte es: «*Fondue isch guet und git e gute Luune.*» Das entsprechende Akronym FIGUGEGL ist vielen Schweizerinnen und Schweizern noch heute geläufig.

Aber damit nicht genug. Um den inländischen Markt weiter anzuheizen, setzte die neutrale Schweiz sogar auf ihre Armee. Da man den Soldaten nicht zumuten wollte, die Käseberge in den armeeeigenen Vorratskammern mit ihren Schweizer Armeemessern abzutragen, erging an die Küchenchefs die Order, regelmäßig *Chääs*-Fondue auf den Tisch zu bringen.

Die Schweiz

Abb. 85: 1937 kannte US-Präsident Franklin D. Roosevelt (1882–1945) das zartschmelzende *Chääs*-Fondue noch nicht, so musste er sich bei seiner Reise durch Washington mit ein paar kalten Sandwiches begnügen.

Und siehe da, die Jungs wollten auch in ihrer Freizeit nicht mehr auf das gesellige und nahrhafte Ereignis verzichten; jedenfalls stieg der zivile Käsekonsum sprunghaft an.[3, 4] Der Einsatz vieler Werbemillionen zahlte sich aus, denn nicht nur Touristen, auch viele Eidgenossen halten das Käsefondue heute für das ureigene Schweizer Nationalgericht, das in zahllosen Chalets und sogar im Zugrestaurant für Extra-Umsatz sorgt **(Abb. 86)**.

Zarter Schmelz

Mittlerweile konnte das *Chääs*-Fondue sogar zum Standardgericht auf deutschen Weihnachts- und Silvester-Festtafeln reüssieren. Allerdings wird es heute immer mehr vom Raclette verdrängt **(Abb. 87)**. Wohl, weil beim Käseschmelzen im Raclettepfännchen nur selten etwas schiefgeht. Das Fondue stellt dagegen verblüffend hohe Ansprüche an die Zubereitung: Viele erinnern sich mit Schaudern daran, wie der schmelzende Käse zu einem ungenießbaren Klumpen mutierte – und der Pizzadienst die Party retten musste.

Um klumpende Käsefondues künftig effektiv vermeiden zu können, müssen wir ein wenig tiefer in die – zum Glück einfache – Küchenchemie und -physik einsteigen. Käse zu schmelzen klingt zwar simpel, hat aber sei-

Abb 86: Die Schweizer Käseunion half nicht nur dem Käsekonsum auf die Sprünge, sondern in den 1990ern auch dem klammen schweizerischen Skiverband: Der Designer-Skidress erheiterte zumindest die gegnerischen Nationen …

ne Tücken. Das liegt in seiner inneren Struktur begründet, die er von seinem Ausgangsstoff Milch geerbt hat. So unschuldig weiß und gleichförmig sie auch aussieht: Milch ist ein empfindliches Gemisch, eine Emulsion aus fett- und wasserlöslichen Bestandteilen. Getreu dem Motto «Gleich und gleich gesellt sich gern», tun sich ihre fettlöslichen Bestandteile, also Milchfett und bestimmte Eiweiße, in mikroskopisch kleinen Kügelchen zusammen. Diese Kügelchen schwimmen fein verteilt in der wässerigen Molke, in der sich die wasserlöslichen Eiweiße, die Mineralien und der Milchzucker befinden.[6]

Da Fett eine ausgesprochene Abneigung hat, sich mit Wasser bzw. Molke zu mischen, würden sich die Fettkügelchen normalerweise rasch zu immer größeren Klumpen zusammenballen. Daran werden sie aber auf geniale Weise gehindert, und zwar von einem Lösungsvermittler. Er ist von Natur aus in der Milch enthalten und wurde Kappa-Casein getauft. Solche Lösungsvermittler, auch Emulgatoren genannt, funktionieren folgendermaßen: Sie weisen sowohl ein fettlösliches als auch ein wasserlösliches Ende auf. Mit dem fettlöslichen lagern sie sich an die Oberfläche der Fettkügelchen an, während ihr wasserlösliches Ende nach außen zeigt. Von dieser Kappa-Casein-Tarnkappe umgeben kann das Fettkügelchen frei in der Molke schwimmen.[6]

Auch im Käse bleibt die Kügelchenstruktur erhalten, obgleich er wesentlich weniger Wasser enthält als die Milch; die Molke wird bei der traditio-

Abb. 87: Raclettegenuss vor der Erfindung der Raclettepfännchen. Seine Entstehung liegt im Dunkel der Walliser Almgeschichte, aber erzählt wird: Geriet ein Käselaib am Lagerfeuer der Hirten zu nah ans Feuer, schmolz er, und die Masse wurde mit einem Messer abgeschabt. Zumindest erklärt die Story den Namen Raclette, denn *racler* heißt schaben.

nellen Käsebereitung ja weitgehend abgetrennt. Trotzdem bleibt der Käse nur stabil, wenn wir sein Kappa-Casein schonend behandeln: Wird ihm nun im Fonduetopf zu kräftig eingeheizt, verabschiedet es sich von den Kügelchen, und seine Vermittlungsfunktion ist passé. Sofort trennt sich der Käse in Fett, Eiweiß und Wasser auf und die gefürchtete Klumpenbildung setzt ein.[6] Wer das vermeiden will, muss das Rechaud, also die Wärmequelle unter dem Topf, ständig im Auge behalten. Doch das ist leichter gesagt als getan, schließlich wird ein *Chääs*-Fondue in geselliger Runde genossen, und da bleibt der *caquelon* schon mal unbeobachtet.

It's cool, man ...

Wenn's darum geht, einen kühlen Topf zu bewahren, kommt Alkohol ins Spiel, genauer gesagt, Weißwein und Kirschwasser, denn er senkt die Temperatur im *caquelon*! Ein Gemisch aus Alkohol und Wasser siedet ja nicht erst bei 100 °C, sondern schon bei 80, und so entfleucht die Wärme mit dem Schnaps-Wasser-Dampf aus dem Topf, bevor es darin für das Kappa-Casein zu heiß wird. Erfahrene Fondue-Freaks halten darum immer Wein und Schnaps bereit, um der Klumpenbildung bei drohender Überhitzung mit einer hilfreichen Dosis aus der Flasche zuvorzukommen. Maisstärke verbessert die Wirkung in Sachen Hitzeschutz übrigens noch. Sie wird im Kirsch gelöst und mit ihm in den Topf gegeben. Die Stärkekörnchen nehmen Wasser auf, quellen gewaltig auf, tun sich zusammen und bilden «Abstandshalter» zwischen den einzelnen Eiweiß-Fett-Kügelchen des Käses.

Beim Weißwein kommt es vor allem auf den ausreichenden Säuregehalt an, denn er soll als «Weichmacher» dienen. Der traditionell im Fondue verwendete Hartkäse ist nicht nur deshalb so fest, weil er kaum noch Wasser enthält, sondern auch, weil er voller natürlicher Kalziumsalze steckt, grob gesagt: Kalk. Soll der *Chääs* gleichmäßig schmelzen, muss dieses «Kalkskelett» zerschlagen werden. Diesen Job übernimmt die Säure des Weins, denn Säure ist bekanntlich auch im Haushalt ein bewährter Kalklöser. Wer sich nicht sicher ist, ob der Rebensaft genug Säure enthält, hilft mit ein wenig Zitronensaft nach, denn sie macht sich in vielen Weinen geschmacklich nicht zwingend bemerkbar! Rotwein ist übrigens immer fehl am Platz, nicht nur, weil er im Käsefondue für einen unappetitlichen Rotstich sorgen würde, sondern vor allem, weil er stets wesentlich mehr Gerbstoffe enthält als Weißwein. Da Gerbstoffe Eiweiße miteinander vernetzen, man denke ans Ledergerben, würde das Käseeiweiß gerinnen[6], sprich verklumpen.

Doch damit sind die Aufgaben der beiden edlen Tropfen noch nicht erschöpft, denn Wein und Kirsch sollen auch die Stimmung heben! Das klappt nicht nur, weil sie Alkohol enthalten, sondern auch, weil ein bestimmter Aromastoff drinsteckt, der Acetaldehyd. Er verbindet sich schon in der milden Hitze des Fonduetopfs mit natürlichen Bestandteilen des Käses, den Aminen, zu Stoffen, die Laune machen. Sie ähneln in Struktur und Wirkung Opiaten **(siehe Seite 155)**.[5] So hat die schweizerische Molkereiwirtschaft mit ihrem Spruch *«Fondue isch guet und git e gute Luune»* ohne es zu ahnen, den Nagel auf den Kopf getroffen …

Rezepte

Chääs-Fondue

Das beste Temperatur- und Säuremanagement nützt nur dann etwas, wenn der richtige Käse im *caquelon* köchelt. Er darf weder zu viel noch zu wenig Wasser enthalten, d.h., er muss reif sein, aber noch nicht zu trocken. Sehr alter, also wasserarmer Käse versagt im Fonduetopf, weil er beim Schmelzen Fett ausschwitzt, zu junger, noch wasserreicher Käse verklumpt leicht.

Traditionell kommen in der Schweiz Hartkäse wie mittelalter Emmentaler, Vacherin, Appenzeller oder Gruyère, also Greyerzer, ins Chääs-Fondue. Je nach Region in wechselnden Mischungen und Bestandteilen, aber natürlich hängt es auch vom persönlichen Geschmack ab. Der Greyerzer beispielsweise bringt immer eine gute Würze, aber mit Greyerzer allein wird die Fonduemasse meist zu salzig und pikant.

Der Wein darf übrigens nicht zu alt sein, denn er muss reichlich Säure enthalten. Dann kann man auf den Zitronensaft verzichten. Gut funktioniert's mit dem schweizerischen Fendant.

Grundrezept

400 g Greyerzer
200 g Emmentaler
ca. ½ Flasche Weißwein
ca. 1 TL Zitronensaft
2 TL Speisestärke
100 ml Kirschwasser

Knoblauchzehe
geriebene Muskatnuss
schwarzer Pfeffer
Weißbrotwürfel, ca. 200 g pro Person

Wenn gewünscht, den caquelon *mit Knoblauch ausreiben.*

Die Käse fein hobeln und die Stärke im Kirsch auflösen, es dürfen keine Klumpen bleiben.

Den Wein mit Zitronensaft und Käse aufkochen, ständig umrühren! Dann den stärkehaltigen Kirsch hinzugeben und die Käsemasse mit Muskatnuss und Pfeffer abschmecken. Kurz weiterkochen, sie muss sämig sein.

Jetzt kommt der *caquelon* auf das Tisch-Rechaud. Immer schön vorsichtig weiterköcheln und öfter umrühren, damit ja nichts klumpt!

Wer sein Brotstückchen im Käse verliert, sollte zwar nicht wie bei Asterix im Genfer See landen (mit einem Gewicht an den Füßen!), aber lustiger wird's schon, wenn man sich ein paar fantasievolle Strafen ausdenkt …

Rösti

Wichtig ist die Pfanne, *aficionados* bevorzugen eine geschmiedete Eisenpfanne. Mit diesen schweren Dingern kommt nicht jeder zurecht, aber es gibt ja beschichtete Pfannen. Für die ersten Versuche nimmt man lieber ein etwas kleineres Exemplar, denn darin lässt sich das «Rundstück» mit dem Pfannenschäufele besser umdrehen.

Die Pfanne vom Durchmesser eines Suppentellers wird mit 4 mittelgroßen, mehlig kochenden, grob geraspelten Kartoffeln gefüllt. Ich nehme immer halb gegarte Pellkartoffeln.

Bevor wir die Kartoffeln in der Pfanne verteilen, erhitzen wir 1 EL Butter in der Pfanne. Kartoffeln schön verteilen und nicht zusammendrücken. Das Rösti sollte mindestens 2 cm hoch sein. Vom Rand her die Kartoffeln nach innen schieben, sodass das Rösti nach außen nicht abflacht und dort eventuell hervorstehende Kartoffelfäden anbrennen. Nun bei geringer Hitze braten. Mit dem Schäufelchen das Ganze vorsichtig anheben, um die Bräunung zu kontrollieren.

Abb. 88: Dieses Rösti hat eine perfekte Bräune!

Je nach Belieben hell oder dunkel rösten (**Abb. 88**).

Umdrehen und das Kartoffelwunder schön rösch anbraten. Einige kleine Butterflocken am Pfannenrand verteilen und das Rösti ein wenig schwenken.

Man hüte sich vor zu starker Bräunung, die Kartoffeln können so hart werden, dass das Rösti an gebratene Holzwolle erinnert!

PS: Auch mit roh geraspelten Kartoffeln lassen sich Wunder vollbringen, aber mit gekochten Kartoffeln wird das Ergebnis saftiger. Außen knusprig – innen saftig!

Pfannenzauber und Dim Sum

China
und die Ökonomie der Köstlichkeiten

In die Pfanne gehauen

Die chinesische Küche wird reflexartig mit klein geschnippeltem Fleisch und Gemüse verbunden. Schon nach wenigen Minuten heftigen Rührens in einer halbkugeligen Pfanne kommen Entenstückchen, Bambussprossen oder Schweinefleisch süßsauer heiß auf dem Tisch. Das Pfannenrühren im Wok ist in der Tat eine geniale Zubereitungsmethode, alles wird auf hoher Temperatur in Pflanzenöl erhitzt, das Gemüse bleibt knackig und grün, die dünnen Fleischstreifen zart und saftig. Nicht nur die Vitamine, auch die Brennstoffvorräte werden geschont, und viele glauben, dass diese «gesunde» Garmethode seine Existenz fernöstlicher Ernährungsweisheit verdankt.

Noch mehr als von den Gästen wird das Pfannenrühren aber von den chinesischen Wirtsleuten geschätzt. Denn wie im Gaststättengewerbe überall auf der Welt üblich, müssen sie mit spitzem Bleistift rechnen: Arbeitskräfte sind knapp, Energie ist teuer, und die Gäste wollen nicht ewig auf ihr Essen warten – schon gar nicht im geschäftigen China. Auch die Zutaten lassen sich höchst ökonomisch einsetzen: Man reichert einige wenige Stücke Fleisch, Fisch oder ein paar Garnelen mit viel preiswertem Gemüse an. Und sind die Erbsen gerade zu teuer, ersetzt man sie eben durch das, was am Markt gerade billig angeboten wird. Die Würzung verbindet alle Zutaten unfehlbar zu einem leckeren Gericht, und außerdem kann die Küche zur Freude der Kundschaft ihren Einfallsreichtum demonstrieren.[5]

Man ahnt, dass der Wok kein altehrwürdiges Kochutensil aus der mehrtausendjährigen chinesischen Hochkultur ist. In den Küchen kam er erst im Mittelalter zum Einsatz. Denn fürs Pfannenrühren benötigt man zwingend Pflanzenöl, da die Woks dabei auf 200 °C und mehr erhitzt werden. Tierische Fette wie Schweineschmalz verbrennen im Gegensatz zu Sojaöl bereits bei 160 Grad. Pflanzliches Öl wird in China jedoch erst seit der Song-Dynastie (960–1279) zum Kochen verwendet, bis dahin diente es als Lampenbrennstoff. Doch das Öl war sehr teuer, und so kochte man weiterhin mit dem althergebrachten Schmalz, Hühnerfett und Talg in Tontöpfen.[8]

Zwar gab es auch damals schon Woks, aber es waren flache Schalen, in denen Tee, aber auch allerlei Blattwerk und Körner für Arzneien getrocknet wurden. Die ersten halbkugeligen Modelle stammen aus der Ming-Dynastie (1368–1644). Nur sie eignen sich für die Methode Pfannenrühren, wobei ja schon wenig Öl genügt, um den Boden zu bedecken, und ihre hohen Wände verschiedene Hitzezonen bieten. Aber erst gegen Ende der Dynastie wurde das Kochen im Wok beliebter, wobei sich das Pfannenrühren vor allem in den Ballungszentren etablierte. Zum einen, weil Holz und Holzkohle in den wachsenden Städten immer knapper und teurer wurden und das Pfannenrühren nur wenig Brennmaterial erforderte, zum anderen, weil für die handeltreibenden Städter galt: Zeit ist Geld, und für sie war ein rascher Service alles. Das Pflanzenöl für den Wok blieb jedoch teuer, und noch bis weit ins 20. Jahrhundert konnten es sich nur Restaurants und wohlhabende Familien leisten.[8, 9]

> **Hot Stuff**
>
> In China stellt man den Wok auf spezielle Brenner, die sehr heiß werden und neben dem Boden auch seine Wand erwärmen **(Abb. 94)**. Beim Pfannenrühren bilden sich die typischen schmackhaften Aromen aus Karamell und Maillardprodukten **(siehe Kapitel Frankreich)**. Das Verfahren ist dabei immer gleich und kann leicht abgewandelt werden: Zuerst wird das Öl aromatisiert. Ein paar klein gehackte Zwiebeln werden mit ein wenig Ingwer und oft auch Knoblauch angebraten, sobald das Öl die Aromen angenommen hat, kommt das vorbereitete Fleisch hinein und wird rasch unter heftigem Rühren für ein bis zwei Minuten gebraten.

Dann nimmt man es heraus, stellt es beiseite und gibt das Gemüse hinein. Häufig fügt man jetzt auch etwas eingeweichtes Trockengemüse hinzu, um dem Ganzen mehr Aroma zu verleihen. Auch das Öl wird gegebenenfalls ergänzt. Gerade wenn das Gemüse in Kontakt mit der heißen Pfanne ist und zu schwitzen beginnt, kommt eine Prise Salz hinzu, was seine frische Farbe erhält. Nach einer Minute Rühren gibt man das Fleisch zum Gemüse und mischt beides durch.

Der Wok ist so heiß, dass man jetzt ein wenig Flüssigkeit hinzufügen muss, um das Anbrennen zu verhindern. Manchmal wird die Sauce noch mit Stärke angedickt und mit ein wenig von dem hoch aromatischen Öl veredelt, das aus gerösteten Sesamsamen gewonnen wird. In dieser Sauce vereinen sich alle natürlichen Säfte der Zutaten und verleihen dem Gericht jedes Mal seinen typischen Charakter. Ach ja, ohne Sauce, und sei es noch so wenig, würde es nur halb so gut schmecken. Denn die Aromastoffe müssen ja an die Geschmacksknospen gelangen, und dahin schwimmen sie am besten in einer Flüssigkeit

Leider lassen sich Wokgerichte hierzulande kaum fachgerecht nachkochen, da unsere Herde nicht heiß genug werden. Elektrokochplatten schalten sich zudem immer mal wieder bei einem bestimmten Wärmegrad herunter. Doch dann beginnt der Wok-Inhalt im eigenen Saft zu köcheln und braucht viel länger, um gar zu werden. Das Ergebnis hat mit einem echten chinesischen pfannengerührten Gericht wenig zu tun, denn das typische Aroma entsteht nur bei Temperaturen oberhalb von 200 °C und entsprechend kurzen Garzeiten.

Abb. 89: Ein transportabler Wokbrenner lässt sich überall aufstellen und findet sich auf jedem chinesischen Straßenfest. Er wird entweder mit speziellen Briketts oder Kohle befeuert, damit die fürs Pfannenrühren unabdingbaren hohen Temperaturen erreicht werden.

Hund, Katze, Maus

Nicht nur der vermeintlich vitaminschonende Wok, auch die vielen «cholesterinarmen» Gemüse- und Tofu-Gerichte der chinesischen Küche werden in den Medien regelmäßig als Ausdruck einer weisen fernöstlichen Kochkunst gedeutet. Doch auch wenn sich die meisten Menschen in China inzwischen Pflanzenöle leisten können, benutzt man bis heute zum Gemüsegaren traditionell tierische Fette. Kohlstreifen erhitzt man gern in Schweineschmalz, Erbsen verleiht man durch ausgelassenes Hühnerfett Glanz und Nährwert.[7]

Unter allen Nutztieren haben Borstenviecher und Hühner in China stets die dominierende Rolle gespielt. In einem Land, in dem der überwiegende Teil der Bevölkerung in der Landwirtschaft tätig war und das seit alters immer wieder von Armut und Hunger bedroht wurde – sei es, durch Dürren oder Überschwemmungen, einfallende «Barbarenhorden», ausbeuterische Adelsdynastien oder kommunistische Misswirtschaft –, kann man nur überleben, wenn man seine Produkte so ökonomisch wie möglich erzeugt. Hühner verursachen keine großen Kosten, sie picken rund ums Haus oder die Hütte allein nach Käfern, Würmern und Grünzeug und es genügt, ihnen gelegentlich mal ein paar nahrhafte Getreidekörner hinzuwerfen.

Ein Schwein lässt sich selbst von Kleinstbauern großziehen. Es wächst rasch, ist anpassungsfähig und anspruchslos, begnügt sich mit Küchenabfällen, gibt Schmalz zum Kochen und sein Fleisch ist zart und vielseitig verwendbar. Aufgrund seines unauffälligen Eigengeschmacks harmoniert es mit praktisch allen Gemüsen. Und es ist die Grundlage für die chinesischen Würste und luftgetrockneten Schinken. Wer heute als Tourist in China einfach nur «Fleisch» bestellt, bekommt stillschweigend Schwein vorgesetzt. Es ist sicher kein Zufall, dass das chinesische Schriftzeichen für «Haus» ein Schwein unter einem Dach darstellt. Denn über viele Jahrhunderte lebten in den Bauerndörfern Mensch und Schwein unter einem Dach; oft in einer winzigen Hütte.[7]

Anders sieht es mit Rindfleisch aus, dem traditionell keine große Rolle in der chinesischen Küche zukommt. Und das gilt für alle Regionen, sei es im kühlen Norden oder im subtropischen Süden. Denn so gigantisch das 9,5 Milliarden Quadratkilometer große Land auch ist, für Viehherden gab es kaum geeignete Weideflächen. Entweder ist es zu trocken, zu gebirgig oder zu dicht besiedelt.[6] Hinzu kommt, dass Rinder wertvolle Zugtiere sind; die Bauern konnten es sich einst nicht leisten, sie vorzeitig zu schlachten. Und das zähe Muskelfleisch von abgearbeiteten Tieren können selbst die fantasievollsten Köchinnen und Köche nicht mehr in kulinarische Köstlichkeiten verwandeln. Gutes Rindfleisch gilt in China daher als Luxus.[7]

Dasselbe gilt auch für das Fleisch von Hunden, Katzen und Schlangen, die ursprünglich allerdings nur im Süden Chinas gegessen wurden. Denn für scharrende Hühner, sich suhlende Schweine und grasende Rinder gab es in dieser überaus dicht besiedelten Region wenig Platz: In der ländlichen Umgebung musste auf allen verfügbaren Flächen das Grundnahrungsmittel Reis angebaut werden. So warfen die pragmatischen Chinesen einfach jegliches Getier zur Deckung des Proteinbedarfs in ihre Töpfe.[3, 7]

Das Vorurteil der westlichen Welt, in China äße man alles, was vier Beine habe und kein Tisch sei, entstand zur Zeit der großen Auswanderungswellen. Viele Menschen aus Südchina suchten im 19. Jahrhundert im Ausland Arbeit, zum Beispiel beim Eisenbahnbau in den USA. Auch ließen sich chinesische Seeleute in Hafenstädten wie San Francisco oder Hamburg nieder, um dort Restaurants für ihre Landsleute zu eröffnen. Die Einheimischen wunderten sich über die ungewohnte Küche und ihre gelegentlich eigenartig anmutenden Zutaten; sie waren meist auch nicht von kulinarischer Neugier beseelt. Und so konnte sich dieses Vorurteil bis heute halten.

In Südchina sind die Menschen inzwischen nicht mehr auf den Fang von Schlangen oder Fröschen in Gärten und Gräben angewiesen, wenn sie satt werden wollen. Und wie überall auf der Welt gilt auch dort: Kann der pure Hunger problemlos mit gängigen Produkten gestillt werden, mutieren nahrhafte, aber einst als Arme-Leute-Essen verpönte Zutaten zum Luxus, man denke nur an die kinderleicht einzusammelnden Austern, die einst an den Küsten Großbritanniens als billiger Fleischersatz zum Strecken von Eintöpfen dienten. Abgesehen davon erhöhen auch abergläubische Vorstellungen den Wert einer Speise; das bekannteste Beispiel sind die angeblich potenzsteigernden Tigerpenisse.

Wer in China fürchtet, ungefragt Katzenfleisch in seiner Schüssel serviert zu bekommen, erkundige sich vorher nach dem Namen des Gerichts und dem Preis. Hunde erscheinen in der Regel unter ihrem Klarnamen, und tauchen weder Drachen (Schlange) noch Tiger (Katze) auf und liegt der Preis umgerechnet unter (mehreren) hundert Euro, kann man beruhigt zugreifen.

Küchenökonomie

Wenn's ums energiesparende Kochen geht, greift man in China nicht zwangsläufig zum Wok. Schließlich braucht der Reis ja 20 Minuten, um gar zu werden, und was läge näher, als die «Abwärme» zu nutzen und ein Hochhaus aus Dampfgarkörben auf dem Reistopf zu errichten **(Abb. 90)**. Die Speisen darin garen im heißen aufsteigenden Wasserdampf. Die Zutaten mit den kürzesten Garzeiten kommen ganz nach oben, wo sie nur noch von einem lauwarmen Lüftchen umspült werden. Dabei gibt man keineswegs nur rohe Zutaten in die Körbe, festeres Gemüse z. B. wird vorher oft kurz im Wok mit ein paar Gewürzen angebraten und erhält dann im Garkorb den letzten Schliff. Chinesische Körbe haben einen Durchmesser von bis zu 60 cm, sodass man in jeder Etage gleich mehrere Portionen von einer Speise garen kann.

Da Öfen lange Zeit nicht zur Grundausstattung chinesischer Küchen gehörten, ist das Brotbacken dort eher unüblich. Aber niemand muss auf Brötchen verzichten, denn Teig geht auch im Dampfkorb gut auf. Was für westliche Augen wie ein Brötchen aussieht, ist in der Regel ein in Dampf gegarter Kloß. Im Norden Chinas besteht er meist aus Weizenmehl, da es dort für den Reisanbau zu kalt ist. Aus diesem Grunde isst man dort auch so viele Nudeln, die ja ebenfalls aus Weizenmehl hergestellt werden. Aber auch aus Reismehl stellt man Teig her, der zu Nudeln und gern auch zu Teigtaschen verarbeitet wird. Da der Teig nach dem Dämpfen durchsichtig wird, gesetzt den Fall, er wurde dünn genug ausgezogen, lässt sich der Inhalt des Bissens schon erahnen. Wie überall in der chinesischen Küche kommt es auch auf die interessante Optik an. Teigtaschen und gedämpfte Mini-Brötchen jeder Art konnten als Dim Sum auch westliche Herzen im Sturm erobern, denn für jeden Geschmack ist etwas dabei **(Abb. 91)**. Diese köstlichen Snacks werden bei uns im Dampfkorb am Tisch serviert.

Rotgeschmort

Auch wenn das Pfannenrühren noch so ökonomisch erscheint, es konnte weder das Dämpfen noch andere langwierige traditionelle Garmethoden verdrängen. Die meisten chinesischen Familien könnten es sich gar nicht leisten, täglich zartes Schweinefilet in den Wok zu geben, und viele der zäheren Fleischteile eignen sich sowieso nicht recht zum minutenkurzen «Pfannenrühren», und wenn man sie noch so klein schneidet. Da

Abb. 90: Hier stehen gleich drei Dampfgarkörbe auf dem Wasserkocher – ökonomischer kann man wohl kaum garen.

Abb. 91: Eine Auswahl gedämpfter Dim Sum. Die Happen stehen auf dem luftdurchlässigen Boden und werden im durchströmenden Wasserdampf gegart. Manche stellt man auch in eine kleine saucengefüllte Schüssel, deren Würzung für zusätzliches Aroma sorgt.

in vielen Teilen Chinas die Winter lang und streng sind, steht den Menschen der Sinn dann auch eher nach wärmenden Eintöpfen, statt nach ein paar im Wok geschwenkten Streifen Chinakohl. Lieber verarbeitet man solches Fleisch zu Hack und formt große Klöße daraus, die in einer wärmenden Brühe mit viel Chinakohl oder auch Spinat gegart werden. Damit die Klopse nicht zu bröckeligen Massen geraten, knetet man kleine Stückchen Wasserkastanie **(Abb. 92)** mit hinein. Diese Knollen weisen zwar keinerlei Eigengeschmack auf, dafür aber eine feste und knusprige Struktur, die immer wieder den Gaumen mit angenehmen Sensationen überrascht.[5]

Ebenso lecker wie beliebt sind Speisen, die durch das sogenannte Rotschmoren gegart werden. Es heißt so, weil Sojasauce dabei allen Zutaten eine appetitliche rote Farbe verleiht. Rotgeschmortes wird nicht nur wegen seines süßlichen Aromas geschätzt, sondern auch, weil man damit selbst besonders zähe Fleischstücke weich bekommt. Die harten, geschmacksneutralen Bindegewebsfasern verwandeln sich beim langen Garen auf niedrigster Temperatur in ein weiches Gelee, in das alle Aromen eingesickert sind. Das Weichköcheln dauert in der Mischung aus Sojasauce und Gewürzen wie Zucker, Knoblauch, Zwiebeln, Ingwer, einem Schuss Reiswein und einer Prise Salz anderthalb bis zweieinhalb Stunden. Den köstlichen Sud genießt man mit Reis vermischt.

Das Fleisch wird übrigens nur selten entbeint und von der Haut befreit,

Abb. 92: Wasserkastanien sind die unterirdischen Speicherknollen einer Wasserpflanze, des Sauergrases *Eleocharis dulcis*. Sie haben mit Kastanien nur Farbe und Form gemein.

da man das leckere Gelee schätzt, das beim Auskochen von Knorpel und Bindegewebe entsteht. Meist wird ein Teil davon aufbewahrt, um dann Gemüse aus dem Wok damit zu aromatisieren. Da Rotgeschmortes seinen Geschmack einige Tage lang ohne Aromaverlust beibehält, kann man es bestens im Voraus zubereiten und später eisgekühlt auf heißem Reis servieren. Dabei schmilzt das kalte, aromatisch-salzige Gelee auf dem neutral schmeckenden Reis und macht ihn zu einer besonderen Gaumenfreude – auch im Sommer.

Manchmal lässt man die Brühe aber auch einkochen, häufig wird Sternanis und Zimt mitgekocht. Ihre süß schmeckenden Aromastoffe, der Anisaldehyd und der Zimtaldehyd, überraschen mit der Eigenschaft, den Fleischgeschmack noch zu verstärken.[2] Auch in Griechenland kennt man den Trick seit Langem: Ins Stifado, den leckeren Eintopf aus Lamm- oder Rindfleisch, kommt auch eine Stange Zimt.

Selbst voluminöses Gemüse wie halbierte Kohlköpfe und auch ganze Fische lassen sich rot schmoren. Der Fisch wird mit Mehl bestäubt, kurz angebraten und in die gewürzte Sojasauce gegeben. Das zarte Fleisch ist natürlich rasch gar, was Auswirkungen auf das Aroma zeitigt. Frischem Fisch mangelt es speziell an der herzhaften Geschmacksrichtung *umami*, aber fade Speisen stehen wie überall auf der Welt auch in China nicht in hohem Kurs. *Umami* wird vor allem vom Glutamat hervorgerufen **(siehe Kapitel Frankreich)**, das sich erst beim längeren Kochen aus den Eiweißbestandtei-

Abb. 93: Fische werden in China bevorzugt im Ganzen serviert. Denn dort werden auch die bei uns verschmähten Teile wie die Flossen und Augen mit verspeist, denn neben der Farbe schätzt man dort auch unterschiedliche Texturen.

len bildet. Da sich während der kurzen Garzeit nur wenig geschmacksverstärkendes Glutamat aus dem Fischeiweiß bilden kann, hilft man mit typisch chinesischen, kräftigen Würzmitteln nach: Sojasauce, getrockneten Garnelen, getrockneten Pilzen mitsamt ihrem Einweichwasser, ein wenig luftgetrockneten Schinken. Sie alle enthalten große Mengen natürliches Glutamat und andere Geschmacksverstärker. Überschüssiger Fischsud wird selbstverständlich zum Kochen und Würzen aufgehoben.

Leider nehmen hiesige Chinarestaurants kaum rot geschmorten Fisch mit auf ihre Speisekarte. Denn Fische gart man in China ja möglichst im Ganzen, es soll kein Aroma aus Haut, Kopf, Flossen oder Gräten verloren gehen **(Abb. 93)**. Ein ganzer Fisch lässt sich in der Restaurantküche indessen schlecht portionieren, darum gibt's bei uns eher Meeresfrüchte. Krebse, Krabben und Muscheln braucht man ja nur abzuzählen und nach Bedarf frisch zuzubereiten. Zumal sich die hiesigen Esssitten von der chinesischen deutlich unterscheiden: Bei uns bestellt jeder sein «eigenes» Gericht, während sich in China jeder bei jedem nach Belieben bedient **(Abb. 94)**. Darum kommt dort alles gleichzeitig auf den Tisch, und man ist gespannt auf den Anblick des schneeweißen Fleisches, das unter der appetitlich roten Haut eines solchen Fisches zum Vorschein kommt, nachdem sie mit Stäbchen abgehoben wurde. Das steigert das Essvergnügen noch weiter, denn

Abb. 94: In China nahm jeder sich schon immer nach Belieben von allen Speisen, die auf dem Tisch stehen.

der Kontrast zwischen warmem Rot und blendendem Weiß unterstreicht die Frische des Fisches.

Nicht nur an knurpseligen Wasserkastanien, Fischflossen und Hühnerfüßen finden chinesische Gourmets Gefallen, sondern auch an halbfestem Gelee. Das erklärt die große Beliebtheit der eigentlich geschmacksfreien Haifischflossen. Hinzu kommt, dass sie stets sehr teuer waren[5] und daher auch ein prestigeträchtiges Gericht ergeben. In so ein Gelee lassen sich auch weniger fragwürdige Produkte verwandeln, zum Beispiel Schweineschwarte. Das Schweinefleisch wird in große Würfel geschnitten, mit der Schwarte nach unten in einen Topf gelegt und mit Gewürzen, Salzgemüse, manchmal auch getrocknetem Salzfisch bestreut (Abb. 95). Nach ungefähr anderthalb Stunden Kochzeit wird es gestürzt, damit die Schwarte nach oben zu liegen kommt. Sie bildet nun einen geleeartigen, saftigen Überzug, nach dem man sich in China geradezu verzehrt. Die traditionellen Würzzutaten erklären dagegen, weshalb das Essen in China generell anders schmeckt als in hiesigen Chinarestaurants, denn die werden in den an die Geschmacksvorlieben des Landes angepassten Gerichten kaum eingesetzt. Die meisten davon sind fermentiert und wirken auf hiesige Gaumen – bis auf die inzwischen vertraute Sojasauce – bislang noch fremdartig.

Abb. 95: Getrocknetes und gesalzenes Meeresgetier, wie es hier auf einem Markt in Hongkong angeboten wird, strotzt nur so von natürlichen Geschmacksverstärkern und wird in ganz Südostasien als Würzmittel benutzt – auch bei Gerichten ohne Fisch.

Raritäten aus dem Ofen

Die Pekingente gehört bei uns zu den begehrtesten Speisen der chinesischen Küche, vielleicht, weil sie nicht besonders exotisch gewürzt ist und an europäische Geflügelgerichte erinnert. Ihre eigentliche Attraktion ist die knusprige Haut, die mit süßer Marinade eingestrichen wird und im Ofen unwiderstehliche Karamell- und Röstaromen entwickelt. Man ahnt, dass dieses Spitzenerzeugnis der chinesischen Kochkunst kein einfaches Bauernessen ist. Darauf weist schon ihre Hauptzutat hin: Entenfleisch war und ist in China ein Luxusprodukt, denn in den kleinbäuerlichen Haushalten pickten allenfalls ein paar Hühner auf dem Hof. Zudem wird die Pekingente in einem gemauerten Backofen zubereitet, und die gab es im alten China nur in den wohlhabendsten Häusern, dem Kaiserhaus – oder in den Porzellanbrennereien **(Abb. 96)**. Die Bauern mussten sich mit einer offenen Feuerstelle begnügen.[3, 5]

Auch ihre Zubereitung ist aufwendig: Damit sich die Haut in eine papierdünne knusprige Hülle verwandeln kann, wird Luft darunter geblasen, sodass sie sich vom darunterliegenden Fettgewebe abhebt und sich in der Ofenhitze wie ein Ballon ausdehnen kann. Damit sich die Haut strafft, überbrüht man die Ente mit kochendem Wasser, trocknet sie sorgfältig ab,

Abb. 96: Historische Rezepte für die Pekingente enthalten auch eine penible Bauanleitung für die Öfen, da sie einst eine echte Rarität waren. Inspiriert wurde dieses Gericht wohl von einer Spezialität, das aus dem in China besonders beliebten und weitverbreiteten Schweinefleisch zubereitet wird, mit Honigmarinade bestrichenen Spanferkeln. Auch sie werden hängend im Ofen gebraten.

hängt sie auf und bestreicht ihre Haut mit der Aromamischung. Die Grundierung erfolgt mit flüssigem Sirup, der Hauptanstrich mit einer Marinade aus Sojasauce, Fünf-Gewürze-Pulver und Malzzucker. Dann lässt man sie 24 Stunden lang an einem kühlen Ort zum Trocknen hängen und gart sie dann ebenfalls hängend so lange im Ofen, bis ihre Haut appetitlich rotbraun glänzt.

Natürlich darf der größte Leckerbissen nicht kalt und labberig werden, und so serviert man die knusprig-süße Entenhaut zuerst **(Abb. 97)**. Dazu reicht man als Dip ein wenig Zucker und süßsaure Sauce. Dann folgt das Fleisch, das man mit süßer Sauce, knackigen Frühlingszwiebeln und Gurkenstiften in einen dünnen Weizenmehl-Pfannkuchen einrollt. Da man in China zum Abschluss des Mahls eine Suppe reicht, findet auch das Entengerippe eine würdige Verwendung. Zusammen mit Gemüse gekocht, wird daraus eine schmackhafte Brühe.

Hier klingt die alte chinesische Tradition an, seine Nahrungsmittel so vollständig wie möglich zu verwerten und zu verzehren. So konnte es die traditionelle chinesische Küche mit ihren einfallsreichen und oft mutigen Rezepten schaffen, ein riesiges Volk über die immer wiederkehrenden Perioden des Hungers und Mangels mit schmackhaften und nahrhaften Speisen zu versorgen – selbst mit den bescheidensten Zutaten.

Abb. 97: Die dünne knusprige Haut der Pekingente möglichst ohne anhaftendes Fleisch abzulösen, erfordert lange Übung und Geschick. Denn es muss rasch gehen, da die Haut nicht abkühlen und dadurch abschlaffen darf.

Rezepte

Wie eingangs erwähnt, werden unsere Herde nicht heiß genug, um den authentischen Geschmack eines chinesischen Wok-Gerichtes damit zu erzielen. Aber es gibt in China ja genug andere Garmethoden.

Scharfe Garnelen

Zutaten

pro Person 6 große frische, ungeschälte Garnelen, wir gehen hier von 4 Personen aus
4 dünne Scheiben frischer Ingwer
3 EL Sojasauce, am besten helle chinesische
1 oder mehr grüne Chilischoten, fein gehackt
Frühlingszwiebeln fein gehackt
3 EL Pflanzenöl

Abb. 98

Zubereitung

Die Garnelen waschen und abtropfen lassen. In einem großen Topf erwärmen wir Wasser, geben einen TL Salz und den Ingwer hinein. Sobald es kocht, hängen wir die Garnelen in einem Korb hinein und lassen sie etwa 5 Minuten sanft köcheln. Wer keinen Korb hat, gießt sie, sobald sie gar sind, sich also rot verfärbt haben, einfach durch ein Küchensieb ab.

Dann arrangiert man sie auf einer Platte und garniert sie mit den Frühlingszwiebeln (Abb. 98).

Aus der Sojasauce, dem Öl und den Chilis mischen wir nun den Dip und teilen ihn auf, jeder Gast bekommt sein eigenes Schälchen.

Die Garnelen muss sich jeder selbst schälen, man taucht sie in den Dip und isst sie aus der Hand.

Kaiserliches Fischfilet

Wer es doch mal mit dem Wok versuchen will, dem sei dieses Rezept empfohlen.

Das Gericht soll im 19. Jahrhundert immer wieder die Kaiserinwitwe Cixi erfreut haben, vielleicht nicht nur wegen seines guten Geschmacks. Denn es enthält keine Gräten, ist zart und man muss nicht groß kauen – aber das macht es natürlich noch lange nicht zu einem Gericht für zahnlose Greise.

Zutaten
>400 g weißes Fischfilet, ohne Haut
>3 EL Fischfond, Hühnerbrühe geht auch
>6 Möhrenscheiben, blanchiert
>Gurkenscheiben für die Garnitur
>Korianderblätter, frisch gehackt

Würzmischung
>1 EL Reiswein
>1 Eiweiß, verschlagen
>1 TL Schweineschmalz, am besten aus Eigenproduktion.
>   Vorsichtig auf kleinster Flamme zerlassen, sprich verflüssigen
>½ TL Zucker
>½ TL Salz
>1 EL Stärkepuder

Zubereitung
Das Filet in dünne Scheiben schneiden, mit der Würzmischung in eine Schüssel geben und ca. 20 Minuten ziehen lassen.
  Zeit genug, um die blanchierten Möhrenscheiben in ansprechende Blumen oder andere Formen zu schneiden.
  Das Öl im Wok erhitzen und den Fisch 2 Minuten unter Rühren braten. Dann die Möhre hinzugeben und noch 1 Minute mit braten.
  Nun den Fond oder die Brühe hinzugeben und einige Augenblicke köcheln lassen. Abschmecken und auf einer Platte anrichten. Mit dem Koriander und den Gurken garnieren und sofort servieren.

Würzige Spareribs
Wer (noch) nicht mit Stäbchen essen kann, braucht sich vor diesen würzigen Rippchen nicht zu fürchten. Sie werden einfach aus der Hand gegessen.

Zutaten

- 1,5 kg Spareribs
- 1 TL Salz
- 2 Knoblauchzehen, zerdrückt
- 4 EL Zwiebeln, fein gehackt
- 2 Scheiben frischer Ingwer, fein gehackt
- 4 EL Sojasauce
- 3 TL trockener Sherry oder Reiswein
- 3 TL Zucker
- chinesisches Fünf-Gewürze-Pulver
- schwarzer Pfeffer
- 4 EL Pflanzenöl
- 1 Tasse chinesische Brühe (siehe unten)

Zubereitung

Die Rippchen vereinzeln und mit dem Salz einreiben.

Öl in einer großen Pfanne erhitzen und dann Knoblauch, Zwiebeln und Ingwer auf großer Flamme ungefähr eine Minute unter heftigem Rühren anbraten. Die Rippchen hineingeben und etwa 5 Minuten ebenfalls unter Rühren braten.

Sojasauce, Sherry bzw. Reiswein und Zucker hinzugeben, nach Geschmack mit Pfeffer und Fünf-Gewürze-Pulver würzen. Hitze etwas reduzieren und noch 2 bis 3 Minuten weiterrühren.

Nun Brühe hinzufügen, gut umrühren, damit alle Rippchen von der Sauce bedeckt werden, Deckel auflegen und alles auf kleinster Flamme 20 Minuten köcheln. Rippchen nochmals wenden und weitere 10 Minuten köcheln lassen.

Rippchen auf einem Backblech verteilen und im Ofen bei 190 °C braten. Nach etwa 10 Minuten sollten sie fertig sein. Sind sie noch zu feucht, noch einen Augenblick drinlassen, aber nicht austrocknen lassen!

Schmecken auch ohne Dips, aber Pflaumen- oder Hoisin-Sauce (s.u.) gehen immer.

Chinesische Brühe

Die chinesische Basissuppe unterscheidet sich geschmacklich deutlich von unseren Bouillons, denn hier ersetzt Ingwer Sellerie und Suppenkraut. Wer öfter mal chinesisch kochen will, sollte sich ein paar Liter davon einfrieren. Sie dient ja nicht nur als Würze, sondern auch als Grundlage für alle möglichen chinesischen Suppen. Hier kann man seine Fantasie spielen lassen, alle möglichen Zutaten – dünne Fleischstreifen, chinesische Pilze, Chinakohlstreifen usw. – darin erhitzen und nach 5–10 Kochzeit ein original schmeckendes Süppchen servieren.

Zutaten
Hühnerklein von einem Huhn
1 kg Spareribs
1 TL Salz
2 Scheiben frischer Ingwer, geschält

Hühnerklein und Rippchen in gut 1 Liter Wasser 5 Minuten lang kochen und dabei ständig abschäumen.
Salz und Ingwer hinzufügen und auf kleinster Flamme ca. 1,5 Stunden kochen lassen.
Fleisch und Knochen entfernen und nochmals mit Salz und ggf. Sojasauce abschmecken.

Pekingente

Eigentlich wird die Haut der Pekingente durch das Darunterblasen von Luft abgehoben und der Vogel später hängend im Ofen gebraten (siehe Seite 198). Aber die Ente schmeckt auch in dieser Version, die Vorbereitung ist immer noch aufwendig genug – und fürs Original kann man ja ein chinesisches Restaurant aufsuchen, das sich auf Pekingente spezialisiert hat.
Die Dips für die Ente, also chinesische Hoisin- und Pflaumensauce, gibt es inzwischen in fast jedem Supermarkt. Aber für die «Lackierung» der Ente müssen wir unbedingt den typisch schmeckenden Malzzucker verwenden, und den gibt es bislang nur im Asia-Shop.

Zutaten
1 Ente, 1,5 bis 2 kg schwer
1 TL Malzzucker
2 EL Sojasauce
½ Salatgurke in ca. 5 cm lange Stifte geschnitten
1 Bund Frühlingszwiebeln, längs zerteilt, ebenfalls in 5 cm langen Abschnitten
Hoisin-Sauce
chinesische Pflaumensauce
Mandarin-Pfannkuchen (siehe unten)

Ente säubern und in einer großen Schüssel mit kochendem Wasser übergießen. Den Vogel sofort herausnehmen und mit Küchenkrepp abtrocknen. Am Hals aufhängen und über Nacht an einem kühlen und luftigen Ort trocknen lassen.

Den Malzzucker in der Sojasauce auflösen und die Ente damit einreiben. Sobald sie getrocknet ist auf den Grillrost im vorgeheizten Backofen legen und 1 Stunde lang bei 190 Grad braten. Ofentür dabei unbedingt geschlossen lassen!

Dann die knusprige Haut der Ente mit einem scharfen Messer abschneiden, und zwar in hübschen, etwa 5 cm großen Rechtecken. Fleisch ebenfalls abtrennen und beides auf vorgewärmten Tellerchen auftragen.

Je ein Stück Haut und Fleisch mit einem Stift Gurke, ein paar Frühlingszwiebeln und Würzsauce in einen Pfannkuchen wickeln.

Das Entengerippe wird in China nun mit Chinakohl zusammen aufgekocht und als Suppe zum Ende des Mahls aufgetischt.

Mandarin-Pfannkuchen für die Pekingente

Zutaten
- 2 Tassen Weizenmehl
- 1 Tasse kochendes Wasser
- Pflanzenöl, am besten das braune, geröstete Sesamöl. Gibt's im Asia-Shop, aber auch in vielen Supermärkten

Mehl in eine Schüssel geben und nach und nach das heiße Wasser hinzugeben. Alles gut mit einem Holzlöffel durchmengen, Schüssel mit Tuch abdecken und Teig 20 Minuten ruhen lassen.

Den Teig zu einer ca. 5 cm dicken Rolle formen und in 2,5 cm dicke Scheiben schneiden. Aus den Scheiben Kugeln formen und dann gut ½ cm dick ausrollen. Auf einer Seite dünn mit Öl bepinseln und je zwei mit den eingeölten Seiten aufeinanderlegen.

Diese Pfannkuchenpärchen mit Mehl bestäuben und papierdünn ausrollen.

Dann in eine schwach erhitzte trockene Pfanne legen und auf jeder Seite gut eine Minute braten. Wenn sie Blasen bilden, aus der Pfanne nehmen, die beiden Hälften vorsichtig voneinander trennen und unter einem feuchten Tuch stapeln.

Kann man sie nicht gleich essen, einfach im Kühlschrank aufbewahren und wenige Minuten vor dem Mahl gut 5 Minuten im Dampfkorb oder Dämpfeinsatz dämpfen.

Ob man ein polnisches, ukrainisches oder russisches Kochbuch aufschlägt, alle melden die Urheberrechte auf den tiefroten Borschtsch an, den deftigen süßsauren Eintopf aus Rote Bete, Kohl und Suppenfleisch. Doch damit nicht genug, gelegentlich wird die scheinbar ketzerische Frage aufgeworfen, ob die Roten Rüben überhaupt zu ihren klassischen Zutaten gehören. Dabei ist diese Frage durchaus berechtigt, denn so wie die Geschichte der osteuropäischen Länder selbst, erfuhr auch der Borschtsch tiefgreifende Wandlungen, bis er seinen Weg in die Welt antreten konnte.

Ursprünglich war der bekannte rote Borschtsch so grün wie seine Hauptzutat, der *barszcz*! So heißt der Wiesenbärenklau (*Heracleum sphondylium*) – mit leichten Abwandlungen – in allen slawischen Sprachen. Mit diesem bis zu einem Meter fünfzig hohen Doldenblütler ergänzte die Landbevölkerung früher ihre oft karge oder eintönige Kost. Die Staude gedeiht übrigens auch hierzulande auf feuchterem Boden prächtig **(Abb. 99)**, doch der Westen Europas gehörte laut dem schweizerisch-polnischen Botaniker Adam Maurizio (1862–1941) nicht zum einstigen Suppen-Terrain: «Die eingesäuerten Blätter und Stiele gaben einen Aufguss, ‹Barszcz› genannt. (...) Dieser echte ursprüngliche Barszcz war ungemein verbreitet, er war bekannt in Nord- und Osteuropa, im ganzen nördlichen Asien bis nach Kamtschatka (...).»

Die dicken Stängel und die großen Blätter der stattlichen Pflanze versprechen nicht nur eine ergiebige Ernte, sondern auch einen würzigen Geschmack, denn als Doldenblütler ist der Bärenklau eng mit beliebten Küchenkräutern wie Petersilie, Dill und Sellerie verwandt. Auch er zeichnet sich durch eine Vielzahl aromatischer Inhaltsstoffe aus. Leider enthält der Barszcz auch Furocumarine, Substanzen, die bei empfindlichen Menschen böse Ekzeme auslösen können; man denke nur an seinen Cousin, den lästigen Riesenbärenklau (*Heracleum mantegazzianum*). Auch hat die Doldenblütler-Familie berüchtigte Giftpflanzen wie den Schierling (*Conium maculatum*) zu bieten, dessen hochtoxisches Alkaloid, das Coniin, einst Sokrates den Garaus machte. Und weil sich viele Doldenblütler mit ihrem meist weißen, schirmförmigen Blütenstand und den gefiederten Blättern ähneln, ist beim Sammeln Artenkenntnis gefragt.

Dafür war die Zubereitung des Barszcz kinderleicht: Blätter und Stängel wurden mit Wasser übergossen und etwa eine Woche lang stehen gelassen. Dabei kam es – ähnlich wie beim Sauerkraut – zu einer Milchsäuregärung. Die allgegenwärtigen Hefen und Bakterien erzeugten zudem noch ein wenig Alkohol. Deshalb verwendete man den Barszcz nicht nur als Suppengrundlage, sondern seihte ihn ab und trank ihn bei Malaisen jeglicher Art als Hausmittel.[6, 7, 8] Sein geringer Alkoholgehalt von ein bis zwei Prozent dürfte allerdings nicht entscheidend gewesen sein, denn dafür gab es den Kwass, ein erfrischendes, bierähnliches Gärgetränk aus altbackenem Schwarzbrot, aromatisiert mit Rosinen, Beeren, Minze und Johannisbeerblättern.

Für den Bock auf den Barszcz dürften eher andere Stoffe verantwortlich zeichnen. Analysen fehlen leider, da dieses Getränk heute nicht mehr hergestellt wird. Aber es ist sehr wahrscheinlich, dass die Samen und Knol-

Abb. 99: Wiesenbärenklau, der Stoff, aus dem die Sünden sind.

len des Bärenklaus einiges an Myristicin enthielten,[3] und dieser Stoff ist als Halluzinogen der Muskatnuss wohlbekannt. Und nicht zuletzt gibt es vielsagende Berichte über die Wirkung eines Stoffs, der in Kamtschatka, im fernen Osten Russlands, aus dem vergorenen Gemüse gebrannt wurde, den Barszcz-Schnaps.

Volle Dröhnung

Wer Schnaps destillieren will, braucht technische Kenntnisse und Gerätschaften, aber die wurden erst von den Kosaken nach Kamtschatka gebracht **(Abb. 100)**. Bis dahin aßen die dort ansässigen Itelmenen den Barszcz nur als Gemüse oder delektierten sich am Zucker, der beim Trocknen der Stängel austrat. Um den Zuckergehalt der Maische zu erhöhen, gaben die Kosaken noch heimische Beeren hinzu, vor allem die vom Rauschbeerstrauch (*Vaccinium uliginosum*) oder dem Blauen Geißblatt (*Lonicera caerulea*).

Dieser Wald-und-Wiesen-Fusel hatte es in sich, wie der deutsche Forschungsreisende Georg Wilhelm Steller Ende des 18. Jahrhunderts aus Kamtschatka berichtete: «So kamen die Kosaken, nachdem sie aus allerhand Beeren, Kräutern, ja sogar aus faulen Fischen probiret Branntewein zu machen, hinter dieses Kraut, und nachdem sie wahrgenommen, daß es sich bei der Zubereitung zu stark und geschwind fermentire und betrunken

Abb. 100: Bolscherezk, die Hauptstadt Kamtschatkas. Das vielfältige kulturelle Angebot in der ostsibirischen Metropole inspirierte die Kosaken zur Erzeugung ungewöhnlicher Alkoholika.

mache, angefangen in Kesseln mit hölzernen Deckeln, woran sie gezogene Röhre applicirt, Branntewein zu destilliren (...) Es hat aber dieser Branntewein folgende, besondere Eigenschaften: (...) die Leute werden sehr geschwind davon betrunken, und im Trunk ganz unsinnig und toll, ganz blau in dem Gesichte, wer nur einige Schalen davon getrunken, wird die ganze Nacht hindurch von den seltsamsten und abenteuerlichsten Phantasien und Gesichtern beunruhiget, und den andern Tag so ängstlich, traurig und unruhig, als wenn man die größten Missetaten begangen hätte (...)»[15]

Offensichtlich steckt im Bärenklau Ostsibiriens so einiges, auf das man besser verzichten sollte. Steller berichtet weiter, dass Schnaps aus ungeschälten Stängeln noch weitaus schlimmere Folgen zeitigte. Sie wurden wohl von den Cumarinen und Furocumarinen sowie von dem Oktanol (ein Fuselalkohol) und seinen Estern hervorgerufen, die sich im ätherischen Öl der Pflanze finden[4]: «Wenn man dieses Kraut nicht abschälet, sondern nur in vier Teile spaltet und trocknet, bekommet man zwar eben so viel Branntewein, welcher aber so ungesund ist, daß die Leute davon Steckflüsse bekommen, und am ganzen Leib blau anlaufen.»

Das lässt erahnen, welche umwerfenden Wirkungen die polnischen Barszcz-Schnäpse gehabt haben müssen, als sich die Destillierkunst auch im Westen ausbreitete. Denn in Polen warf man, im Gegensatz zu den meisten anderen Kulturen, die Stängel ungeschält in die Brennmaische. Der Bärenklau rief jedoch selbst ungebrannt eine ungebremste Begeisterung hervor, wie Steller weiter berichtet: «Wenn das Kraut gesammelt wird, so gehet es eben so her wie bei der Weinlese, oder in der Butterwoche, wer Unzucht treiben will, gehet nur auf das Feld, wo man aller Orten bereitwillige Mädgens ohne Widerrede in dem Gras findet, und kan niemand sein Gesinde härter strafen, als wo er sie diese Zeit zu Hause behält: und haben die Mädgens die Manier, daß sie allezeit die abgeschnittene Stengel bundweis liegen lassen, wo sie dabey geschändet worden, und kan man im Spazierengehen allezeit die Rammelplätze an diesen Objectis fascibus erkennen.»

Kräftig errötet

Im 16. Jahrhundert bekam der wild wachsende Bärenklau heftige Konkurrenz aus dem Hausgarten: Denn damals gelangte die Rote Bete (*Beta vulgaris ssp. vulgaris*) erstmals aus Italien nach Deutschland und bald darauf auch in die Ukraine, nach Polen und Russland. Dort eignete sich das Klima ideal für den Anbau der Rübe, und rasch etablierte sie sich neben dem Kohl zu einem der wichtigsten Gemüse.[1] Ein Grund für den Niedergang des Bärenklaugemüses lag wohl darin, dass die Rote Bete länger verfügbar blieb: Die ersten Rüben lassen sich bereits im Juli ernten und können bis tief in den Winter gelagert werden. Nicht so der Bärenklau, der nur während des Sommers und auch nur frisch genutzt werden kann. Bereits um 1660 stellte man Barszcz in Polen lieber mit der Roten Bete her.[12]

Da Professor Maurizio nicht nur als Botaniker, sondern auch als Lebensmittelforscher tätig war, sammelte er viele traditionelle Rezepte: «In Polen wird die Suppe wie folgt bereitet: süße rote Rüben werden gereinigt, geschält und in dünne Scheiben geschnitten, gelangen in ein irdenes Gefäß, wo sie mit weichem Wasser soweit übergossen werden, dass sie ganz bedeckt und etwa 2–3 Finger hoch darüber steht. Das mit einem Leintuche bedeckte Gefäß wird an einen warmen Ort gestellt (...) und nach 6–7 Tagen ist der Barszcz fertig. Nun wird er zum Gebrauch durch ein leinenes Tuch geseiht (um ihn von der Pilzdecke und den Rübenscheiben zu trennen), oder man stellt ihn einfach an einen kühlen Ort. Der auf diese Weise erhaltene Barszcz ist eine ziemlich viscose, manchmal fadenziehende Flüssigkeit von himbeerroter Farbe, von aromatischem Geruch und angenehm süß-säuerlichem Geschmack.»[9]

Ergänzt wird die typische Milchsäuregärung à la Sauerkraut also um eine «schleimige Gärung», die Suppe «zieht sich». Was zunächst etwas unappetitlich klingt, führt zu einem schmackhaften Produkt: Denn neben der Milchsäure entsteht im roten Barszcz auch leicht verdauliches Dextran sowie das süßliche Mannit.[11] Dafür verantwortlich ist das «Froschlaichbakterium» (*Leuconostoc mesenteroides*), das zuckerhaltige Lösungen rasch in Gallerten verwandelt. Die viskosen Dextrane rufen die begehrte «Vollmundigkeit» hervor. Mit weiteren Zutaten wie Gemüse, Fleisch oder Wurst bildete diese dickliche Flüssigkeit eine ideale Grundlage für zahllose Suppengerichte, vergleichbar mit dem reichhaltigen Fond der französischen Küche, wo die gleichen Effekte von kostspieligeren Zutaten wie Fleisch hervorgerufen werden. Denn hier ist es die ausgekochte Gelatine, die für das befriedigende, volle Mundgefühl sorgt.

Im Gegensatz zum Bärenklau stecken in der Roten Rübe keine giftigen Rauschdrogen. Das gleicht sie auf deutlich bekömmlicherem Wege etwas aus, indem sie bedeutende Mengen L-Dopa, sprich Dihydroxyphenylalanin[5] enthält, einen Baustein der roten Rübenfarbstoffe. Das L-Dopa gelangt direkt ins Hirn und wird dort in den Botenstoff Dopamin umgewandelt. Als Medikament in therapeutischer Dosis verabreicht, kann es Euphorie hervorrufen und sogar zur Abhängigkeit führen.[14] Verstärkt wird seine Wirkung noch durch sogenannte MAO-Hemmer, das sind Substanzen, die seinen Abbau im Körper blockieren. Und die stecken auch im Borschtsch, und zwar in Form des Tyrosins, einer Aminosäure, die ebenfalls zum Aufbau der Rote-Bete-Farbstoffe beiträgt. Natürlich wird man von Roter Bete nicht high, aber ein unterschwelliger positiver Effekt auf die Stimmung ist nicht ausgeschlossen.

Fleischwerdung

Beim Barszcz kam es im Laufe der Zeit jedoch immer weniger auf den Gehalt an Psycho-Wirkstoffen an, und dasselbe galt auch für seinen Alkoholgehalt. Denn inzwischen hatte sich in weiten Teilen Osteuropas das Wodkatrinken etabliert. In Polen beispielsweise ist Wodka zu Beginn des 15. Jahrhunderts das erste Mal urkundlich erwähnt worden. Seine Getreideüberschüsse machten das Königreich sogar zur Exportnation![13] So konnte immer mehr Brotgetreide wie Roggen in Alkohol verwandelt werden. Und sauberer Wodka ohne Fuselöle und Co. ist natürlich viel bekömmlicher als irgendein Barszcz-Destillat, in dem sich obskurer *Heracleum*-Stoff tummelt. Und da der Wodka mit der Zeit zu einer Art flüssigem Grundnahrungsmittel wurde,[2] war eine deftige Grundlage gefragt.

Der Weg vom Barszcz zum aktuellen Borschtsch war unvorhersehbar. Das mehr oder minder berauschende grüne Bärenklau-Gemüse wurde zuerst von einem Gärerzeugnis aus Roter Bete abgelöst und am Schluss von einem säuerlichen, roten Eintopf, der mit dem Original bis auf den Namen nichts mehr gemein hat **(Abb. 101)**. Im 20. Jahrhundert hat sich die Verwandlung einer vegetarischen Suppe in einen gehaltvollen Fleischeintopf endgültig vollzogen. 1931 stimmte Adam Maurizio dann – ziemlich pikiert – auch seinen Abgesang an: «Der saure Aufguß des Heracleums heißt wohl in allen slawischen Sprachen wie die Pflanze selbst: Barszcz oder ähnlich. (…) Nun hat die Eile der Zeitgenossen der nachdenklichen milchsauren Gärführung ein Ende bereitet. Sie bringt es fertig, mit Essig sauer gemachte Suppe mit roten Rüben ‹polnische Borszczsuppe› zu nennen; so in deutschen Kochbüchern. Mit diesem mißratenen Sprößling stirbt aus die edle Sippe der ursprünglichen milchsauren Getränke.»[10]

Rezept

Roter Borschtsch

Für die Brühe:

500 g Suppenfleisch (Rinderbrust)
2 Lorbeerblätter
1 Zwiebel
250 g Weißkohl
1 Rote Bete
2 Kartoffeln
1–2 Karotten
2–3 EL Butter oder Schmalz
2–4 Tomaten
1 EL Zucker
1 EL Essig
gehackte Petersilie und/oder Dill
1 Becher Schmand oder saure Sahne

Abb. 101: Der heutige Borschtsch lässt sich seine grüne Vergangenheit nicht mehr anmerken …

Suppenfleisch gerade mit kaltem Wasser bedecken, kurz aufkochen, bis sich Schaum bildet. Wasser wegschütten, Schaumreste gründlich entfernen, denn wir wollen eine klare Brühe für den Borschtsch.

Das Fleisch mit heißem Wasser erneut aufsetzen, aufkochen lassen, Lorbeerblätter und eine Zwiebel zufügen und ungefähr 2 Stunden auf kleinster Flamme köcheln lassen. Zwiebel und Lorbeerblätter wegwerfen und das Suppenfleisch in kleine Würfel schneiden.

Währenddessen die ungeschälte Rote Bete in kochendes Wasser geben, 40 Minuten garen und abkühlen lassen. Rote Beten niemals schälen, denn dann bluten sie heftig aus! Aber auch so lassen die roten Rüben gern Farbe, also am besten einen alten Topf nehmen.

Damit sind die Vorbereitungen erledigt. Brühe und Bete kann man auch im Voraus zubereiten.

Jetzt kommt die Gemüseeinlage an die Reihe.

Kartoffeln in dicke Stücke schneiden, den Weißkohl grob raspeln und in die kochende Brühe geben. 15 Minuten kochen.

Rote Bete und Karotten reiben.

Rote Bete 10 bis 15 Minuten in einer Pfanne im Fett dünsten. Ein bisschen Geschmacksverstärkung (*umami*, siehe Seite 42) kann nicht schaden, denn die gekochte Fleischeinlage hat eher wenig davon. Wir erzeugen sie ganz einfach mit dem natürlichen Glutamat im Tomatenmark (oder reifen[!] Tomaten). Tomatiges mit dem Zucker und dem Essig ins Gemüse geben und kurz weiterdünsten; Brühe nachgießen, falls es zu trocken wird.

Dann Karotten hinzufügen, alles noch mal 10 Minuten dünsten.

Nun sind wir fast am Ziel: Gemüse und Fleisch in die Brühe geben, 5 Minuten erhitzen und mit Salz und Pfeffer abschmecken.

Im Teller mit den gehackten Kräutern und 1 bis 2 EL Schmand verzieren. Schwarzbrot passt gut dazu.

Ach ja, der Borschtsch schmeckt am nächsten Tag noch besser!

Südindien und Sri Lanka

Dauerbrenner: Currys

Die Currypulver sind hierzulande die wohl bekanntesten aller exotischen Gewürzmischungen, aber im Gegensatz zu den Originalen mit ihren oft über 30 verschiedenen Bestandteilen enthalten die Dosen aus dem Gewürzregal des Supermarkts meist nicht einmal zehn. Es sind Standardmischungen, die an den europäischen Geschmack angepasst wurden; schließlich waren es die Briten, die diese Würze einst aus ihrem Kolonialreich mit nach Hause brachten. Noch nicht einmal das Wort Curry ist ein Originalausdruck, es leitet sich von dem tamilischen Wort *kari*, Sauce, ab, was darauf hinweist, dass es sich dabei zugleich um ein Gericht handelt. Viele indische Karis, vor allem die aus dem heißen Süden, bringen selbst die hartgesottensten europäischen Gaumen an ihre Grenzen, obwohl sie üblicherweise zusammen mit ungewürztem Reis gegessen werden.

Ganz besonders «heiße» Karis werden im Süden Indiens und auf Sri Lan-

Abb. 102: 1498 gelang es dem Portugiesen Vasco da Gama, Indien auf dem Seeweg zu erreichen, und so begann Portugal dort ab 1505, große Gebiete zu erobern. Um diese zu kontrollieren und zu halten, bediente man sich wendiger kleiner Galeeren, der Fustas. Die Fustas waren auch die bevorzugten Schiffe der muslimischen Korsaren Nordafrikas, die nach dem wirtschaftlichen Niedergang der maghrebinischen Staaten zwischen dem 15. und dem 18. Jahrhundert das Mittelmeer und die Nordsee unsicher machten.

ka serviert. Das liegt aber nicht so sehr an den dort heimischen Gewürzen wie dem Ingwer und dem schwarzen Pfeffer, sondern an einem Importgewürz aus Amerika. Den Chili brachten die Portugiesen Anfang des 16. Jahrhunderts aus ihren Ländereien in der Neuen Welt mit in die der Alten: nach Indien und Ceylon, wie Sri Lanka damals noch hieß **(Abb. 102)**. Da die große Insel vor Indiens Südostküste neben dem Pfeffer noch andere höchst lukrative Waren bot, darunter Edelsteine und Zimt, errichtete die Kolonialmacht Portugal neben ihren zahllosen Handelsstützpunkten auf dem Festland weitere auch auf Ceylon ein.

Dabei sind die beißenden Beerenfrüchte bis heute echte Dauerbrenner – nicht nur auf Sri Lanka, sondern in allen Tropenregionen. Das wirkt auf den ersten Blick verwunderlich, denn das neumodische Importgewürz trägt zum Aroma der Speisen eher wenig bei, da es neben seiner Schärfe nur einen recht bescheidenen Eigengeschmack bietet. Der Chili reizt, sinnesphysiologisch betrachtet, vor allem die Schmerzrezeptoren im Mund. Betrachtet man das Angebot an altbewährten Scharfmachern wie Pfeffer, Ingwer und Galgant, sollte es für den Chili eigentlich keinen Bedarf mehr in der hoch aromatischen Küche der Gewürzinsel geben **(Abb. 103, 104)**. Doch ganz im Gegenteil!

Abb. 103: Der englisch verballhornte Name der indischen Mulligatawny-Soup bedeutet Pfeffer-Wasser. Er leitet sich von den Worten *miḻagu*, schwarzer Pfeffer, und *taṇṇi*, Wasser, ab, was erahnen lässt, dass sie traditionell allein mit dem in Indien heimischen schwarzen Pfeffer gewürzt wurde. Britischen Kolonialbeamten schmeckte die scharfe Suppe so gut, dass sie das Rezept mit nach Hause nahmen. Seit der Ankunft der Portugiesen und den Chilis in Indien wird sie aber oft zusätzlich noch mit Chilis geschärft.

Würzige Medizin

Wenn's also nicht am Geschmack der Chilis liegt, muss es einen tieferen Grund für ihre üppige Verwendung geben. Vielleicht, weil sie den Menschen halfen, zwei der drängendsten Gesundheitsprobleme der Tropen zu mildern: Eines ist die unerträgliche, lähmende Hitze. Chilis brennen zwar wie Feuer, aber so paradox es klingen mag, gerade das macht sie gegen die Hitze so wirksam. Denn das scharfe Capsaicin der Chilis senkt die Temperatur im Inneren des Körpers und macht das Leben dadurch erträglicher. Die Hitze wird über die Haut nach außen abgeleitet, wodurch zunächst ein Wärmegefühl entsteht. Gleichzeitig werden aber auch einige Wärmerezeptoren ausgeschaltet, sodass die Hitze nicht mehr in dem Maße empfunden wird.[19] Für diesen Effekt braucht es jedoch eine anständige Dosis, und deshalb stecken in tropischen Gerichten so üppige Mengen Chilis (**Abb. 105**).

Dasselbe gilt für das zweite große Problem, die Parasiten. In Europa mit seinen hohen Hygienestandards sind parasitäre Erkrankungen, die von Würmern und Einzellern wie dem Malariaparasiten hervorgerufen werden, heute weitgehend verschwunden. Daher können sich die meisten Menschen bei uns kaum noch einen Begriff davon machen, wie stark Parasiten die Menschen in den Tropen bedrohen. Würmer und Co. lauern überall,

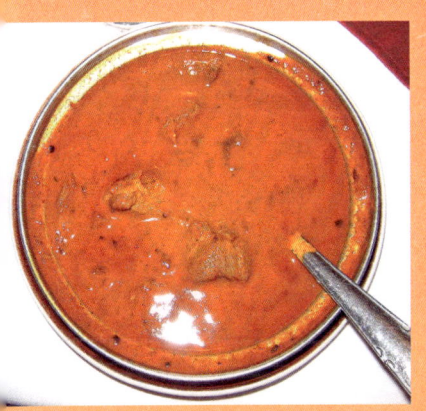

Abb. 104: Vindaloo gehört zum Standardrepertoire indischer Restaurants und stammt aus Goa an der indischen Südwestküste. Es ist aber alles andere als ein traditionelles Gericht. Weil die portugiesischen Kolonialherren auf ihre gewohnten Zutaten nicht verzichten wollten, entwickelte sich in ihrer Kolonie Goa das heute weltweit beliebte *Carne em vinha de alhos*, also Fleisch mit Knoblauch und Essig. Da der Weinanbau in Indien ja weitgehend unbekannt war, säuerten die Köche das Gericht in Goa mit Palmessig, und weil dort viele Christen lebten, wurde es auch mit Schweinefleisch und dem in Indien sonst aus religiösen Gründen verpönten Rindfleisch zubereitet. Heute ist es überall als Vindalho bzw. Vindaloo bekannt.

und sie sind verantwortlich für die niedrige Lebenserwartung in vielen tropischen Ländern.[22] Ein wenig Abhilfe schafft der Chili-Scharfstoff Capsaicin, denn er sorgt für eine beschleunigte Darmpassage des Nahrungsbreis. So rauscht ein Teil der Wurmeier und Würmer aus dem Verdauungstrakt, bevor sie sich darin häuslich niederlassen können. Auch deshalb wird in vielen heißen Ländern mit geringem Hygienestandard und hohem Infektionsdruck extrem scharf gegessen. Chilis können also tatsächlich Krankheiten vorbeugen.

Der Tropengürtel ist für Menschen, die ein gemäßigtes Klima gewohnt sind, eine besonders lebensfeindliche Region. So forderten die einstigen Kolonialreiche nicht nur von den unterworfenen Völkern einen hohen Blutzoll, sondern auch von den Kolonialherren, denn die waren nicht an die Herausforderungen der heißen Klimazonen angepasst. Am heftigsten wütete die Malaria unter ihnen. Die einheimische Bevölkerung hatte es vermocht, sich im Laufe der Generationen auf diese Krankheit einzustellen. Es existieren sogar mehrere Erbkrankheiten, die Menschen resistenter gegen Malaria machen, beispielsweise die Sichelzellanämie. Und auch wenn es zunächst unglaublich klingen mag, selbst die höllenscharfen Karis helfen gegen die «Geißel der Tropen».[8]

Zu den Ersten, die auf dieses Phänomen aufmerksam wurden, gehörte ein bayerischer Tropenarzt namens Ludwig Martin, der Ende des 19. Jahrhunderts auf Sri Lanka im Einsatz war: «Ein weiterer Fehler, der von Eu-

Abb. 105: Die Sorte Byadagi gehört in Indien zu den beliebtesten Chilis. Er gilt auf der Scoville-Skala mit 20000–30000 Punkten zwar nur als mittelscharf, doch wie für Naturprodukte üblich, schwankt seine Schärfe in Abhängigkeit von den gerade herrschenden Anbaubedingungen. Selbst die tränentreibenden Habaneros können schwach werden, wenn sie beim Anbau auf der Fensterbank zu wenig Sonne erhalten.

ropäern häufig begangen wird, besteht darin, dass sich dieselben nicht an die Nahrungsmittel des Landes gewöhnen wollen und in Folge hiervon nur von Conserven leben, wodurch, wie ich in vielen Fällen zu constatieren Gelegenheit hatte, immer eine beträchtliche, der Malaria vorarbeitende Schwächung des Körpers herbeigeführt wird. (...) Alle Eingeborenen tropischer Länder, ohne Rücksicht auf Abstammung und Religion, gebrauchen in reichlichem Masse die Früchte von Capsicum anuum als Würze ihrer Speisen und erklären, ohne dieses Genussmittel nicht leben zu können. (...) Sicher ist, dass die Tamils, welche unter allen Nationen die größte Immunität gegen Malaria aufzuweisen haben, die stärksten Pfefferesser [gemeint ist spanischer Pfeffer, also Chilis] sind!» [14]

Einer der Schlüssel zur arzneilichen Wirkungsweise der Karis liegt in der Kombination von Pfeffer (*Piper nigrum*) und Chili. Die Malaria wird von einzelligen Parasiten hervorgerufen, die sich in den roten Blutkörperchen einnisten und sie dann zerstören. Wenn nun der wichtigste Scharfstoff des Pfeffers, das Piperin, ins menschliche Blut gelangt, verändert er die Zellmembranen der roten Blutkörperchen. Sie werden weniger durchlässig,[28] und das macht dem Malariaparasiten den Garaus! Das Piperin im Pfeffer ist daher ein Malariamittel.[6, 12] Leider ist es wesentlich weniger wirksam als das Chinin aus den später in den Tropenwäldern der südamerikanischen Anden entdeckten Chinarindenbäumen (*Cinchona ssp.*), aber das lässt sich mit einer höheren Dosis ausgleichen. Je mehr Pfeffer im Essen, desto höher steigt der Piperinspiegel im Blut, und darum musste er – so wie später das Chinin – täglich genossen werden.[8]

Da das Piperin nur in hoher Dosierung gegen den Malariaparasiten wirkt, haben die Köchinnen und Köche ihre Gewürzmischungen unbewusst mit weiteren Wirkstoffen optimiert. Darum sind viele Kari-Mischungen gelb, fast immer steckt in ihnen Gelbwurz (*Curcuma ssp.*),[27] deren Namen sich ihrem ockerfarbenen Farbstoff Curcumin verdankt **(Abb. 106)**. Verfüttert man Curcumin an malariakranke Mäuse, verringert sich der Parasitenbefall um 80 bis 90 Prozent.[21, 24]

Capsaicin und Piperin verstärken sich gegenseitig,[29] und so ergänzen sich diese beiden Gewürze pharmakologisch.[10, 11] Aber die Kari-Gewürze helfen auch gegen andere gefährliche Einzeller, vor allem die Trypanosomen. Sie verursachen schwere Tropenkrankheiten, darunter die Chagas-Krankheit, die Schlafkrankheit sowie die Leishmaniose.[4, 7, 16] Anscheinend wirken sie auch gegen die Amöbenruhr und halten Tuberkulose-Bakterien in Schach.[26] Daher versucht die Pharmaindustrie seit Jahren fieberhaft, die Wirkstoffe von Pfeffer und Curcuma chemisch zu verändern, damit sie ihre Arzneimittel patentieren kann.[1, 5, 18, 31] Denn ein Patent auf unveränderte arzneilich wirksame Naturstoffe darf nicht erteilt werden.

In alter Frische: Ambul Thiyal

In den Tropen verderben natürlich auch Lebensmittel rasch, denn das warme und feuchte Klima bietet Bakterien und Schimmelpilzen ideale Vermehrungsbedingungen. Der Verderb stellte vor der Erfindung des Kühlschranks ja sogar die Menschen in den gemäßigten Breiten vor eine echte Herausforderung, zumal die unliebsamen Mikroben zahllose Giftstoffe bilden können. Dazu gehören auch die krebserregenden Aflatoxine. In den Tropen zählt der durch Schimmelpilzgifte verursachte Leberkrebs zu den bedeutendsten Todesursachen.

Eine natürliche Konservierungsmethode stammt aus dem heißen Süden

Abb. 106: Gelbwurz, meist Curcuma genannt, sieht seinem engen Verwandten, dem allgemein bekannten Ingwer, zum Verwechseln ähnlich. Im Gegensatz zum scharfen Ingwer schmeckt er jedoch mehr bitter und erdig und darf darum nicht löffelweise verwendet werden. Sein gelber Farbstoff, das Curcumin, ist gegen Hitze unempfindlich, verblasst aber rasch im Licht.

Sri Lankas, sie wird bei einem sauer-würzigen Thunfisch-Kari namens Ambul Thiyal genutzt. Selbst bei 30 Grad im Schatten bleibt das Gericht etwa eine Woche lang frisch. Zwar hält auch sein Salzgehalt das Bakterien- und Schimmelpilzwachstum bis zu einem gewissen Grade in Schach, aber viel wirkungsvoller sind die sonnengetrockneten und geräucherten Fruchtschalen des Gummigutt-Baums (*Garcinia gummi-gutta*), Goraka genannt **(Abb. 107)**.

Einer der Gründe dafür ist, dass die durch die Hydroxy-Zitronensäure extrem sauren Früchte den pH-Wert des Karis auf 3,5 absenken, was für die Fäulniserreger höchst ungemütlich ist. Zum Vergleich: In unserem Magen herrscht dank der Magensäure ein noch saurerer pH-Wert, in nüchternem Zustand etwa 1, gefüllt zwischen 2 und 4. Die Magensäure soll ja die Nahrung nicht nur zersetzen, sondern auch im Rahmen der Möglichkeiten keimfrei machen.

Da sich aber die Haltbarkeit von Ambul Thiyal mit anderen sauren Würzen wie Zitrone oder Tamarinde nicht nennenswert verlängern lässt,[2, 3, 9, 30] müssen in den Gorakas auch noch antimikrobielle Wirkstoffe stecken, und in der Tat sind es Stoffe wie das Garcinol,[13, 15, 17, 20] die diese Konserve tropentauglich machen. Sie unterbinden im Thunfisch die Bildung von Histamin und anderen biogenen Aminen, die sonst durch die bakterielle Zersetzung des Thunfischeiweißes entstehen würden. Diese Frischhaltemöglichkeit bei «Zimmertemperatur» ist den Menschen zwischen

Abb. 107: Die brandsauren Gummigutt-Früchte.

Indien und Malaysia natürlich nicht verborgen geblieben. Bei uns sind übrigens garcinolähnliche Wirkstoffe, die sogenannten Benzophenone, nur zur Konservierung für Kosmetika zugelassen.

In unseren Breiten kann uns heutzutage die verbesserte Hygiene vor Viren, Bakterien, Pilzen und vor allem Parasiten schützen. Und gute Medikamente versprechen rasche Heilung. In den heißen Regionen, vor allem dort, wo die Hygienestandards niedriger liegen als bei uns, können dagegen antibiotisch wirksame Gewürze einen gewissen Schutz vor Krankheit bieten, zumindest dann, wenn die Menschen sie, wie dort üblich, als tägliche und reichlich verwendete Würze genießen. Dann gilt bei den Karis die alte Regel des Hippokrates tatsächlich: Eure Nahrungsmittel sollen eure Heilmittel sein.

Rezepte

Auch wenn die indische Küche eine Fülle spannender Gewürze nutzt, zum Beispiel die aromatischen Curryblätter oder das nach Lauch schmeckende, aber als Rohprodukt entsetzlich nach Schwefel stinkende Asafoetida, so sind viele davon bei uns doch nicht bzw. nicht in der gewünschten Qualität erhältlich – obwohl die Gewürzregale der Supermärkte inzwischen vielfältiger bestückt sind als je zuvor. Aber es geht auch mit den vertrauten Gewürzen, schließlich kamen viele von ihnen ja einst aus Indien zu uns.

Wer kennt nicht das Standard-Silvesterprogramm «Dinner for One», in dem Butler James Miss Sophie eine Mulligatawny-Soup (sprich Malligatahni) als zweiten Gang serviert? Sie zu kochen ist keine große Herausforderung, und es geht auch problemlos ohne die Standard-Currymischung aus der Dose:

Mulligatawny-Suppe
Für 4 Personen

Zutaten
175 g rote Linsen
½ TL Kurkumapulver oder gut 1 TL erst geschälte und dann frisch geriebene Kurkumawurzel
1 große Kartoffel, geschält und gewürfelt
ca. 1 ¼ l Hühnerbrühe

ca. 200 g Fleisch von 2 Hühnerschenkeln, ohne Haut
1 Stück Ingwerwurzel, ca. 3 cm lang, geschält
4–6 Knoblauchzehen
1 TL frisch gemörserter Kreuzkümmel oder 1 TL fertig gemahlener.
1 TL gemahlener Koriander
schwarzer Pfeffer
Chilipulver
ca. 1 EL Zitronensaft

Linsen waschen und abtropfen und mit Brühe und Kurkuma aufkochen lassen. Bei leicht geöffnetem Deckel auf kleinster Flamme 30 Minuten lang köcheln lassen. Die

Kartoffel hinzugeben und nochmals 30 Minuten köcheln lassen, wieder mit leicht geöffnetem Deckel. In der Küchenmaschine oder mit dem Handmixer pürieren, in eine Schüssel geben und ca. 1 TL Salz hineinrühren.

In der Zwischenzeit das Fleisch von den Hühnerbeinen lösen und in ca. 1 cm große Würfel schneiden. Natürlich ist auch Hähnchenbrust möglich, aber das Fleisch von den Schenkeln ist saftiger und aromatischer. In einer Schüssel mit frisch gemahlenem schwarzem Pfeffer und dem Salz bestreuen.

Zerdrückten Knoblauch und gehackten Ingwer mit etwas Wasser im Mörser (oder in der Küchenmaschine) zu einer glatten Paste zerdrücken.

Auf mittlerer Flamme das Öl erhitzen, Knoblauch-Ingwer-Paste, Koriander, Kreuzkümmel und Chilipulver hineingeben und anrösten. Dabei ständig rühren, damit nichts verbrennt. Ist die Gewürzmischung leicht braun und sondert sich das Öl ab, kommt das Fleisch dazu. Etwa 2 bis 3 Minuten weiterrühren.

¼ *l* Wasser angießen, aufkochen und bei schwacher Hitze noch etwa 3 Minuten weiterköcheln lassen, bis das Fleisch durch ist.

Linsen-Kartoffel-Mischung und den Zitronensaft zum Fleisch geben und unter Rühren aufkochen. Abschmecken und noch 1 bis 2 Minuten weiterköcheln lassen. Falls nötig, mit etwas Brühe verdünnen.

Dazu gibt es ungewürzten Reis.

Ach ja, Reis. Viele greifen zum Kochbeutelreis, weil sie mit losem Reis eine Klumpenbildung fürchten. Dabei ist Reis eigentlich kinderleicht und u. U. sogar energiesparend zu kochen. Dafür braucht man nur einen wirklich dicht schließenden Kochtopf.

Reis

Für 4 Personen

400 g Langkornreis
Salz

Vorbereitung:

Reis in einer Schüssel waschen, um das Reismehl zu entfernen. Anderenfalls kleben die Körner zusammen und werden im schlimmsten Fall matschig. Vorsichtig abgießen, so lange wiederholen, bis das Wasser fast klar bleibt. Dann den Reis in gut 1 *l* Wasser für 20 bis 30 Minuten einweichen und wieder abseihen. Reis mindestens 30 Minuten im Sieb lassen, damit er vor dem Kochen so trocken wie möglich wird.

Garen:

Wasser zugeben, bis es etwa 1 cm über dem Reis steht, und mit 1 TL Salz aufkochen. Wer lieber auf Zahlen vertrauen möchte, ist mit dem Richtwert von gut ½ Liter Wasser gut beraten. Dann den Topf gut schließen und nicht mehr vor dem Ende der Garzeit öffnen, damit kein Dampf entweichen kann. Anderenfalls mit Alufolie abdichten. Den fertigen Reis mit einem Löffel lockern und noch einige Minuten ruhen lassen.

Wer einen Elektroherd hat, kann den Reis auch besonders energiesparend garen. Man schaltet die Platte aus und nutzt die Restwärme. Die reicht normalerweise aus, um den Reis völlig ausquellen zu lassen. Da jeder Herd anders ist, erst mal ausprobieren.

Wer auf Gas kocht, muss den Topf leider auf dem Herd lassen, man schaltet auf die kleinste Flamme und lässt den Reis ca. 20 Minuten garen. Wie oben beschrieben lockern und ruhen lassen. Oder in ein dickes Frotteehandtuch wickeln und «ins Bett bringen». So hielten unsere Großmütter früher auch die abgegossenen Kartoffeln warm, wenn sie mal versehentlich vor dem Braten gar geworden waren.

Bratkartoffelverhältnisse

Regionale Vielfalt: Aus deutschen Landen

Auch wenn man es seiner aktuellen Altersstruktur nicht ansieht, Deutschland ist ein junges Land. Es existiert erst seit 1871, als es Otto von Bismarck (1815–1898) gelang, aus den zahllosen größeren und kleineren deutschsprachigen Staaten und Fürstentümern ein vereintes Deutsches Reich zu schaffen. Auf einmal sahen sich unterschiedliche, ja, teils sogar traditionell verfeindete Regionen unter einem Kaiser vereint: Preußen im Norden und Osten, Sachsen im Zentrum, Württemberg und Bayern im Süden. Darum kann es ein «alldeutsches» oder gar «altdeutsches» Nationalgericht gar nicht geben, auch wenn alle Welt glaubt, eines ausgemacht zu haben: Sauerkraut mit deftigen Fleischbeilagen, Kartoffeln oder Knödeln; immerhin mit feinen Unterschieden: Während die Saupreiß'n im Norden ein weich gekochtes Eisbein zum Sauerkohl servieren, gibt es bei den Bajuwaren im Süden eine im Ofen gebratene Schweinshaxe dazu.

Zwar wird Sauerkraut überall gern gegessen, doch das macht es noch nicht zum Nationalgericht. Nationalgerichte entstehen ja oft in den Augen der Nachbarn und dienen auch zur Belustigung über vermeintlich eigenartige Vorlieben. Ähnlich lief es wohl auch beim Sauerkraut: Ursprünglich sollte die schmackhafte Gemüsekonserve den Menschen ja über den grünzeugarmen Winter helfen. Ebenso gut eignete sie sich natürlich als haltbare, vitaminreiche und billige Verpflegung für die Handelsmarine – und nicht zuletzt fürs Militär. Dass die deutschen Soldaten vor allem Sauerkraut essen mussten, blieb den Alliierten in den beiden Weltkriegen kaum verborgen. Doch der despektierliche Spitzname «The Krauts» für die Deutschen entstand wohl schon weit früher **(Abb. 108)**. Als im 18. Jahrhundert viele Deutsch sprechende Schweizer in die USA auswanderten, brachten sie Sauerkraut mit, das dort bald als Nahrungsmittel der armen

Einwanderer galt. Dabei ist Sauerkraut nie ein reines Arme-Leute-Essen gewesen, auch in der gehobenen Küche wird es seit jeher geschätzt. Als Getränk passt dazu sowohl Bier als auch Wein, gern veredelt man es auch mit goldenem Rebensaft heimischer Provenienz: Fasan mit Rieslingkraut ist ein Klassiker. Internationaler noch ist es mit Champagner, und auch die elsässische Küche ist ohne *choucroute* nicht denkbar.

Nun stand die hiesige Küche schon vor Beginn des 20. Jahrhunderts nicht im besten Ruf, vermutlich, weil besonders das militärisch erfolgreiche Preußen im Ausland wahrgenommen wurde. Und gerade die Preußen propagierten karge Kost für harte Männer. Vermutlich glaubten Herrscher wie Heeresleitung, je schlechter die Verpflegung, desto kampfeslustiger ihre Truppe. So entstand der Eindruck, dass die ganze Bevölkerung ihr Dasein vor Tellern mit einfacher und nahrhafter Soldatenkost wie Sauerkraut, Erbsensuppe, Frikadellen und Kartoffeln fristete.

Abgesehen davon, dass auch hierzulande immer schon gutes Essen geschätzt wurde, unseren Ur-Ur-Urugroßmütter in den weniger wohlhabenden «Untertanen»-Haushalten mangelte es keinesfalls an Ehrgeiz, auch aus den bescheidenen Zutaten ihrer Heimatregionen echte Leckereien zu zaubern. In Norddeutschland ersannen sie pikante Gerichte aus frischen oder eingesalzenen Heringen, damals ein spottbilliger Massenfisch, im Badischen ersetzten sie die Fleischeinlage von Suppen durch selbst gesammel-

Abb. 108: Der britische Satiriker James Gillray (1757–1815) nahm 1803 die Tischsitten der germanischen Nachbarn aufs Korn – Sauerkraut satt.

te Schnecken, im Schwabenland dachten sie sich immer neue Füllungen für Maultaschen aus, im Rheinland verwandelten sie billiges Pferdefleisch in leckeren Sauerbraten, und überall brutzelten sie Bratkartoffeln, für die so mancher Gourmet bis heute selbst Spargel und Seezunge stehen lässt.

Der Kartoffelanbau wurde in Deutschland bekanntlich vom Preußenkönig Friedrich dem Großen (1712–1786) forciert, der erkannte, dass die Knolle aus der Neuen Welt die Nahrungsversorgung der Bevölkerung entscheidend verbessern konnte. Denn Kartoffeln geben hohe Erträge und gedeihen auch auf ärmeren Böden. Noch bis ins 20. Jahrhundert bot die Kartoffel oftmals die letzte Rettung für knurrende Mägen. Wohl, weil die Menschen hierzulande während des Zweiten Weltkriegs kaum mehr als Kartoffeln in ihre Töpfe werfen konnten, ging ihr Konsum nach Ende des Krieges zurück; vor allem die Salzkartoffel verkam zur Sättigungsbeilage. Daran trugen wohl auch die Kantinen Schuld, denn gekochte Kartoffeln lassen sich ohne Geschmacksverluste nicht warm halten, und ganz katastrophal sieht's aus, wenn keine festkochenden, sondern mehligkochende Kartoffeln verwendet wurden, die sich rasch in unappetitliches Wohlgefallen auflösen.

Verlockende Düfte

Die Bratkartoffel mit ihren köstlichen, Appetit und Laune gleichermaßen anregenden Röststoffen **(siehe Kapitel Frankreich)** steht jedoch bis heute hoch im Kurs. Aber so einfach es klingen mag, ein paar rohe oder gekochte Kartoffelscheiben in die Pfanne zu hauen, Bratkartoffeln gehören zum Schwierigsten, was die einfache Küche zu bieten hat: Sie dürfen nicht verbrennen, müssen aber auch vernünftig bräunen, sie sollen nicht im Fett schwimmen, aber auch nicht trocken werden, sie wollen sanft gewendet werden, damit sie nicht in unansehnliche Fragmente zerbrechen, und selbstverständlich darf man die Zwiebeln nicht schwärzen, das sieht nicht nur hässlich aus, ihr bitterer Geschmack würde alles verderben **(Hinweise**

zum Braten: siehe Rösti im Kapitel Schweiz). Richtig gute Bratkartoffeln brauchen, wie so viele andere Küchenklassiker aus simplen Zutaten, ihre Zeit, und wer alle auf einmal hineingibt, um Zeit zu sparen, dabei aber das Fett abkühlt, wodurch sie nicht bräunen, und dann auch noch ständig von der brutzelnden Pfanne wegläuft, statt sie aufmerksam zu beobachten und den Inhalt zu wenden, sollte sich lieber Pellkartoffeln kochen. Mit ein wenig Kräuterquark ist der Erfolg garantiert.

Zu Recht ist die hiesige Küche für ihre Vielfalt an Schweinefleischgerichten bekannt, seien es nun Braten oder Würste. Das hat sie mit der chinesischen Küche gemein, denn Schweine sind anspruchslose und sehr anpassungsfähige Tiere, die sich mit Küchenabfällen begnügen oder auf dem Gemeindeanger weiden durften. So mussten selbst ärmere Menschen nicht völlig auf Fleisch verzichten **(siehe Kapitel China)**. An den späthebstlichen Schlachttagen bereitete man selbstverständlich stets auch aus den «Schlachtabfällen» schmackhafte Speisen zu, denn gerade Innereien punkten neben ihrem Nährwert aufgrund ihres natürlichen Gehalts an geschmacksverstärkenden Aminosäuren. Noch heute bekannt ist der Pfälzer Saumagen, während das in Norddeutschland, Pommern und Ostpreußen einst beliebte Schwarzsauer (nicht nur vom Schwein, sondern auch von der Gans) kurz vor dem Aussterben stehen dürfte **(Abb. 109)**. Denn nicht nur vom Anblick dieses schwarzen dicken Eintopfs fühlen sich viele heute abgeschreckt, auch von seinen Zutaten, also Blut, fettes Fleisch, oft

Abb. 109: *Nomen est omen:* Schwarzsauer.

auch die Ohren und das Ringelschwänzchen und manchmal die klein gewürfelten Nieren, alles mit einem Schuss Essig, Pfeffer, Piment und Lorbeerblatt pikant gewürzt. Aber so sah die «ganzheitliche» Verwertung von Nutztieren zum Glück die längste Zeit in der menschlichen Geschichte aus.

Mit dem wertvollen Bratenfleisch gingen die Köchinnen selbstverständlich besonders aufmerksam um. Das Kurzbraten von Rindfleisch kam hierzulande allerdings erst so richtig in Mode, nachdem bessere Fleischrinder gezüchtet und auch gemästet wurden. Denn anders als im Rindfleischland Großbritannien überwogen in Deutschland lange die sogenannten Zweinutzungsrinder, die für Milch und Fleisch gleichermaßen zuständig waren, und natürlich das Milchvieh. Dieses Fleisch ist natürlich nicht ganz so zart, und daher gab es traditionell Rinderschmorbraten oder Rouladen **(siehe Kapitel Großbritannien)**. Denn am saftigsten bleibt und am zartesten wird Fleisch, wenn man es lange gart und dabei vor dem Austrocknen bewahrt.

Leider ist die Kunst des Bratenschmorens vom Aussterben bedroht, da es zeitaufwendig ist und, anders als ein schmurgelnder Gulaschtopf, ständige Aufmerksamkeit erfordert. Auch darf ein Braten keinesfalls bei weißglühenden Kochplatten im Topf «scharf angebraten» werden, wie es in heutigen Rezepten gebetsmühlenartig wiederholt wird, «außen schwarz und innen roh» ist nicht der Königsweg zum verlockenden Sonntagsbraten. Es genügt eine moderate Hitze, die auch das Bratfett vor der Zerset-

Abb. 110: So sieht ein vernünftig angebratener Schweinebraten aus.

zung bewahrt. Sobald es sich zerlegt, entstehen nämlich nicht nur ungesunde Stoffe, auch das Aroma wird durch den eklig miefenden Fettdunst irreversibel geschädigt.

Nachdem das Fleisch rundum leicht gebräunt ist, kommen gewürfelte Suppengemüse dazu, die bei geöffnetem Deckel angeröstet werden **(Abb. 110)**. Bei geschlossenem Deckel geht's weiter, dabei entsteht immer wieder Dampf, der vom Braten abgegeben wird, am Deckel kondensiert und wieder auf den Braten tropft. Ungefähr alle Viertelstunde muss der Bratensatz vom Boden gelöst werden und Brühe nachgegossen werden. Ur-Oma nahm sich – je nach Bratengröße – anderthalb bis zwei Stunden Zeit für die Zubereitung dieses Gaumenschmauses. Und am Schluss widmete sie sich noch der köstlichen Sauce, deren leckere Röst- und Karamellaromen sie nicht etwa durch den übermäßigen Einsatz von Saucenbindern blockierte **(siehe Kapitel Frankreich)**. Auch der herrliche Saucengeschmack entstand selbstverständlich allein aus den Zutaten und nicht durch geschmacksverstärkende Pülverchen, die im Küchenjargon auch als «Maria-Hilf» bekannt sind …

Abb. 111: Junge Pferde im Kloster Benediktbeuern. Von 1818 bis 1921 wurden die Tiere auf dem Gelände des säkularisierten Klosters zu Militärpferden ausgebildet.[23] Nach dem Zweiten Weltkrieg war es in Deutschland mit der Kavallerie endgültig vorbei, nur in unwegsamem Gelände setzt die Bundeswehr heute noch Vierbeiner ein.[24]

Das Geheimnis des Rheinischen Sauerbratens

Noch bis ins 19. Jahrhundert verrichteten bei uns unzählige Pferde ihre Arbeit vor Kutschen, Karren und Pflug oder dienten als Militärpferde. Aber dann machten Traktoren und Autos die Hafermotoren überflüssig, und auch die Kavallerie kam im Verlauf des 20. Jahrhunderts endgültig aus der Mode (Abb. 111). Ohne den Reitsport wären Pferde hierzulande vermutlich längst auf der Roten Liste der vom Aussterben bedrohten Tierarten gelandet. Damals gehörten sie so selbstverständlich zum Alltag der Menschen wie heute der E-Roller, selbst in der Stadt mit ihren Pferde-Straßenbahnen und den berittenen Gendarmen. Dadurch haftete ihnen, anders als heute, noch nicht so sehr der Nimbus des edlen Rosses an, eines umsorgten Lieblings, zu dem man eine enge emotionale Bindung aufbaut.

Folglich lagen die Hürden für den Verzehr von Pferdefleisch niedriger als heute. Zudem es oft das einzige Fleisch war, das sich ärmere Menschen überhaupt leisten konnten (Abb. 112). Daher kennt die einfache Küche etliche Rezepte, um das billige Fleisch dienstuntauglicher, meist hochbetagter Pferde in eine essbare Form zu bringen, zum Beispiel als Hackfleisch oder Pferdewurst. Das bekannteste von allen dürfte der Rheinische Sauer-

Abb. 112: In Notzeiten mussten viele Menschen auf Pferdefleisch zurückgreifen, und so hängt ihm bis heute der Ruf an, ein Essen der Bedürftigen zu sein. Heinrich Zille (1859–1928), Am Pferdefleischwagen, um 1910.

braten sein, für den noch bis vor wenigen Jahrzehnten vorwiegend Pferdefleisch verwendet wurde.

Heute wird im Rheinland üblicherweise Rinderschulter zum Sauerbraten veredelt, und jeglicher Hautgout nach Arme-Leute-Essen hat sich endgültig in Wohlgefallen aufgelöst. Doch ganz gleich, welches Fleisch: Die Beliebtheit des süßsauren Bratens ist seiner genial zusammengesetzten Sauce geschuldet. Das verbindet ihn übrigens mit dem ebenso berühmten französischen Coq au Vin, dem Hahn in Wein, bei dem ja auch das Fleisch eines betagten Gockels durch Alkohol und Säure zart gemacht werden soll, es im Grunde aber vor allem auf die Sauce ankommt **(siehe Kapitel Frankreich)**.

Besser als Weihnachten

Die klassischen rheinländischen Sauerbratenrezepte sehen neben Rosinen und Korinthen einen Geschmacksverbesserer der besonderen Art vor: Kräuterprinten, eine Art Lebkuchen **(Abb. 113)**. Die jedoch sind eine Zutat, die wir eher mit der Weihnachtsbäckerei verbinden als mit einem Braten. Auch beim sehr ähnlichen Fränkischen Sauerbraten dienen spezielle Saucenlebkuchen der Aromatisierung. Oberflächlich betrachtet sorgen die

Abb. 113: Das unscheinbare Geheimnis des Rheinischen Sauerbratens: Kräuterprinten.

beiden zuckerhaltigen Würzmittel erst mal für eine angenehm süßliche Geschmacksnote der Sauce. Aber dass sie so viel Laune macht, beruht eher auf den anderen Teigzutaten.

Printen wie Lebkuchen werden u. a. mit Zimt, Anis, Orangeat und Zitronat gewürzt, und all diese Zutaten verdanken ihr Aroma ihren ätherischen Ölen, die charakteristische Duftstoffe enthalten: Beim Zimt ist es der Zimtaldehyd, beim Anis der Anisaldehyd, bei Zitrusfrüchten Citral und Citronellal. All diese Aromastoffe enden auf -al, weil sie eines gemein haben: Sie sind Aldehyde, und die reagieren im Backofen ohne viel Federlesens mit bestimmten Bestandteilen des Teigs, den Aminosäuren. Und dabei entstehen Substanzen, denen höchstwahrscheinlich eine euphorisierende Wirkung auf die Psyche zukommt, die β-Carboline. Im Lebkuchen wimmelt es von ihnen nur so.[7, 8, 9]

Aber das ist noch lange nicht alles: Printen- und Lebkuchengewürze wie Zimt, Anis, Nelken und Kardamom enthalten Aromastoffe, aus denen sich im Zusammenspiel mit dem klassischen Backtriebmittel Hirschhornsalz sogar Amphetamine bilden können![10, 14] Zwar wird der Printenteig heute zumeist mit dem alternativen Triebmittel Natron hergestellt, aber deswegen müssen Sauerbratenfans noch lange nicht auf ihre Minidosis verzichten: Zimt und Co. bilden den Stoff auch mit Inhaltsstoffen des Rotweins **(Abb. 114)**.

Auch wenn das alles verdächtig nach Drogenküche klingt, natürlich ent-

Abb. 114: Rheinischer Sauerbraten. In den Rosinen und vor allem in den Korinthen stecken etliche Stoffe, aus denen Stimmungsmacher entstehen können. Erleichtert wird ihre Bildung noch, wenn sie in einer sauren Flüssigkeit miteinander reagieren dürfen. Und da die Rosinen in die Sauce kommen, die mit der Essig- und Rotwein-Marinade gemacht wird, ist auch diese Bedingung erfüllt.

stehen all diese Stimmungsmacher im Essen nur in winzigsten Mengen. Sie können uns nicht süchtig machen, aber unser Wohlbehagen steigern. Man bedenke: Amphetamine (Attentin®, Elvanse®) werden Schulkindern mit ADHS in weitaus höheren Dosen verabreicht! Wenn uns der Sauerbraten also besonders gut mundet, bedeutet es dagegen, dass die Köchin oder der Koch bei seiner Zubereitung alle Reaktionsbedingungen für die Entstehung der gewünschten Stoffe, aber auch ihrer Menge, optimal erfüllt hat.

Denn bei all diesen chemischen Umwandlungen handelt es sich um pharmakologische Gratwanderungen. Wie alle arzneilich wirksamen Stoffe können manche davon unerwünschte Nebenwirkungen entfalten, zum anderen ist es die Dosis, die das Gift macht. So haben Ernährungsmediziner immer wieder vor den HCAs im Grillfleisch gewarnt, aus denen zum Beispiel auch β-Carboline entstehen können, weil viele HCAs im Tierversuch krebserregend wirkten. Doch wie oben ausgeführt, heben traditionelle Küchenzutaten wie Senf, Thymian und andere Gewürze diese unerfreulichen Wirkungen auf.

Wer es beim Kochen schafft, einen gut ausbalancierten Aromacocktail zu erzeugen, der zugleich die Bildung unliebsamer Stoffe verringert oder verhindert, hat die meisten Stufen zur wahren Kochkunst gemeistert. Die Zubereitungsmethoden und die entsprechenden Zutatenlisten haben wir der Intuition zahlloser Hausfrauengenerationen zu verdanken!

Auf der Roten Liste: die Hamburger Aalsuppe

Natürlich gibt es auch exklusive Traditionsgerichte, allerdings scheiden sich an manchen trotz der teuren Zutaten die Geister – auch an der altehrwürdigen Hamburger Aalsuppe. Manche halten sie wegen ihres süßsauren Aromas, durch Kochbirnen oder Backobst hervorgerufen, für ungenießbar, andere sehen in ihr die Pointe norddeutscher Köstlichkeiten. Über Geschmack lässt sich natürlich nicht streiten, aber wie bei jedem Rezept über die Liste der Zutaten. Unstrittig ist, dass eine Brühe aus Rindfleisch und/oder Schinkenknochen die Grundlage bildet und dass die Einlage aus dem Suppenfleisch und/oder dem Schinken, frischem Gemüse, Kochbirnen und/oder Backobst besteht. Schwemmklößchen, die «Mehlklüten», kommen am Schluss auch noch auf den Teller. Strittig ist seit geraumer Zeit dagegen, ob Aal hineingehört hat.[16]

Nach dieser Lesart hieße die Suppe nämlich nur deswegen Aalsuppe, weil man «allns» in sie hineinwarf, sprich: alles, was sich noch so in der Küche anfand. So eine Story konnte sich jedoch nur jemand ausdenken, der des Hamburger Platts nicht mächtig war. Denn Aal heißt auf plattdüütsch «Ool». Hier drängt sich vielmehr der Verdacht auf, dass die süßsaure Suppe als kulinarische Zumutung empfunden wurde und als Reste-Essen diskreditiert werden sollte. Warum sonst wurde gerade die teuerste Zutat, der «Ool», aus der «Oolsupp» zum Verschwinden gebracht?

Vielleicht war die zu rezensierende Suppe ja auch mit zu viel Essig gesäuert, obwohl die Säure traditionell eigentlich nur aus dem Obst stammen sollte.[16] Ein ähnliches essigsaures Schicksal ereilte übrigens auch den Borschtsch **(siehe Kapitel Polen-Sibirien)**. Eine freundlichere, wenn auch ebenso fragwürdige Variante der fischfreien Mär kam kurz nach dem Zweiten Weltkrieg auf: Da nun die Zeit des Mangels endlich vorbei war, konnte wieder «allns» in die «Aalsupp» wandern.

Die «Hamborger Oolsupp» hat in der Tat einen aalfreien Doppelgänger, der aber heißt Specksuppe oder Saure Suppe und stammt aus Schleswig-Holstein, Niedersachsen und Mecklenburg. Dort kamen wohl stets beide Versionen auf den Tisch. Aale gab es damals ja – im Gegensatz zu heute – genug in den Flüssen. Und falls sie gerade nicht zur Hand oder zu teuer waren, wussten sich die Gastwirte leicht zu helfen, wie der Publizist Johann Schütze im Jahre 1800 berichtet: «Bei den Aalsuppenschmäusen, welche von Holsteinischen städtischen und ländlichen Gastwirthen nach Art der Picknicks für männliche Gäste angestellt werden, ist die Aalsuppe das Hauptessen. Verlaarne (verlorene) Aalsuppe hat alle Ingredienzen, nur die Aale nicht. Einige ersetzen diese durch Speckscheiben.»[19]

Die «Oolsupp» brachte den Ausflugslokalen klingende Münze, denn sie erfreute sich größter Beliebtheit, diente sie doch als ideale Grundlage für Schnaps und Bier. Auch wenn uns heutzutage ein derart nahrhaftes und wärmendes Gericht nicht gerade als typischer Juli-Imbiss erscheint, «Oolsupp» war ein Hochsommeressen, denn nur dann sind alle Zutaten in gewünschter Qualität verfügbar! Damals gab es ja feine Gemüse und Kräuter nur während des Sommers, nicht wie heute ganzjährig aus Südeuropa eingeflogen. Hinzu kommt, dass Aale im Winter wenig schmackhaft sind. Und frische Kräuter sind ein Muss, denn die Aalsuppe ist so fett, dass neben der allgegenwärtigen Petersilie erhebliche Mengen von Thymian, Majoran, Salbei, Bohnenkraut, Basilikum und Estragon mit ihren ätherischen Ölen der Verdauung kräftig auf die Sprünge helfen müssen.[16]

Mediterraner Magenbitter

Aber nicht nur der Aal, auch die Würzkräuter waren teuer, und das machte die Aalsuppe zum Luxusessen. Ihre breite Palette ist für die traditionelle norddeutsche Küche äußerst ungewöhnlich, denn noch bis in die 1970er, Jahre wurden sie dort nur selten verwendet. Zwar rundete man die Speisen mit Petersilie, Schnittlauch, Dill und gelegentlich Bohnenkraut ab, doch die wärmebedürftigen typisch mediterranen Würzkräuter wie Thymian und Salbei waren eher im Süden Deutschlands gefragt. Dort gediehen sie

Abb. 115: Fische aus Salz- und Süßwasser. Im 17. Jahrhundert war die Welt noch in Ordnung. In den europäischen Meeren und Flüssen schwammen noch massenweise Störe und Aale. In Hamburg weigerte sich das Dienstpersonal, eine Stelle anzutreten, wenn ihm mehr als drei Mal pro Woche Stör aufgetischt wurde. Heute sind Störe, die ja auch als Kaviarlieferanten bekannt sind, akut vom Aussterben bedroht.

nicht nur besser, sie entwickelten auch viel mehr Aroma. Norddeutsche Schlachtereien bezogen zum Beispiel das unverzichtbare Wurstgewürz Majoran vor allem aus Thüringen und Franken. Erst mit dem Tourismus der Wirtschaftswunderjahre, der steigenden Zahl italienischer, griechischer und jugoslawischer Restaurants sowie dem Aufkommen der Tiefkühlware begannen Hausfrauen und Hobbyköche auch in Deutschland, mit südeuropäischen Kräutern zu würzen.[16]

Ob und in welchem Ausmaß die «Aalkräuter» einst auch in den norddeutschen Hausgärten kultiviert wurden, weiß heute wohl niemand mehr. Die Hamburger bezogen ihre «Oolkruut»-Bunde traditionell von Gärtnereien in der Lüneburger Heide, vor allem aus Bardowick, aber auch aus den Vierlanden, dem traditionsreichen Obst- und Gemüseanbaugebiet südlich der Elbe. Diese hatten sich auf den Anbau der frostempfindlichen Würzkräuter – auch unter Glas – spezialisiert.[16] Heute haben sich die einzelnen «Aalkräuter» zwar einen festen Platz in den norddeutschen Küchen erobert, – der Aal jedoch ist in Europa heute durch Überfischung und den Verlust seiner Lebensräume leider vom Aussterben bedroht **(Abb. 115)**. Und damit wird sich die «Oolsupp» wohl bald endgültig in eine «Aalsupp» verwandeln.

Abb. 116: Der Dichterfürst Johann Wolfgang von Goethe (1749–1832) war auch Botaniker und erkannte richtig, dass Blüten und Früchte umgewandelte Blätter sind. Ob er oder seine Gattin in ihrem Weimarer Garten Kräuter für die Grüne Sauce zog, ist nicht überliefert, in diesen Blumentöpfen wachsen jedenfalls keine …

Unkraut vergeht nicht

Erfreulicherweise konnte eine andere Köstlichkeit der Kräuterküche bis heute überleben, die berühmte Frankfurter Grüne Sauce, die zu Goethes Lieblingsspeisen zählte (**Abb. 116**). Sie wird auch gern am Gründonnerstag verzehrt. Sowohl die evangelische als auch die katholische Kirche ruft den Gläubigen vorm Karfreitag gern die letzte Feier Jesu mit seinen Jüngern in Erinnerung, und so bürgerte es sich ein, an diesem Tag eine fleischlose grüne Mahlzeit zu essen. Allerdings hat der Name Gründonnerstag rein gar nichts mit der Farbe Grün zu tun, er leitet sich von «grinen» oder «greinen» ab, was weinen, klagen bedeutet, denn die Christen baten an diesem Tag um Vergebung für ihre Verfehlungen.

Der tiefere Grund für das Umdeuten des Greinens zum Grünen dürfte in der Lust auf frisches Grünzeug liegen, denn vor der Erfindung der Tiefkühltruhe standen um Ostern herum ja nur noch die winterharten Gemüse Kohl und Lauch im Garten. Und die hatte man langsam satt. Auch die Küchenkräuter begannen gerade erst zu keimen, und wer konnte sich schon ein Gewächshaus leisten? Nur in Feld und Wald zeigte sich das erste zarte Grün, vor allem Brennnesseln und Löwenzahn, die landläufig als Unkraut bezeichnet werden.

Zum Glück für unsere Ahnen gibt es gerade unter den «Unkräutern» viele essbare Arten. Im Gegensatz zu Sellerie und Rosenkohl (oder gar Kakteen), vermögen Franzosenkraut und Giersch sehr schnell zu wachsen und sich auszubreiten. Aber genau das macht sie küchentauglich! Wildpflanzen wehren sich ja mit unangenehmem Geschmack oder gar Giften gegen hungrige Mäuler. Aber wenn Pflanzen alles rasch überwuchern wollen, müssen sie mit ihren Ressourcen haushalten. Sie können es sich nicht leisten, Energie in die aufwendige Bildung von Abwehrstoffen gegen hungrige Mäuler zu stecken.[6] Diese Kräuter investieren ihre Energie lieber ins Wachstum und bilden massenweise Blätter und Stängel, sie wachsen also schneller, als sie von Pflanzenliebhabern je vertilgt werden könnten. Und darum können wir sie selbst roh genießen.[2, 15]

Grüne Magie

Zwischen Schleswig-Holstein und Westfalen erfreute sich einst ein Süppchen der größten Beliebtheit, das neun Kräuter enthalten musste (manchmal aber auch nur sieben) und Negenstärke (*negen*: plattdeutsch = neun) genannt wurde. Auf die Pflanzenarten kam es dabei weniger an, es ging vor allem um die magische Zahl Neun. Nur damit konnte sie ihre gesundheitsfördernde Wirkung entfalten! Wehe, man versäumte es am Gründonnerstag, eine Neun-Kräuter-Suppe zu essen, dann suchte einen garantiert das Fieber heim![5]

Das war natürlich purer Aberglaube, denn der Verzehr von ein, zwei Tellern Kräutersuppe kann keine medizinische Wirkung entfalten. Aber Grün ist die Farbe der Hoffnung, erst recht nach einem langen, tristen Winter, und der Glaube an die magische Zahl mochte das körpereigene Immunsystem positiv beeinflussen. Psychoneuroimmunologie nennt die moderne Medizin dieses Phänomen. Und das konnte in den Zeiten von Quacksalbern und Co. durchaus zur Lebensversicherung werden.

Über den Ursprung der Frankfurter Grünen Sauce kursieren diverse Theorien. Vielleicht ist sie aus den stark gekräuterten grünen Saucen hervorgegangen, wie sie in Italien und Frankreich populär waren. Sie wurde und wird – vor allem am Gründonnerstag – zusammen mit Pellkartoffeln und Ei genossen und enthält darum auch nur sanfte Frühlingskräuter. Die älteste dokumentierte Mischung stammt aus dem 19. Jahrhundert und sieht Petersilie, Borretsch und Estragon, sowie Kerbel, Pimpinelle und Schnittlauch vor.[17] Dabei kamen nur die ersten drei aus dem Garten, den Rest konnte man in freier Natur sammeln.

Wildkräuter zu pflücken, hielten die Frankfurter aber für keine sonderlich spannende Freizeitbeschäftigung mehr, und so bezogen sie «Grie-Soß-

Abb. 117 a–f: Seit Beginn des 20. Jahrhunderts haben die Frankfurter Gärtnereien ihre Kräutermischung für die Grüne Sauce standardisiert und um zwei Geschmacksrichtungen bereichert, Sauerampfer (a) und scharfe Kresse (b). Dafür flog der französische Estragon raus (c), weil sein Anisaroma verzichtbar ist, da er bereits vom Kerbel (d) beigesteuert wird. Wie der mediterrane Borretsch (e) überrascht die heimische Pimpinelle (f) mit frischem Gurkengeschmack. Rosengewächse wie die Pimpinelle sind unter den Kräutergewürzen eine echte Ausnahme, die meisten gehören den Doldenblütlern oder den Lippenblütlern an.

Mischung» bequem aus Gärtnereien, beispielsweise aus Sachsenhausen (Abb. 117). Dieser und andere Frankfurter Stadtteile waren seit dem Mittelalter sogenannte Küchendörfer, also Ortschaften, die den Grundherren Frondienste zu leisten hatten. In diesem Fall mussten sich die Bauern um den Gartenbau kümmern.

Mit Senf, bitte!

Wenn's um die deutsche Küche geht, denken viele zugleich ans passende Getränk, und das ist natürlich das Bier. In Bayern gilt es bis heute als Grundnahrungsmittel (Abb. 118). Da es den schäumenden Trunk bereits gab, bevor so manche Speise in den Küchen das Licht der Welt erblickte, ist es kein Wunder, dass sich Letztere daran anpassten. Denn wie für pflanzliche Produkte üblich, enthält der Gerstensaft mehr Kalium als Natrium. Trinkt man regelmäßig Bier, kann das sogar einen regelrechten Natriummangel verursachen. Fehlt dem Körper Natrium, vermögen die Nieren jedoch kein

Abb. 118 a + b: Manche Berliner Biergärten (links, a) hielten nichts von dem volkstümlichen Treiben, wie es in den Münchner Freiluft-Etablissements (rechts, b) üblich ist. Vermutlich wäre es in München angesichts livrierter Kellner statt zünftiger Zenzis als Bedienung zum Volksaufstand gekommen. Übrigens werden die modernen 0,4-Liter Gläser, die vor allem im Norden der Republik vielerorts die Halblitergläser abgelöst haben, von Bajuwaren als «Preiß'n-Maß» bezeichnet. Die Preiß'n waren letztlich auch schuld daran, dass die Maß im Jahre 1871, im Jahre der Gründung des Deutschen Reichs, wegen der Vereinheitlichung der Maße und Gewichte von 1069 ml auf einen Liter abgewertet wurde.[3]

Wasser auszuscheiden, was höchst bedenkliche gesundheitliche Folgen zeitigen kann. Sie reichen von Ödemen bis hin zu Gehirnschwellungen.[4]

Ergo wird das Bier grundsätzlich mit Speisen ergänzt, die anständig mit Natriumchlorid gewürzt, sprich, gesalzen wurden: ob die Weißwurscht im bayerischen Biergarten, die Buletten in der Berliner Eckkneipe oder der Matjes am heimischen Mittagstisch. Noch aufschlussreicher ist, dass es zu den fettigen Speisen stets einen mehr oder minder großen Klacks Senf gibt (**Abb. 119**). Seine scharfen Senföle wirken sich günstig auf den Gallenfluss aus und damit auf die Verdauung fetter Speisen. In Bayern will man gleich ganz auf Nummer sicher gehen und serviert noch zusätzlich einen Rettich – auf Bajuwarisch Radi – zum süßen Senf, denn als enger Verwandter enthält auch er Senföle. Sie sind zudem natürliche Desinfektionsmittel, was sich beim arglosen Verzehr der einen oder anderen altbackenen Bulette durchaus vorteilhaft auswirken kann.

So richtig zur Höchstform läuft der Senf als Beigabe zu Bratwurst oder Gegrilltem auf. Bei hohen Temperaturen entstehen stets bestimmte, als krebserregend geltende Substanzen, die Benzpyrene. Und genau die setzt der Senf außer Kraft! Allerdings tragen auch die verkokelten Stellen auf

Wurst und Steak ihren Teil dazu bei, da die Kohle die Benzpyrene bindet und dafür sorgt, dass sie vom Körper nicht aufgenommen werden können und damit unschädlich werden. Das Prinzip ist seit Langem von der medizinischen Kohle bekannt, die zum Beispiel bei Durchfallerkrankungen unliebsame Stoffe im Darmtrakt bindet, die dann mit ihr zusammen ausgeschieden werden. Es bringt übrigens nichts, die Senfzulage zu vergrößern, die übliche Dosis genügt vollauf.[14, 22]

Die Bildung der giftigen und als krebserregend geltenden heterozyklischen Amine, kurz HCA, kann durch eine senfhaltige Marinade ebenfalls deutlich verringert werden. Wurden marinierte Hähnchenstücke gegrillt, bildeten sich 80 bis 90 Prozent weniger HCAs als bei den unbehandelten. Wer's lieber mediterran mag, kann statt Senf auch Rosmarin und Thymian nehmen, das verringert die HCA-Bildung ebenfalls um knapp 90 Prozent. Die restlichen 10 bis 20 Prozent lassen sich ebenfalls bequem unschädlich machen, denn das Gegenmittel ist – ein Glas Bier![1, 11, 13, 18, 19]

Abb. 119 a + b: Senf (*Sinapis alba*, links, a) und Meerrettich (*Armoracia rusticana*, rechts, b) sind, wie an den Blüten zu erkennen, eng miteinander verwandt. Wie viele andere Pflanzen aus der Familie der Kreuzblütler enthalten beide arzneilich wirksame Senföle. Diese Scharfmacher haben in unserem gemäßigten Klima eine lange Tradition, finden sich aber so gut wie nie in der traditionellen Küche der heißen Tropen. Dort nutzt man lieber Chilis. Das ist nicht verwunderlich, die höllenscharfen Dinger üben – so paradox es klingen mag – eine kühlende Wirkung auf den Körper aus. Dieser Effekt spielt bei uns jedoch keine Rolle, hier mangelt es ja eher an Wärme. Die Scharfstoffe von Senf und Meerrettich werden im Mund, anders als die der Chilis, von Kälterezeptoren wahrgenommen und signalisieren dem Körper, dass er es nun mit – möglicherweise bedrohlicher – Kälte zu tun bekommen wird. Der leitet nun wärmende Maßnahmen ein, und das ergibt nur in kühlerem Klima Sinn.[12]

Rezepte

Kartoffelsuppe: Holsteiner, Hamburger, Mecklenburger ...

Kartoffelsuppe kostet nicht viel und geht immer. Sie schmeckt sogar ohne Fleisch, wenn man das Gemüse in reichlich Butter andünstet.

Zutaten

　　ca. 500 g Kartoffeln, mehligkochende oder die sogenannten vorwiegend festkochenden Sorten eignen sich auch. Mit festkochenden wird Leim daraus.
　　3–4 Zwiebeln
　　3–4 große Möhren
　　200 g durchwachsener Räucherspeck, oder nach Belieben mehr
　　1 EL Butter
　　Petersilie
　　Kümmel
　　Majoran
　　Muskat
　　Lorbeerblatt
　　Selleriesalz, nur welches ohne künstlich zugesetzte Geschmacksverstärker nehmen
　　Pfeffer, Salz

Zubereitung

Gemüse schälen, Kartoffeln in grobe Würfel, Möhren in Scheiben schneiden, Zwiebeln möglichst klein würfeln. Butter im Topf zergehen lassen und Zwiebeln darin glasig dünsten.

Dann die restlichen Gemüse hinzugeben, gut umrühren, damit alles von Butter überzogen ist, und mit Wasser aufgießen, bis das Gemüse gerade bedeckt ist. Mit Lorbeerblatt, einer Prise Selleriesalz, großzügig Kümmel und einer Prise Salz würzen.

Selleriesalz ist übrigens der Bringer in puncto unterschwelliger Geschmacksverstärkung, alle herzhaften Eintöpfe profitieren davon. Gutes Selleriesalz wird aus gemahlenen Selleriesamen plus Salz hergestellt. Sie enthalten von Natur aus Substanzen, die den Geschmack heben, die sogenannten Phtalide. Ähnliche Stoffe sind auch das Geheimnis hinter den bekannten eher synthetischen Küchenwürzen.

Alles gut 10 Minuten köcheln lassen, dann den Speck hineingeben. Nicht kleinschneiden, das laugt ihn unnötig aus und macht ihn hart!

Nach etwa 30 Minuten Gemüse mit dem Kartoffelstampfer je nach persönlicher Vorliebe mehr oder weniger zerdrücken. Vielleicht mit heißem Wasser ergänzen, wenn zu viel verkocht ist. Mit einer ordentlichen Prise Majoran abschmecken, am schönsten wäre frischer. Aber getrockneter bewahrt sein Aroma auch gut.

Am Schluss noch mit Muskat, Pfeffer und Salz abschmecken und mit gehackter Petersilie bestreuen.

Schwäbische Spätzle

Das traditionelle Rezept stammt noch aus einer Zeit, als in Württemberg die Armut vorherrschte. Man verwandte zur Bereitung des Teigs mehr Wasser als Eier. Folgendes Rezept ist der feinen Küche und unserer Zeit angepasst.

Zubereitungszeit ca. 60 Minuten
Für 2 Personen

Zutaten
200 g Mehl
4 Eier
1 Prise Salz

Zubereitung

Das Mehl in eine Schüssel geben, in der Mitte ein Loch freischieben und die Eier hineinklopfen. Alles mit einem großen Kochlöffel vermengen. Diesen Teig so lange bearbeiten (das kann auch mit dem Handrührer geschehen), bis er völlig glatt ist. Es ist vorteilhaft, den Teig mit Klarsichtfolie zu verschließen und noch wenigstens eine halbe Stunde ruhen zu lassen.

Einen großen Topf bis obenhin mit Wasser füllen, zum Kochen bringen und mit Salz würzen, ähnlich kräftig wie eine Fleischbrühe.

Man gibt einen kleinen Teil (ca. 2 EL) Teig auf das Spätzlebrett, das man vorher kurz ins kochende Wasser getaucht hatte. Den Teig mit dem ebenso nassen Teigschaber (man kann auch eine Palette nehmen oder ein großes Messer) flach streichen.

Nun schabt man mit dem Teigschaber, oder oben genannten Gerätschaften dünne Streifen ins kochende Wasser. Die Spätzle gehen unter, und sobald sie gar sind, steigen sie an die Oberfläche. Mit einem Sieblöffel nimmt man sie heraus und gibt sie sofort auf den Teller.

Oder aber: Man flutet sie in kaltem Wasser, dann auf ein Sieb und mit Butter in einer Pfanne schwenken. Evtl. noch etwas salzen.

Die einfachere Version wären die Allgäuer Knöpfle. Dazu nimmt man zum Mehl ganze Eier und gibt so viele Eier hinein, dass ein dünnflüssiger Teig entsteht. Man hält ein Lochblech über kochendes Salzwasser, schüttet den Teig darauf, und die Tropfen fallen in das kochende Wasser. Sofort mit einer Gabel umrühren, damit sie nicht zusammenkleben.

Richtig gut wird alles, wenn man den Teig fester knetet und dann durch ein spezielles Lochblech streicht. Dieses Lochblech gibt es auch mit einem Schlitten, dem sogenannten Knöpflehobel, der nicht viel Geld kostet. Diesen füllt man, um ihn über dem kochenden Wasser hin- und herzuschieben.

Meine Mutter, wir waren sechs Kinder, drückte den Teig durch die Spätzlepresse (keinesfalls eine Kartoffelpresse, die hat zu kleine Löcher). Auch dafür braucht es ein klein wenig Übung, denn der Teig darf nicht zu fest (Regenwürmer) und nicht zu dünn sein.

Total misslingen kann eigentlich nichts, die Spätzle, egal welch krummen Hunde, werden immer essbar sein.

Maultaschen
Für 4 Personen

Zutaten
Zuerst der Teig:
    250 g Hartweizendunst (feines Hartweizenmehl, Semola)
    3 Eier (oder 1 Ei und 3 Eigelb)
    1 TL kalt gepresstes Olivenöl
    1 Prise Salz

Zubereitung
Mehl auf ein Nudelbrett häufen und in der Mitte ein Loch freischieben. Die Eier hineinschlagen, das Olivenöl dazugeben und alles zu einem glatten Teig kneten.

Der Teig sollte fest sein und darf ruhig an weiche Knetmasse erinnern. So ist es von Vorteil, zuerst etwas weniger Mehl zu nehmen und den Teig weich anzukneten, um anschließend so viel Mehl hinzuzugeben, bis die gewünschte Festigkeit erreicht ist. Dünn ausrollen. Entweder mit einem abgesägten Besenstiel (alla Mamma) oder idealerweise mit einer Nudelmaschine.

Zutaten für die Füllung

    200 g Blattspinat
    100 g Hackfleisch (nicht zu mageres Schweinefleisch wie Hals,
        oder magerer Bauch
    1 Brötchen in sehr dünne Scheiben schneiden und in etwas
        warmer Milch einweichen
    1 Ei
    3 EL Majoran
    2 kleine Zwiebeln in dünnen Scheiben
    3 Bund Blattpetersilie, fein gehackt
    ½ Stange Lauch
    Salz, Pfeffer, Muskat

Zubereitung

Den Spinat waschen und in einer Pfanne mit etwas Butter zusammenfallen lassen, anschließend gut ausdrücken.

Zwiebeln, Petersilie und fein geschnittenen Lauch in Butter gut anrösten und mit dem Spinat auf ein Brett geben und sehr fein hacken. Auskühlen lassen und alles in eine Schüssel geben. Das Hackfleisch, die ausgedrückten Brötchen und die restlichen Zutaten dazugeben. Am Anfang erinnert alles noch an Hackfleisch. Nach 3 Minuten Kneten entsteht klebriges Brät daraus.

Mit Pfeffer, Salz und Muskat durchmengen und würzen. Nochmal: Alles muss gut durchgeknetet sein, damit die Farce eine gute Bindung bekommt.

Nun den ausgerollten Nudelteig auf einem bemehlten Brett ausbreiten und in 10 cm lange Rechtecke schneiden. In der Mitte einen aprikosengroßen Kloß Farce platzieren, die Ränder mit etwas Ei oder Wasser bepinseln und ein gleich großes Stück Teig obendrauf legen und die Ränder gut andrücken. Die Maultasche nun mit beiden Händen flach drücken, damit die eingeschlossene Luft herausdrücken und ins Wasser entlassen.

In leicht kochendem Salzwasser ca. 10 Minuten ziehen lassen. Anrichten mit brauner Butter oder gerösteten Zwiebeln, in Brühe oder leicht angebraten mit Salat, alles ist erlaubt.

PS: Zuerst ein klein wenig Brät ins leicht kochende Salzwasser geben. Hält alles zusammen, wäre das ideal. So müssen die Maultaschen nicht unbedingt an den Rändern zusammengedrückt werden, sondern können ohne großen Aufwand geschnitten werden.

Frankfurter Grüne Sauce

Für die Grüne Sauce gibt es viele Rezepte, aber es gehören immer mindestens sieben frische Kräuter hinein. Dabei sollte man seinen persönlichen Geschmacksvorlieben nachgeben.

Passt zu Pellkartoffeln und hart gekochten Eiern, aber auch zu gekochtem Rindfleisch und Fisch.

Zutaten für 4 Personen

Zubereitungszeit 20 Minuten, ohne Kühlzeit

100 g frische Kräuter, z. B. Petersilie, Pimpinelle, Schnittlauch, Borretsch, Kerbel, Liebstöckel, Zitronenmelisse, Estragon, Kresse, Löwenzahn, Dill, Sauerampfer, Spinatblätter, Selleriegrün.
1 kleine Zwiebel
4 hart gekochte Eigelbe
1 Knoblauchzehe, nach Geschmack
⅛ l Öl
½ Becher Joghurt
1 EL milder Senf
Weißer Pfeffer
Muskatnuss
⅛ l saure Sahne
Salz

Zubereitung

Kräuter waschen und gut abtropfen lassen, Blätter abzupfen und fein hacken, Zwiebel schälen und ebenfalls sehr fein hacken.

Wer Knoblauch dazu mag, schält und zerdrückt eine Zehe.

Eigelbe zerdrücken und das Öl nach und nach unter Rühren hinzufügen. Diese Mayonnaise mit dem Joghurt verrühren, dann Kräuter und Zwiebeln hineingeben.

Mit Salz, Knoblauch, Pfeffer, Senf und Muskat abschmecken, am Schluss saure

Sahne hineinrühren, kalt stellen und gut durchziehen lassen, am besten mindestens 1 Stunde.

Hamburger Aalsuppe
Für 4–6 Personen

Im Gegensatz zu den meisten anderen Fischen schmeckt der fette Aal im Hochsommer am besten, praktischerweise also dann, wenn die verdauungsfördernden Kräuter aromatisch und erntereif sind. Wer lieber keinen Aal verwenden möchte, kann sich ja einfach an das Vorbild der Holsteiner Gastwirte halten und eine Verlorene Aalsuppe kochen. Dabei wird der Aal durch Schinkenscheiben ersetzt.

Zutaten
1 Schinkenknochen oder 1 kg Suppenfleisch
frische Suppengemüse nach Geschmack, z. B.: 250 Gramm frische grüne Erbsen; 250 g gewürfelte Wurzeln; ½ Blumenkohl, in Röschen zerteilt;
2 Bund «Aalkraut» (Thymian, Majoran, Estragon, Dill, Petersilie, Salbei, Bohnenkraut)
1 Suppenbund mit Petersilienwurzel
1 Zwiebel
2–3 Nelken
1 Lorbeerblatt
einige Pfefferkörner
200 g Backpflaumen
125 g Ringäpfel
Essig, Butter, Mehl

evtl. 800 g grüner Aal (abgezogen), sonst entsprechende Menge Katenrauchschinken
Schwemmklößchen (Mehlklüten)

Zubereitung
Den Schinkenknochen oder das Suppenfleisch mit 3 Liter Wasser aufsetzen. Schinkenknochen ca. 1, Suppenfleisch ca. 3 Stunden kochen lassen und am Ende der Kochzeit Knochen/Fleisch aus der Brühe nehmen. Schinken abschaben, Fleisch klein schneiden und wieder in die Brühe geben.

In der Zwischenzeit das Obst in heißem Wasser einweichen.

Wird Aal verwendet, diesen waschen, in Stücke schneiden und mit lauwarmem Essig begießen.

Zwiebel, Nelken, Lorbeerblatt, Pfefferkörner, Salz und ein Bund Aalkraut aufkochen, Hitze zurücknehmen und die abgetrockneten Aalstücke einlegen. 15 Minuten ziehen lassen.

Das Obst mit dem Einweichwasser in die abgeseihte Schinken-/Fleischbrühe geben, erhitzen.

Das zweite Aalkrautbund fein hacken, die Hälfte davon in etwas Brühe gar kochen. Die andere Hälfte in 50 g Butter und 50 g Mehl schmoren.

Die gegarten Kräuter und das Suppengemüse in die Brühe geben, alles 20 Minuten ziehen lassen. Mit Salz abschmecken.

Den Aal bzw. den Schinken entweder in die Suppe geben, oder zusammen mit den Mehlklüten, die währenddessen in Salzwasser gegart wurden, in getrennten Schüsseln dazu reichen.

Mohltiet!

Nicht alles, was landläufig als Bulette zum Bier angeboten wird, ist auch genießbar. Am allerbesten ist es, man bekommt sie selbst hin. Dann weiß man auch, was drin ist.

Bulette, Frikadelle, Fleischküchle, Fleischlaberl, Fleischpflanzerl

Zubereitung ca. 30 Minuten
Für ca. 2 Personen

Zutaten

200 g Schweinehack (nicht vom Quälschwein, sondern beim seriösen Metzger gekauft)
1 Zwiebel
2 Eier
2 Brötchen
⅛ l Milch (evtl. auch ein bisschen mehr)
1 Msp. Muskat
Pfeffer, Salz, evtl. etwas Cayennepfeffer
Bratöl, am besten Olivenöl

Brot und Milch sind für ein lockeres, saftiges Fleischküchle unabdingbar. Nimmt man ausschließlich Fleisch, erhält man ein trockenes, wie die Österreicher sagen, «Hundstrümmerl».

Zubereitung
Zwiebel fein hacken, in etwas Öl bräunen, abkühlen lassen. Brötchen ohne Rinde in erbsengroße Würfel schneiden und in eine große Schüssel geben. Milch dazu und so das Brot einweichen.

Es sollte einen fast flüssigen Matsch ergeben. Wenn nicht, dann noch etwas Milch dazu. Das Fleisch und alle anderen Zutaten hinzugeben und so lange kneten, bis aus dem lockeren Teig ein recht zähes Brät entstanden ist. Das strengt an, aber unter 5 Minuten wird das nix. Das Brät auf den Salzgehalt hin probieren.

Hände nass machen und Kugeln formen (etwas kleiner als ein Tennisball). Diese in heißes Fett setzen und platt drücken. Von beiden Seiten bräunen – bei sehr geringer Hitze, Deckel drauf oder im Ofen bei 180 Grad. Nach spätestens 15 Minuten kann man über die Glücksbringer herfallen. Guten Appetit.

Rheinischer Sauerbraten
Für 4 Personen, Zubereitungszeit 2,5 – 3 Stunden

Zutaten
Marinade
- ½ Bund Suppengrün
- 2 Zwiebeln
- 5 Wacholderbeeren
- 2 Gewürznelken
- 2 Pimentkörner
- ½ TL schwarze Pfefferkörner
- 1 TL Senfkörner
- 1–2 Lorbeerblätter
- 1 gehäufter EL Zucker
- 350 ml Rotwein
- 125 ml Rotweinessig
- 1,5 EL Salz

Sauerbraten
  1 kg Rinderbraten aus der Schulter
  3 EL Butterschmalz

Sauce
  2 Saucen-Printen oder Saucen-Lebkuchen
  200 g Sultaninen
  50 g Korinthen
  1 TL Apfelkraut oder Rübensirup
  2 Zwiebeln, fein geschnitten (kann man auch weglassen)
  Salz und Pfeffer

Zubereitung
Marinade
Gemüse putzen und in grobe Stücke schneiden, Gewürze im Mörser leicht andrücken. Alle Marinadezutaten in einen Topf geben und aufkochen, dann Marinade vollständig abkühlen lassen und das Fleisch hineingeben. Es muss vollständig bedeckt sein. Das Fleisch eine Woche gekühlt in der Marinade liegen lassen.
   Ach ja, nur Rotwein nehmen, den Sie auch dazu trinken würden. Sparen rächt sich hier unweigerlich.

Sauerbraten
Das Fleisch in der Marinade eine Woche lang einlegen. Behältnis oben dicht verschließen. Mit Klarsichtfolie so abdecken, dass zwischen Folie und Wein keine Luftblasen sind. Auf keinen Fall darf das Fleisch mit der Luft in Berührung kommen!
   Das Fleisch aus der Marinade nehmen und abtupfen und dann mit Salz und frisch gemahlenem Pfeffer einreiben. Die Marinade durch ein Sieb in einen großen Topf gießen und auffangen, das Gemüse aufbewahren.
   In heißem Butterschmalz rundum kräftig anbraten – aber nicht verkohlen. Gemüse zugeben, kurz mitbraten. Mit der Marinade keinesfalls auffüllen, sondern immer nur den Bodensatz lösen. Die Hitze sollte sehr schwach gehalten werden, sonst müssen wir dauernd ablöschen. Zugedeckt bis zu 2 Stunden schmoren.
   Noch einmal: Im Topf steht höchstens fingerhoch der Fond. Also immer wieder den Bratensatz mit etwas Marinade lösen. Würde man, wie es meist geschieht, halbvoll mit Flüssigkeit auffüllen, so bekäme man Siedfleisch in brauner Brühe.
   Der Braten ist fertig, wenn er locker von der eingestochenen Gabel geht, ideal für

solche Prüfungen sind billige Schaschlik-Holzspieße. Danach den gegarten Braten aus dem Topf nehmen und warm stellen.

Die restliche Marinade durch ein Sieb in den Topf gießen und die Printen hineinbröseln. Aufkochen lassen und rühren, bis sich die Printen vollständig aufgelöst haben.

Die Sultaninen und Korinthen zufügen und die Sauce weiter reduzieren. Mit Rübenkraut, Salz und Pfeffer abschmecken.

Die Poesie des Essens

Augenschmaus und Gaumenschmaus:

Japan

Japan

Auch wenn der Besuch eines japanischen Restaurants die Geldbörse ungleich mehr strapaziert als ein Menü beim Chinesen, sind japanische Spezialitäten in aller Munde. Heute liegt roher Fisch wie Sushi und Sashimi im Trend. Ältere erinnern sich noch an die saftigen Steaks und Hummerkrabben, die von samuraischwertschwingenden Köchen im Kimono direkt vor ihren Augen zubereitet wurden. Auch Sukiyaki, das berühmte Steak- und Gemüsefondue, und Tempura **(Abb. 120)**, frittierte Meeresfrüchte und Gemüsestückchen in unnachahmlich zarter Teighülle, treffen den hiesigen Geschmacksnerv.

Dumm nur, dass die meisten dieser Köstlichkeiten ebenso wenig mit der traditionellen japanischen Küche zu tun haben wie die Kreationen hiesiger Chinarestaurants mit den Speisen, die im Reich der Mitte aufgetragen werden. Denn dortige Delikatessen wie Hühnerfüße oder Fischinnereien würden hierzulande niemanden locken, und natürlich ist auch japanischen Gastwirten klar, dass sie weder mit Seegurken **(Abb. 121)** noch vergorenen Sojabohnen, dem berüchtigten Natto, punkten können.

Abb. 120: Das ästhetische Tempura wirkt typisch japanisch, aber die Idee, etwas in Eierteig auszubacken, brachten erst die portugiesischen Seefahrer im 16. Jahrhundert mit.

Dass Japan in den 1970er-Jahren versuchte, Europa mit Steaks und Hummerkrabben vom Grill statt mit rohem Seeigel und Oktopuseintopf kulinarisch zu erobern, ist verständlich. Im Land der aufgehenden Sonne wusste man schon lange, wie westliche Gaumen ticken: Als sich das jahrhundertelang abgeschottete Inselreich Mitte des 19. Jahrhunderts nicht mehr gegen Ausländer sperrte, eröffneten in Nippon alsbald die ersten Steakhäuser für die vorwiegend amerikanischen Besucher und Diplomaten. Die heimische Küche blieb abenteuerlustigen Langnasen vorbehalten.[5, 27]

Zahlenspiele

Einer der Schlüssel zum Verständnis der japanischen Küche liegt in der Religion. Als die Japaner im 6. Jahrhundert den Buddhismus aus Korea und China übernahmen, gerieten sie in ein Dilemma: Gläubigen ist das Töten von Lebewesen verboten – und damit waren Steaks und Schnitzel tabu.[9] Leider übersahen die Buddhisten, dass dieses Gebot für die Menschen auf dem asiatischen Festland nur deshalb praktikabel war, weil ihnen das subtropische bis tropische Klima die nötige Anbaufläche sowie die Möglichkeit der Milchviehhaltung bot. Das galt auch für das südliche Japan, das Einfallstor der Mönche. Aber auf der gebirgigen Inselkette ist die Vegetationszeit – vor allem weiter im Norden – kürzer und die land-

Abb. 121: Hühnerbrühe mit Seegurke, länglichen Verwandten der Seesterne und Seeigel.

wirtschaftliche Nutzfläche begrenzt. Bis heute wurde weniger als ein Zehntel Japans agrarisch erschlossen,[9] und gegen den Zuwachs von Äckern und Weiden konkurrieren sowohl die Industrie als auch der Wohnungsbau.

Zu seinem Glück durfte das Volk, also seine buddhistischen Laien, Reis, Gerste oder Hirse mit Meeresgetier und Federvieh anreichern. Denn das strenge Tötungsverbot galt nur für Vierbeiner.[27] Nach unten und oben setzte man der Zahl der Beine keine Grenzen, deshalb kommen bis heute neben Fischen, Meeressäugern und Geflügel auch Stachelhäuter wie Seegurken und Seeigel, Krabben, Insekten und Spinnentiere auf den Tisch. Frisches *sea food* war im Binnenland natürlich Mangelware, denn der Transport über die meist steilen Bergpfade gestaltete sich schwierig, und die kurzen, reißenden Flüsse waren nicht schiffbar. Auch in den folgenden Jahrhunderten besserte sich die Situation kaum, denn die Kriegsherren der Edo-Periode legten keinen gesteigerten Wert auf den Ausbau des Straßennetzes, um ihren Feinden das Vorrücken zu erschweren.[2]

All das machte es für die Menschen schwierig, Nahrungsmittel über weite Strecken zu transportieren, und so mussten sie ein breites Spektrum an regionalen Spezialitäten entwickeln, wenn sie satt werden wollten. Da sie zu großen Teilen von leicht verderblichem Fisch abhängig waren, legten sie allergrößten Wert auf Frische. Doch die Taufrische der regionalen Produkte sollte nicht nur Lebensmittelvergiftungen verhindern. Der japanische Zen-Buddhismus erstrebt Harmonie mit dem Kosmos, und so genoss man in Japan auch Ackerfrüchte nur zur Reifezeit. Mandarinen im Mai zu verzehren, wäre noch in den 1960er-Jahren undenkbar gewesen, ja als gefährlich angesehen worden! Inzwischen importiert der Inselstaat mehr als die Hälfte seiner Nahrungsmittel aus aller Welt, und die Kühltechnik hält alles frisch.[22]

Fleisch fürs Vaterland

Rinder gehören schon lange zur japanischen Landwirtschaft, aber nicht als Mastvieh, sondern als unentbehrliche Last- und Zugtiere, die auf den Reis-, Gersten- und Buchweizenfeldern ackerten und wertvollen Dünger lieferten. Der Verzehr von Fleisch wurde erst 1872 im Rahmen der Meiji-Reform legalisiert[27] – ja, er wurde geradezu Staatsraison! Denn Kaiser Meiji und seinen Politikern war nicht entgangen, dass die Marinesoldaten des amerikanischen Commodore Matthew C. Perry, der 1853/54 die Öffnung japanischer Häfen mit «Kanonenbootdiplomatie» erzwungen hatte, von deutlich kräftigerer Statur waren als seine japanischen Landsleute. Das wurde auf den täglichen Verzehr von Fleisch zurückgeführt. Und so hoffte die Meiji-Regierung, die Ziele ihres Slogans «*enrich the country, strenghten the army*», also «das Land bereichern, die Armee stärken», mit der Einführung einer fleischbetonten Küche rascher zu erreichen (**Abb. 122**).[7, 8]

Nach einigen Anfangsschwierigkeiten mit der *per ordre de Tenno* verordneten Fleischküche begann man, westliche Sitten in den Alltag einzupassen, wodurch buddhistische Speisevorschriften bei den meisten Menschen nach und nach in Vergessenheit gerieten. 1873 wurde sogar die französische Küche als Standard bei Empfängen für westliche Diplomaten und Politiker eingeführt. Japanische Politiker und der Tenno höchst-

Abb. 122: Der japanische Kaiser wollte es nicht länger hinnehmen, dass seine Soldaten die kleinsten waren, und so verordnete er seinem Volk kräftige Fleischnahrung. Soldaten im Jahr 1900, Allianz gegen den Boxeraufstand; von links nach rechts: Großbritannien, USA, Australien, Indien, Deutsches Reich, Frankreich, Österreich-Ungarn, Italien, Japan.

selbst erschienen im Frack und nicht in ihrer Landestracht. Und wer sich damals weigerte, Rindfleischgerichte in einem der neuen Restaurants in Tokio oder Yokohama zu essen, galt als hoffnungslos rückständig und war gesellschaftlich erledigt.[7,8]

Inzwischen findet man dort so viel Geschmack an Steaks und Schnitzeln, dass Japan zu einem der wichtigsten Fleischimporteure des Weltmarkts avancierte. Natürlich wurde seit jeher Fleisch gegessen, sofern es verfügbar war, und was die Religion verbot, brachte der Hunger heimlich auf den Tisch, sei es nun, dass ein Feldhase oder ein greises Rind den Hunger der schwer schuftenden Bauern stillen musste. Außerdem wurden Tiere oder Teile von ihnen aus medizinischen Gründen verspeist, Schlangenblut beispielsweise gilt als lebensverlängernd. Solchen Aberglauben übernahmen die Japaner wohl aus dem reichen mystischen Repertoire der Chinesen.

Japanische Rinder-Märchen

Um die Entstehung der japanischen Fleischgerichte rankten sich bald reizende Mythen. Das Sukiyaki soll auf Soldaten zurückgehen, die sich einst ihr Steak draußen auf einer Pflugschar grillen mussten, weil die Zubereitung von Fleisch in einer buddhistischen Küche strengstens verpönt war. Pflugschar heißt *suki*, grillen *yaku*; daher der Name Sukiyaki für das berühmte Rindfleischgericht. *Suki* klingt zugleich aber auch wie das Verb «mögen, lecker finden», und das illustriert die typisch japanische poetische Herangehensweise ans Essen.

Tatsächlich entstand Sukiyaki erst zu Beginn des 20. Jahrhunderts und war bei den Europäern und Amerikanern, die als Diplomaten nach Japan kamen, sehr beliebt. Dabei werden hauchdünne Steakscheiben in Rindertalg angebraten und dann mit ein wenig Zucker besprenkelt. Danach kommen Sojasauce und Sake in die Pfanne, in der dann auch die Gemüse gebraten werden. Zucker ist neben der Sojasauce in der japanischen Küche übrigens allgegenwärtig, er steckt auch im Mirin, dem süßen Kochsake.

Zu einer besonderen Köstlichkeit gerät Sukiyaki mit Kobe-Beef. Schon 1977 stilisierte der *Spiegel* das hierzulande noch weitgehend unbekannte Fleisch der schwarzen Wagyu-Rinder zur «kulinarischen Kostbarkeit»: «Japans Elite-Rinder, weltberühmt als ‹Kobe-› oder ‹Matsuzaka-Beef›, wiederkäuen kein gewöhnliches Wiesengras; sie fressen von klein auf stärkendes Getreide. (...) Als sei dies noch nicht Stärkung genug, werden die Kobe-Rinder liebevoll mit Bier gemästet, mit Schnaps geduscht und von Hand massiert. Erst das allabendliche kräftige Durchwalken erzielt die hochgeschätzte Marmorierung des Fleisches. Und dafür sind Japans Gourmets dann auch gern bereit, im Laden an der Ecke 2800 Yen (23,80 Mark) zu bezahlen – pro 100 Gramm.» [1]

Doch Massagen bewirken kein durchmarmoriertes und zarteres Fleisch, die Marmorierung ist genetisch bedingt.[6, 16] Für die Zartheit ist die überwiegend bewegungsarme Haltung verantwortlich, bei der sich weder Muskelmasse noch harte Fleischfasern bilden können. Die Massage, im Zweifelsfalle auch ohne Reisschnaps, dient vielmehr der Durchblutung und dem Lösen von Verspannungen. Bier saufen dürfen die Tiere allenfalls im Sommer zur Appetitanregung,[16] womöglich, weil sie zu viel Getreide ins Futter bekommen. Seine leicht verdauliche Stärke wird von den Mikroorganismen im Pansen rasch zu Milchsäure vergoren. Pansenübersäuerung ist die Folge, Appetitlosigkeit stellt sich ein, in schweren Fällen sogar der Tod – und gerade deswegen bekäme den Rindern das geschmähte Wiesengras besser. Denn das enthält praktisch keine nahrhafte Stärke, sondern vor allem stützende Cellulose. Wiederkäuer wie Rinder sind ja von Natur aus an solche nährstoffarme, für den Menschen unverdauliche Nahrung angepasst, und das hat ihn auch dazu veranlasst, sie zu Haustieren und Fleischlieferanten zu machen, nicht aber zu Nahrungskonkurrenten.

Kobe-Beef des höchsten Qualitätsgrades besteht fast ausschließlich aus Fett, nur die mittleren Qualitäten **(Abb. 123)** ähneln unserem vertrauten Entrecôte. Natürlich können sich weder Herr Tanaka noch Frau Marumo bei den gesalzenen Preisen öfter Kobe-Beef leisten, es wird vor allem bei

Geschäftsessen kredenzt. Und nicht zuletzt ist die Zubereitung dieses speziellen Fleisches alles andere als trivial. Es wird nicht etwa wie ein ordinäres Steak in die Pfanne gehauen oder gar auf den Grill geworfen, sondern verlangt Fingerspitzengefühl. Zuerst wird es in wenig heißem Öl angebraten, der weitere Garprozess aber im eigenen Fett fortgesetzt: Sein Fettrand wird abgeschnitten, ausgelassen und das in breite Streifen geschnittene Steak darin *à point* fertiggebrutzelt und auf dem Teller wieder zusammengesetzt. Eine trickreiche Zubereitungsweise, die gelernt sein will.

Borstenvieh und Hühnerspieß

Preiswerter als Kobe-Rind und fast überall zu haben ist Tonkatsu, ein Schweinskotelett, das meist auf Kohl angerichtet wird **(Abb. 124)**. Tonkatsu ist ein typisches Arbeiteressen, das verbrauchte Energie zurückbringt. Auch die über Holzkohle gegrillten Hähnchenspieße, die Yakitori, finden reißenden Absatz **(Abb. 125)**. Dabei wird das ganze Huhn verwendet – bis auf das Brustfleisch, denn das ist zum Grillen zu trocken. Einige Spieße werden nur mit der Haut, andere nur mit den Lebern bestückt. Das Geheimnis ihres Erfolgs dürfte vor allem in der Sauce liegen: Die Spieße werden während des Grillens nämlich wiederholt in eine Mischung aus Hühnerbrühe, Sake, Sojasauce, Mirin, also süßem Kochsake, und Zucker getaucht. Was davon übrig bleibt, kommt am nächsten Tag in die neue Charge, und die besten Yakitori-Grillstände pflegen ihre Sauce auf diese Weise bis zu zehn

Abb. 123: Mehr Fett als Muskel: Kobe-Beef.

Jahre lang weiter.²⁷ Das garantiert die Bildung stimmungsaufhellender Saucenbestandteile.

Ähnlich beliebt wie Hühnerspieße sind Stachelhäuter wie Seegurken (*Holothurioideae*) oder Manteltiere wie Seescheiden (*Ascidiaceae*). Fermentierte Seegurken-Innereien gehören in Japan sogar zu den größten Leckereien überhaupt – aber wie kann das sein? Innereien enthalten große Mengen Eiweiß, und die werden bei der Fermentation in ihre Bestandteile zerlegt, die Aminosäuren. Eine davon ist die Glutaminsäure, die sich im Beisein des allgegenwärtigen Kochsalzes in ihr Salz, das Glutamat, umwandelt. Und dieser Geschmacksverstärker sorgt bekanntlich für die Geschmacksempfindung *umami*. Ebenso entscheidend dürfte sein, dass im Gurkengedärm zahlreiche marine Bakterienarten leben, und die sind eine unerschöpfliche Quelle interessanter Naturstoffe. So sorgt das Bakterium *Pseudoalteromonas piscicida* in Schwämmen für die Produktion psychotroper Substanzen, der Nor-Harmane.¹⁵ Diese Schwämme werden zwar nicht verspeist, aber wer weiß schon, was noch so alles in japanischen Meeresleckerbissen steckt ...

Noch bis vor wenigen Jahren lebte man in Japan in einer strengen vertikalen Hierarchie, und auch die Welten von Frau und Mann waren weitgehend getrennt. Männer aßen etwas anderes als Frauen, und wenn sie sich zu ihrem süßen Zahn bekannten, drohte ihnen der Spott ihrer Kumpel.

Abb. 124: So servieren Japaner stäbchengerecht ein Schweineschnitzel.

Abb. 125: Hähnchenspieße Yakitori. Hier die Version mit Hühnerbeinfleisch und Lauchzwiebeln.

In Kneipenrestaurants, die Innereien anbieten, sind Frauen noch immer nicht sonderlich gern gesehen, die raue Atmosphäre dort sagt Japanerinnen aber sowieso nicht besonders zu.[2] Berufstätigen Männern und Frauen ist jedoch gemein, dass ihre Arbeit nur von kurzen Mittagspausen unterbrochen wird, und so wurde die Nudelterrine das japanische Büroessen schlechthin. Niemand muss Angst haben, dass er sein Mittagessen nicht rechtzeitig aufessen kann! Schlürfen ist erlaubt, denn die heißen Nudeln dürfen der Abkühlung wegen schnell und geräuschvoll eingesaugt werden.

Die Terrinen enthalten meist Ramen, das sind chinesische Nudeln aus Weichweizenmehl, die sich auch gut für Instantgerichte eignen. Ihre heimischen Gegenstücke, die breiten Udon und die dünnen Somen, kommen dagegen in den Garküchen frisch auf den Tisch. In den drückend heißen und schwülen Sommermonaten Tokios wiederum gehen vor allem kalte Buchweizen-«Spaghetti», Soba genannt, über die Tresen **(Abb. 126)**. Auch wenn es ein eher bescheidenes Gericht ist, wird es doch in vollendeter Harmonie serviert: Über die graubraunen Soba, angerichtet auf einem hellen Bambusgeflecht, werden dunkle Nori-Flocken gestreut, flankiert von einem Tupfen hellgrünen Wasabis und einem Schälchen Sojasauce. Ebenso vollkommen ist die physiologische Wirkung: Den Salzverlust der Schwitzenden kompensiert die Sojasauce, in die die Nudeln gedippt werden, der scharfe grüne Wasabi dient als Muntermacher.

Abb. 126: Kalte Buchweizennudeln auf Eis erfrischen im schwül-heißen Tokioter Sommer japanische Gaumen.

Aufgepeppt: Reis

Nun ist das Grundnahrungsmittel Reis bekanntlich nicht besonders aromastark, und daher kam es – natürlich nicht nur in Japan – zur Entwicklung spezieller «Schmackreizungen», wie es österreichische Gourmets einst so treffend ausdrückten. Poetisch umschrieben heißt es in Japan: «Die Rolle der Beilagen besteht darin, noch mehr Appetit auf Reis zu machen.»[10] Vor allem fermentierte Würzmittel wie Sojasauce befriedigen das angeborene Verlangen nach dem Geschmack von Fleischbrühe, wie es von natürlichen Geschmacksverstärkern hervorgerufen wird. Der bekannteste ist das Glutamat, das ja ein natürlicher Bestandteil aller eiweißhaltigen Lebensmittel ist. Doch die Hauptquelle tierischen Proteins, der Fisch, ist in frischem, rohem Zustand ebenso arm an *umami* wie in gekochtem. Ohne Sojasauce und ähnliche *umami*-Aromen wäre die japanische Küche undenkbar.

Den Reis mit Röstaromen aufzupeppen, wie es in praktisch ganz Asien praktiziert wird, ist in Japan verpönt. Auch wird der strahlend weiße, als göttlich geltende ungesalzene Reis nicht etwa mit dunkler Sojasauce befleckt, sondern ästhetisch anspruchsvoll mit verschiedenen bunten Mixturen aus Sesam, Meeresalgen- und Bonitoflocken bestreut. Kein Wunder, strotzen sie doch vor natürlichen Geschmacksverstärkern.

Abb. 127: Die Suppengrundlage der Japaner: Das ist kein alter Suppenknochen oder gar ein Holzscheit, sondern ein Katsuobushi, ein Thunfischfilet. Es wird über Wochen luftgetrocknet und dabei fermentiert, wodurch die gewünschten Geschmacksverstärker entstehen.

Seetang und Flocken aus fermentiertem Bonito bilden daher auch die Grundlage von Dashi, der allgegenwärtigen Brühe, die als japanisches Pendant zu unserem Rinder- oder Hühnerfond den meisten japanischen Gerichten Würze verleiht (Abb. 127 + 128). Der getrocknete Seetang, der Konbu (vor allem *Saccharina japonica*), liefert Glutamat; er muss aber entfernt werden, bevor das Wasser kocht, da er sonst einen unangenehmen Geruch entwickelt. Dashi enthält auch noch jede Menge Inosinylat und Guanylat, sie sind ebenfalls Geschmacksverstärker aus dem fermentierten Bonito (*Katsuwonus pelamis*). Das Fleischaroma des Dashi wird in vielen Rezepten durch Sojasauce und Sake noch optimiert, denn die drei Zutaten ergänzen sich perfekt; auch Sojasauce und Sake enthalten erhebliche Mengen Glutamat.[4] Soll der Reis für Sushi verwendet werden, kommt ebenfalls Kombu kurz mit ins Reiskochwasser, denn sein Glutamat sorgt für unterschwelligen Wohlgeschmack.

Die Fermentation sorgt aber nicht nur für einen intensiven Geschmack nach «Fleischbrühe», sie liefert auch allerlei stimmungsbeeinflussende Stoffe, beispielsweise β-Carboline.[3, 14] Anderenfalls würde der Körper die Täuschung des Gaumens bzw. den geringen Nährwert nicht dauerhaft akzeptieren. Hinzu kommen weitere gereifte Spezialitäten, z. B. die Tsukemono, japanische Pickles (Abb. 129). Dafür werden Gemüse – vom Rettich bis zum Kürbis – gesalzen und in Reiskleie eingelegt. Dann müssen sie,

Abb. 128: Natürlich wird nicht der ganze Katsuobushi ausgekocht, sondern nur eine Handvoll abgehobelter Späne.

je nach Gemüsesorte und gewünschter Qualität, einige Tage bis mehrere Jahre fermentieren. Wie es der Zufall so will, steckt in dem Abfallprodukt der Reismühlen das β-Carbolin Salsolinol, ein Stimmungsmacher, der uns auch als typischer Inhaltsstoff von Schokolade vertraut ist.[23] Kein Wunder, dass diese Pickles von Japanern so leidenschaftlich geliebt werden. Durch die Fermentation entstehen noch weitere Carboline mit psychotroper Wirkung.[21]

Das hierzulande wohl bekannteste fermentierte Gemüse ist Takuan, das aus dem japanischen Riesenrettich erzeugt wird. Diese *daikons* werden im November geerntet, abgeraspelt und mehrere Wochen lang an der Winterluft getrocknet. Dann halbiert man sie und schichtet sie – ähnlich wie den Kohl für Sauerkraut – in ein Fass, wo sie acht Monate lang milchsauer gären dürfen und sich von weiß nach gelb verfärben. Takuan zu erzeugen, ist also sehr aufwendig, sein Nährwert aber ebenso gering wie der von anderen Tsukemono. Man ahnt, dass es sich dabei wohl vor allem um die Bildung von psychotropen Wirkstoffen dreht.[11, 17, 19, 22]

Und dafür gibt es noch einen Hinweis: Für die Älteren ist eine Mahlzeit ohne Tsukemono undenkbar, die Jüngeren verzichten schon mal auf sie. Das muss aber nicht heißen, dass sich ihr Geschmack grundlegend geändert hat. Heute werden viele Pickles «künstlich» hergestellt, das heißt, schnell gereift und dann gefärbt, was die Herstellungskosten deut-

Abb. 129: Die japanischen Pickles stecken voller Stimmungsmacher, hier gilt: Sauer macht lustig!

lich senkt. Dass sich bei diesen Hauruck-Verfahren weder begehrte Stimmungsmacher noch das gewünschte Aroma bilden, liegt auf der Hand.

Elastische Traditionen

Die Vorstellung, Fisch roh zu verzehren, jagte westlichen Gourmets noch vor wenigen Jahrzehnten Schauder über den Rücken, doch inzwischen gehört Sushi in Europa und Nordamerika zum Standardbüroessen. Ein Teil des Sushi-Booms dürfte allerdings auch von der Annahme hervorgerufen worden sein, eine magere Alternative zu fettigem Fastfood wie Burger oder Döner gefunden zu haben. Dabei wird Sushi in Japan möglichst nur mit Fisch belegt, der gerade seinen optimalen, also höchsten, Fettgehalt aufweist und darum am besten schmeckt.[2, 5, 26] Japanische Kochbücher enthalten grundsätzlich entsprechende Fischsaison-Tabellen, die übrigens früher auch bei uns in jedem einfachen Landkochbuch zu finden waren.

Hinzu kommt, dass es sich bei dem heutigen Sushi nicht um ein altehrwürdiges Traditionsgericht handelt, sondern um eine moderne Weiterentwicklung der Urform *nare-zushi*. Die allerdings würde hierzulande nur wenigen munden. Denn japanisches Sushi hat seinen Ursprung nicht an der Meeresküste, sondern an den Ufern des Biwa-Sees im Landesinneren: Um Karauschen, japanisch *funa* (*Carassius auratus grandoculis*), haltbar zu machen, wurden sie ausgenommen, gesalzen und nach etwa drei Monaten abwechselnd mit in Reisessig gesäuertem gekochtem Reis in Eimer geschichtet, wo sie mehrere Monate unter Luftabschluss fermentieren konnten. Dadurch entwickelte das *funazushi* sein betörendes Schwefelaroma. Das Ganze diente der Haltbarmachung wertvollen Proteins, außerdem machte die Säure die Gräten weich, sodass sie als Kalziumquelle mitverzehrt werden konnten; ein Verfahren, das übrigens in ganz Südostasien bekannt ist. Der Reis allerdings wurde stets weggeworfen. Traditionelles Sushi war also weder fangfrisch noch roh.

Wie anpassungsfähig die japanische Küche ist, zeigt auch *o-toro*, ein fast nur aus Fett bestehendes Stück des Thunfischbauchs, das astronomische Preise erzielt. Und das, obwohl in Japan einst neben Rind und Schwein auch Thunfisch verpönt war. Auf dem Tisch eines Upperclass-Samurais hatte dieser Arme-Leute-Fisch nichts verloren.[2] Dasselbe galt für den Lachs, der inzwischen neben dem Thunfisch zur beliebtesten Sushi-Zutat aufstieg. Lachs galt einst als «unrein», weil er aus dem Meer in die Flüsse zog, um dort zu laichen.[28] Der wahre Hintergrund dürfte darin liegen, dass er besonders häufig mit Parasiten wie Fadenwürmern (*Anisakis sp.*) und Fischbandwürmern verseucht ist, die auch beim Menschen zu unangenehmen Erkrankungen führen.[18]

Erst zu Beginn des 19. Jahrhunderts wurde das heute als höchste Kunstform aller Sushi-Spielarten angesehene *nigiri-zushi* entwickelt. Dabei werden ausgesuchte, perfekt zugeschnittene Scheiben aus Fisch oder Meeresgetier auf mundgerechte «Finger» des dezent gesäuerten Reises drapiert. Und viele der modernen und heute besonders beliebten Sushi-Spielarten erblickten sogar noch später das Licht der Welt, nämlich bei den Exil-Küchenchefs der japanischen Gemeinden in Kalifornien. Sie versuchten in den 1970er-Jahren, Sushi mit Avocadocreme und sogar mit Mayo an den Geschmack der Amerikaner anzupassen. Inzwischen werden viele davon sogar in Japan geschätzt.[13]

Hiesige Sushi-Häppchen unterscheiden sich allerdings in der Regel von ihren japanischen Vorbildern: In Japan wird frischer Fisch bevorzugt, bei uns gefrosteter, der wieder aufgetaut und dann als Frischfisch angeboten wird. Das Tiefgefrieren tötet Parasiten ab, die gefährliche Krankheiten verursachen können, beispielsweise Würmer. In Japan nimmt man dieses Risiko für die Textur eines wirklich frischen Fisches in Kauf. Die entsprechenden Erkrankungen sind den Ärzten dort aber geläufig, außerdem achten japanische Fischhändler sehr auf die Frische ihrer Ware, da sie wissen, dass einiges davon roh verzehrt werden soll.[22]

Sushi aus tiefgekühltem Fisch gilt in Japan als unappetitlich, da er eine veränderte und zähere Textur aufweist, und die ist man nicht gewohnt. Gummiartigen rohen Tintenfisch, der wiederum bei uns niemanden zu

Begeisterungsstürmen hinreißen würde, schätzt man in Japan dagegen sehr, denn Zähigkeit ist seine naturgegebene Eigenschaft. Die enorme Bedeutung der Textur ist typisch für die japanische Küche (und für die chinesische, siehe Seite 185 f.). Dadurch können japanische Köchinnen und Köche aus ihren begrenzten Rohstoffen eine breite Vielfalt von Gerichten kreieren.[22] Und da der Mensch ein Augentier ist, werden die vielen kleinen Portionen wie Kunstobjekte gestaltet und angerichtet – je größer die Variabilität, desto vornehmer das Mahl.

Die Hundertjährigen, die sich vom Acker machten ...

Statistisch gesehen werden Japaner besonders alt, und das liegt an ihrer gesunden Küche, vor allem am grünen Tee und dem rohen Fisch, am cholesterinfreien Tofu und den naturbelassenen Algen! Das zumindest glaubten hiesige Ernährungsfreaks.[22] Wer von ihnen konnte schon ahnen, dass beispielsweise frisches Obst in der traditionellen japanischen Küche eine eher selten genossene Spezialität ist? Die dortigen Obstsorten sind entweder zu sauer, zu bitter oder zu fade und müssen erst einmal aufwendig von Bitterstoffen befreit, getrocknet oder eingelegt werden, wenn sie den Gaumen nicht mehr beleidigen sollen. Und die mangelnde Achtung der Japaner vor frischem Grünzeug spiegelt sich in der Sprache wider: Das japanische Repertoire an Schimpfworten ist zum erklecklichen Teil dem Reich des Gemüses entlehnt ...[20]

Geschätzt werden in Japan dagegen Walblubber und Weißreis, Schweinefleisch und Sake sowie Zucker und Salz – was man aber im fernen Europa lange nicht so recht durchschaute. Vor allem die als besonders langlebig geltenden Einwohner Okinawas auf den Ryūkyū-Inseln lieben Schweinefleisch. Doch die Küche Okinawas ist für Japan recht untypisch, denn das ehemalige Reich Ryūkyū ist geografisch weit von Südjapan entfernt und stand stets unter chinesischem Einfluss. Erst 1879 wurde dort von Japan die Präfektur Okinawa eingerichtet, und bis heute gelten die Beziehungen zu Japan als belastet.[12] Die Insulaner essen mehr Süßkartoffeln als Reis; und sowohl die Zutaten als auch die Zubereitungsart ihrer Kost wurden stark von China und Südostasien beeinflusst.[26]

Dass man sein Leben durch den eifrigen Verzehr japanischen Essens verlängern könnte, ist eine eher naive Vorstellung. Noch zu Beginn des 20. Jahrhundert aßen die ärmeren Bauern, abhängig von der Präfektur, vor allem geschälte Gerste, vermischt mit etwas Reis. Reis allein wäre viel zu teuer gewesen. Zudem galt er auch als Zahlungsmittel und war manches Mal zu wertvoll zum Essen. In manchen Gegenden reichte es sogar nur für Hirse.[24, 26] Die heute über Hundertjährigen ernährten sich also meist extrem einseitig, und das gilt bei uns nicht gerade als ideal.

Als Behördenmitarbeiter den Methusalems im Jahr 2010 einen Besuch abstatten wollten, wurden sie bitter enttäuscht: Allein in Osaka hatten über 5000 Hochbetagte nur noch in den Melderegistern überlebt; kein Wunder, waren sie doch theoretisch allesamt zwischen 125 Jahren und 153 Jahren alt. Wenige Wochen später berichteten die japanischen Medien von über 230 000 vermissten Senioren. Beim Durchforsten der Akten wurden sogar ein paar 180-Jährige gefunden!

Verursacht wurden diese «Altersrekorde» also nicht vom «gesunden» japanischen Essen, sondern von den vergreisten Melderegistern. Und auch vom Rentensystem: Je weiter man sein Geburtsdatum vorverlegte, desto früher gab es Geld. Außerdem wird die Rentenzahlung in Japan erst dann eingestellt, wenn die Angehörigen den Todesfall melden und freiwillig auf die Kohle verzichten.[26] So musste die Mär von der lebensverlängernden japanischen Kost in aller Stille begraben werden. Aber da sich inzwischen an jeder Ecke eine Sushi-Bar findet, hat das Wissen über diese außergewöhnliche fernöstliche Küche bei uns endlich erfreulich zugenommen!

Rezepte

Für die meisten japanischen Rezepte, und seien es nur die Dips, benötigt man Dashi, also die klare Brühe, die aus frisch geschabten Katsuobushi-Flocken und Seetang zubereitet wird (siehe Seite 127 f.). Leider ist bei uns selbst in gut sortierten Asia-Shops praktisch nur das Dashi-Instantpulver erhältlich, das lediglich eine ungefähre Vorstellung des Originalgeschmacks liefert. Daher haben wir auf japanische Klassiker wie Misosuppe und Nudeleintöpfe verzichtet. Aber einige kommen auch ganz ohne Dashi aus, für andere braucht man japanische Hühnerbrühe, die man leicht selbst kochen kann.

Als Würze benötigt man in der japanischen Küche oft Mirin, also süßen Reiswein. Im Laden darauf achten, echten Mirin und nicht Würzzubereitungen nach «Mirin-Art» usw. zu kaufen. Im Zweifelsfall lieber nachfragen!

Dasselbe gilt auch für die japanische Sojasauce: Unbedingt die natürlich gebrauten und daher – genau wie Bier – dünnflüssigen Sorten kaufen, da stecken keine künstlichen Farb- und Aromastoffe drin. Die helle schmeckt ein wenig süßer und salziger als die dunkle, und sie verfärbt die Speisen weniger stark.

Makrele in Sake – Saba Nitsuke

Fisch wird in Japan natürlich nicht nur roh gegessen. Dieses Gericht schmeckt mit fetten Fischarten wie Makrelen und Heringen besonders gut, aber es gelingt auch mit weißfleischigem Seefisch wie Seelachs.

Für 4 Personen

2 frisch(!) filetierte Makrelenfilets mit Haut, zusammen ca. 400 Gramm
¾ Tasse Sake
knapp eine halbe Tasse Mirin
knapp eine halbe Tasse dunkle japanische Sojasauce
2 TL frischer Ingwer, gehackt
1 Prise Zucker

Die beiden Filets jeweils ästhetisch ansprechend schräg halbieren.

Den Sake in einem schweren Topf erhitzen, bis er gerade zu köcheln anfängt. Die Makrelenfilets mit der Haut nach oben hineinlegen und Herd auf höchste Stufe schalten, damit der Sake rasch kocht. Dann nacheinander den Mirin, die dunkle Sojasauce und den Ingwer über die Filets geben. Also: nicht etwa alles gleichzeitig hineinkippen, sondern nach dem Mirin warten, bis es wieder kocht, dann die Sojasauce hineingießen, aufkochen lassen, Ingwer rein, kochen lassen und am Schluss noch den Zucker darüberstreuen. Was etwas umständlich klingt, hat den Zweck, dem Fisch den Geruch zu nehmen.

Die Filets mit einem passend zugeschnittenen Stück Backpapier bedecken und bei großer (!) Hitze ungefähr zehn Minuten lang kochen. Mit einer Gabel prüfen, ob der Fisch gar ist.

Die Filets vorsichtig mit einem Pfannenwender (ein Tortenheber geht auch) herausheben. Mit der Haut nach oben auf je einen Teller legen und mit ein paar Tropfen Kochflüssigkeit beträufeln. Der Mirin hat die Makrelenhaut zum Glänzen gebracht.

Der Fisch schmeckt sowohl heiß als auch bei Zimmertemperatur, und dazu gibt's weißen japanischen Reis. Besonders Hungrige bekommen dazu noch eine Suppe serviert.

Hier geht's nicht um Fisch, sondern um die Totalverwertung eines Huhns!

Yakitori – Gegrillte Hühnerspieße (Abb. 125)

Für die beliebten Grillspieße nutzen die Japaner sämtliche Teile des Huhns – auch seine Innereien. Heute kommen Hühner bei uns leider fast nur noch ausgenommen, oft vom Fett befreit, oder als Bein- und Bruststücke, in den Handel. Dabei geht die Geschmacksvielfalt des Federviehs aber verloren!

Fragen Sie doch mal Ihren Fleischer, Geflügelhändler oder im Hofladen nach einem oder gleich zwei vollständigen Vögeln, die am besten auch noch freilaufend aufgezogen wurden. Reste werden nicht übrig bleiben, denn aus dem Hühnerklein können Sie gleich noch die Hühnerbrühe für unseren letzten Rezeptvorschlag kochen.

Die Sauce:
Einfache Yakitori-Sauce

7 TL Sake
¾ Tasse dunkle japanische Sojasauce
3 TL Mirin, der süße Kochsake
2 TL Zucker

Alle Zutaten zusammen aufkochen. Fertig.

Japan

Klassische Yakitori-Sauce

Wenn Sie Geschmack an Yakitori gefunden haben, lohnt es sich, die Zutaten für die aufwendigere, aber wiederverwendbare Sauce einzukaufen.

die Knochen eines Hühnerbeins
gut 1 Tasse Sake
gut ½ Tasse Mirin
gut 150 g Kandis
2 Tassen dunkle japanische Sojasauce
3 TL Tamari-Sauce, das ist eine dicke japanische Sojasauce

Hühnerknochen auf dem Grill oder in der Pfanne rösten, bis sie trocken und rösch sind. Aber nicht verbrennen lassen!

Alle anderen Zutaten in einem kleinen Topf gut verrühren. Knochen dazugeben und bei sanfter Hitze köcheln, bis nur noch gut Dreiviertel Flüssigkeit übrig sind. Abkühlen lassen, Knochen wegwerfen und in eine gut schließende Flasche abfüllen. Im Kühlschrank lagern.

Sollten Sie Ihre Spieße vor dem Grillen lieber in die Sauce eintauchen, statt sie damit zu bepinseln, dann müssen Sie sie nach jedem Yakitori-Schmaus aufkochen und einige Minuten lang köcheln lassen. So treiben Sie ihr die überschüssige Flüssigkeit vom Grillgut aus. Bleibt sie drin, verdirbt die Sauce. Abkühlen lassen und durch ein Durchschlagsieb zurück in die Flasche geben.

Die Spieße

In Japan rechnet man pro Person mit zehn Spießchen. Da die einzelnen Fleischsorten unterschiedliche Garzeiten haben, werden die Spieße immer nur mit einer zugleich bestückt, und zwar so:

Beinfleisch
Beinfleisch mit Frühlingszwiebeln kombiniert
Flügel, Spitzen entfernt
Haut, in Quadrate geschnitten
Hähnchenlebern
Hähnchenmägen
Hähnchenmägen mit Frühlingszwiebeln kombiniert

Gemüse: 1–2 Paprikaschoten
1 Bund Frühlingszwiebeln

Das Brustfleisch wird auf dem Grill zu schnell trocken und eignet sich nicht für die Spieße. Wenn Sie es für unseren nächsten Rezeptvorschlag aus Japan aufheben wollen, müssen Sie die Haut dranlassen.

Vorbereitung:
Hähnchen zerteilen, entbeinen. Gemüse putzen. Leber und Magen waschen und halbieren. Fleisch und Haut in ca. 2 ½ cm große Würfel bzw. Quadrate schneiden. Paprika in 2 ½ cm große Quadrate, Frühlingszwiebeln in ebenso lange Stücke zerschnippeln. Falls Sie die Yakitori im Ofen grillen wollen, schneiden Sie etwas größere Stückchen zurecht. Dadrin wird's nicht so heiß wie über dem Holzkohlegrill, und kleine Stücke trocknen schneller aus.

In Japan steckt man die Stückchen auf ca. 20 cm lange Bambusspieße, aber die hölzernen Schaschlikspieße aus dem Supermarkt genügen völlig. Wenn die Yakitori nicht über Holzkohle, sondern im Ofen gegrillt werden, empfiehlt es sich, sie vorher 1 Stunde in Wasser einzuweichen, da sie sonst an den Enden rasch verkohlen.

Die bestückten Spießchen auf den Grill legen und einige Minuten lang erhitzen. Dann mit der Yakitori-Sauce bepinseln oder einfach eintauchen. Weitergrillen und nochmals mit Sauce würzen. Wenn Sie die Spießchen eintauchen, müssen Sie überschüssige Flüssigkeit unbedingt ablaufen lassen; wenn sie auf die glühenden Kohlen tropft, schlagen Ihnen Flammen entgegen. Nicht zu lange auf dem Grill lassen, lieber mal prüfen, bevor Fleisch oder Gemüse zu trocken werden.

Die fertigen Spieße kommen gleich auf eine Servierplatte, und dann dürfen die Gäste nach Belieben zugreifen.

Mariniertes Hühnerfleisch – Toriniku Tatsuta-age

Haben Sie noch ein knappes Kilo Brustfleisch von Ihren Yakitori-Experimenten übrig, dann reicht es für vier Personen. Sonst einfach die Mengenangaben für die Marinade umrechnen.

Pro Kilo Fleisch rechnet man mit folgenden Mengen für die Marinade:

7 TL Sake
4 TL helle japanische Sojasauce
gut 1 TL Ingwersaft; also frischen Ingwer reiben und auspressen.
gut 2 TL klein gehackte Frühlingszwiebel
Hühnerbrust mit Haut
Öl zum Frittieren
1 Tasse Mehl

Fleisch in mundgerechte Stücke schneiden. Die Marinadezutaten vermischen und die Fleischstücke darin 30 Minuten marinieren. Am besten mit den Händen durchmischen, damit es völlig von der Marinade bedeckt wird.

Ein großzügiges Quantum Öl auf mittlere Temperatur erhitzen, etwa 170 Grad. Die Marinade vom Fleisch abtropfen lassen und leicht mit Mehl bestäuben. 2 bis 3 Minuten ruhen lassen und dann immer nur wenige Stücke auf einmal frittieren, damit das Öl nicht zu stark abkühlt.

Sobald das Hühnerfleisch gar ist, auf Küchenpapier legen, damit überschüssiges Fett aufgesogen wird. Dazu serviert man in Japan gern eine

Suppe mit geschlagenem Ei – Kakimata-jiru

Für 4 Personen

5 Tassen Hühnerbrühe (s. u.)
1 TL Salz
½ TL helle japanische Sojasauce
ein Schuss Sake
2 TL Maisstärke
2 Eier
½ TL frischer Ingwersaft
einige zerschnittene und blanchierte Spinatblätter

Zuerst müssen Sie die japanische Hühnerbrühe zubereiten, aber dazu brauchen Sie nur Wasser, Salz und etwas helle Sojasauce.

Faustregel: Pro 100 g Hühnerklein benötigt man 9 Tassen Wasser, einen knappen TL Salz und einen TL Sojasauce.

Kochen Sie das Hühnerklein im offenen Topf auf kleiner Flamme so lange, bis das Wasser zur Hälfte verdampft ist. Das dauert um die anderthalb Stunden. Regelmäßig abschäumen. Salz und Sojasauce erst zufügen, wenn die Brühe eingekocht ist. Dann durch einen Durchschlag geben und ausgekochtes Hühnerklein wegwerfen. Wenn noch Fleisch dran ist, als kleine Stärkung zwischendurch genießen.

Nun geht's mit der Suppe weiter. Hühnerbrühe gerade zum Sieden bringen, mit Salz, Sojasauce und Sake nach Geschmack würzen und auf schwacher Hitze simmern lassen. Die Maisstärke mit 2 TL kaltem Wasser verrühren und in die Brühe geben, ca. 30 Sekunden rühren, bis die Brühe andickt, und Hitze wieder hochschalten. Auf keinen Fall kochen lassen!

Das verschlagene Ei spiralförmig in die Brühe geben, also über die ganze Oberfläche verteilen. Eine halbe bis eine Minute stocken lassen, erst dann vorsichtig mit einem Schneebesen umrühren, damit sich das Ei in appetitliche Fäden teilt.
Nun Ingwersaft und Spinatblätter hinzugeben und auf die Schüsseln verteilen.

Quellen und Literatur

Im Folgenden finden sich die Quellen nach Kapiteln sortiert. Auf die Quellen verweisen die Fußnoten in den Kapiteln, und zwar in der Abfolge ihrer Verwendung.

Kapitel 1: Großbritannien

1. Blanqui JA: Voyage d'un jeune Français en Angleterre et en Écosse, pendant l'automne 1823. Dondey-Dupré Père et Fils, Paris 1824. online abrufbar unter: https://gallica.bnf.fr/ark:/12148/bpt6k5698268p.Image#
2. Brackmann M: Das andere Kuhbuch. Landbuch Verlag, Hannover 1999
3. Branston TF: The hand-book of practical receipts of every-day use. Lindsay & Blakiston, Philadelphia 1857
4. Briggs R. The English Art of Cookery, According to the Present Practice. GGJ and J Robinson, London 1788
5. Dickens C: Leaves from the Mahogany Tree. A Slice off the Joint. In: All Year Round – A Weekly Journal Vol XX, 18. July: 127–129, London 1868
6. Dominé A et al [Hrsg.]: Culinaria. Europäische Spezialitäten. Könemann, Köln 1999
7. Elias N: Die höfische Gesellschaft. Suhrkamp-Verlag, Frankfurt am Main, 1983
8. Ferguson PP: A Cultural Field in the Making: Gastronomy in Nineteenth-Century France. American Journal of Sociology 1998; 194: 597–641
9. Gillman PK: Monoamine Oxidase Inhibitors (MAOI), Dietary Restrictions, Tyramine, Cheese and Drug Interactions. V2.2.1 Jan 2011, online abrufbar unter: http://psychotropical.com/pdfs/maois_diet_full.pdf
10. Jaine T [Hrsg.]: The Oxford Companion to Food. Oxford University Press, Oxford 2014
11. Kiehl ER, Rhodes VJ: Historical Development of Beef Quality and Grading Standards. University of Missouri, Research Bulletin 728, Columbia 1960

12. Mennell S: All Manners of Food: Eating and Taste in England and France from the Middle Ages to the Present. University of Illinois Press, Champaign 1996
13. Mortimer I: How the Tudors Invented Breakfast. 2013; online abrufbar unter: https://www.historyextra.com/period/tudor/how-the-tudors-invented-breakfast/
14. Nelson BC et al: Mass spectrometric determination of the predominant adrenergic protoalkaloids in bitter orange (Citrus aurantium). Journal of Agricultural and Food Chemisty 2007; 55: 9769–9797
15. Pollmer U [Hrsg.]: Opium fürs Volk. Rowohlt, Reinbek 2010
16. Rait FP: Percy & Halden Ltd: A Records of Percy and Halden (Holdings) Ltd, lubricant manufacturers1909–1988. Record of some reminiscences of the activities of the first 90 years. Kinning Park, Glasgow, Scotland 1977. Online abrufbar unter: https://www.archivesportaleurope.net/advanced-search/search-in-archives/results-(archives)/?&repositoryCode=GB-248&levelName=archdesc&t=fa&recordId=gb248-ugd260/1
17. Streller S, Roth K: Von Seefahrern, Meerschweinchen und Zitrusfrüchten. Chemie in Unserer Zeit, 2009; 43:38–54
18. Thoms U: Essen in der Arbeitswelt. Der Bürger im Staat 2002, 52:238–242
19. Touissant-Samat M: A History of Food. Wiley, Chichester 2009
20. Walling P: Counting Sheep – A Celebration of the Pastoral Heritage of Britain. Profile Book, London 2014

Kapitel 2: Frankreich

1. Aufhammer W: Getreide und andere Körnerfruchtarten. Ulmer, Stuttgart 1998
2. Bartoshuk L et al: Sweet taste of water induced by artichoke (Cynara scolimus). Science 1972; 178: 988–990
3. Belitz HD et al : Lehrbuch der Lebensmittelchemie. Springer, Heidelberg 2008
4. Dominé A et al [Hrsg.]: Culinaria. Europäische Spezialitäten. Könemann, Köln 1999
5. Dürrschmid K: Gustatorische Wahrnehmung gezielt abwandeln. Behr's, Hamburg 2009
6. Hänsel, R, Sticher O: Pharmakognosie – Phytopharmazie. Springer, Heidelberg 2007
7. Jaine [Hrsg.]: The Oxford Companion to Food. Oxford University Press, Oxford 2014

8. Lieberei R, Reissdorff C: Nutzpflanzenkunde. Thieme, Stuttgart 2007
9. Martin DC [Hrsg.]: Sur la Piste des OPNI. Éditions Karthala, Paris 2002
10. Rodhouse JC et al: Red kidney bean poisoning in the UK: an analysis of 50 suspected incidents between 1976 and 1989. Epidemiology and Infection 1990; 105: 485
11. Rolls ET: Brain mechanisms underlying flavour and appetite. Philosophical Transaction of the Royal Society London B 2006; 361: 1123–1136
12. Teuscher E, Lindequist U: Biogene Gifte. Fischer, Stuttgart 1994
13. Toussaint-Samat M: A History of Food. Wiley-Blackwell, Chichester 2009
14. Wilmenrod C: Die französische Küche. Vollmer, Wiesbaden 1963
15. https://de.wikipedia.org/wiki/Clemens_Wilmenrod

Kapitel 3: Von Nordafrika bis Griechenland

1. Aufhammer W: Getreide- und andere Körnerfruchtarten. Ulmer, Stuttgart 1998
2. Becker-Brandenburg K, Schirmer H: Malaria – mit neuen Methoden gegen eine alte Geißel der Menschheit. Online abrufbar unter: https://www.uni-heidelberg.de/uni/presse/ruca99_2/malaria.htm
3. Bekhouche F et al: «Lemziet»: Traditional couscous manufactured from fermented wheat (Algeria); investigation of the process and estimation of the technological and nutritional quality. African Journal of Food Science and Technology 2013; 4: 167–175
4. Belitz HD et al: Lehrbuch der Lebensmittelchemie. Springer, Heidelberg 2008
5. Boukid F: Cereal-Derived foodstuffs from North African-Mediterranean: From Tradition to Innovation. In: Boukid F: [Hrsg.]: Cereal-Based Foodstuffs: The Backbone of Mediterranean Cuisine. Springer Nature Switzerland, Cham 2021
6. Cheeke PR: Natural Toxicants in Feeds, Forages, and Poisonous Plants. Interstate Publishers, Danville 1998
7. Evershed RP et al. Dairying, diseases and the evolution of lactase persistence in Europe. Nature 2022; 608: 336–345
8. Fatima C: Production of couscous using the traditional method in Turkey and couscous in the world. African Journal of Agricultural Research 2013; 8(22): 2609–2615
9. Food and Drug Administration (FDA): Bad Bug Book: Foodborne Pathogenic Microorganisms and Natural Toxins. Second Edition. [Phytohaemagglutinin], 2012. Online abrufbar unter: https://www.fda.gov/food/foodborne-pathogens/bad-bug-book-second-edition

10. Friedman M Dao LJ: Distribution of glycoalkaloids in potato plants and commercial potato products. Journal of Agricultural and Food Chemistry 1992; 40: 419
11. Harbone JB: Introduction to Ecological Biochemistry. Academic Press, London 1993
12. Ingram C et al. Lactose digestion and the evolutionary genetics of lactase persistence. Human Genetics 2009; 124: 579–591
13. Jaine T [Hrsg.]: The Oxford Companion to Food. Oxford, 2014
14. Johns T: With bitter herbs they shall eat it: Chemical ecology and the origins of human diet and medicine. University of Arizona Press, Tucson 1990
15. Krauth-Siegel RL, Schirmer RH: Redoxprozesse bei Malaria und Trypanosomiasis als Ansatzpunkte für die Chemotherapie. Nachrichten aus Chemie; Technik und Laboratorium 1989; 37: 1026–1034
16. Lee A: Falafel. History Today 69 (1), London 2019. Online abrufbar unter: https://www.historytoday.com/archive/historians-cookbook/falafel
17. Lindner E: Toxikologie der Nahrungsmittel. Thieme, Stuttgart 1990
18. Maurizio A: Nahrungsmittel aus Getreide. Zweiter Band. Parey, Berlin 1926
19. Park J et al: Overexpression of glucose-6-phosphate dehydrogenase is associated with lipid dysregulation and insulin resistance in obesity, Molecular and Cellular Biology 2005; 25: 5146–5157
20. Pasqualone A et al: Symbolic meaning and use of broad beans in traditional foods oft he Mediterranean Basin and the Middle East. Journal of Ethnic Foods 2020; 7: 39. Online abrufbar unter: https://doi.org/10.1186/s42779-020-00073-1
21. Pollmer U, Warmuth S: Lexikon der populären Ernährungsirrtümer. Eichborn, Frankfurt 2007
22. Pulkkinen M: Occurrence of vicine and convicine in faba bean and their removal by hydrolysis. Dissertation Universität Helsinki 2019
23. Rizello CG et al: Degradation of vicine, convicine and their agylcones during fermentation of bean flour. Scientific Reports 2016; 6: 32452. doi:10.1038/srep32452
24. Raihanatu MB et al: Production and Evaluation of Nutritional Contents of Traditional Couscous from Sprouted Wheat Fortified with Glycine max (L.) merr (Soya Bean) and Cucurbita pepo (Pumpkin) Seeds. Food Science and Nutrition Studies 2020; 4(2) Online abrufbar unter: http://dx.doi.org/10.22158/fsns.v4n2p1
25. Ruwende C et al: Natural selection of hemi- and heterozygotes for G6PD deficiency in Africa by resistance to severe malaria. Nature 1995; 376: 246–249
26. Teuscher E, Lindequist U: Biogene Gifte. Fischer, Stuttgart 1994

27. Vos T et al: Global, regional, and national incidence, prevalence, and years lived with disability for 301 acute and chronic diseases and injuries in 188 countries, 1990–2013: a systematic analysis for the Global Burden of Disease Study 2013. Lancet 2015; 386: 743–800. Online abrufbar unter: https://doi.org/10.1016/S0140-6736(15)60692-4
28. Vikhanski L: Immunity: How Elie Metchnikoff Changed the Course of Modern Medicine. Chicago Review Press, Chicago 2016
29. Wink M et al: Handbuch der giftigen und psychoaktiven Pflanzen. Wissenschaftliche Verlagsanstalt, Stuttgart 2008

Kapitel 4: Österreich und Ungarn

1. Brackmann M: Das andere Kuhbuch. Landbuch, Hannover 1999
2. Cachée J: Die Hofküche des Kaisers. Amalthea, Wien 1985
3. Dominé A et al [Hrsg.]: Culinaria. Europäische Spezialitäten. Könemann, Köln 1999
4. Habs R, Rosner L: Appetit-Lexikon. CG Sohn, Wien 1894
5. Horsford EN: Report on Vienna Bread. Government Printing Office, Washington 1875
6. Karmarsch K [Hrsg.]: Supplemente zu J. J. R. v. Prechtl's Technologischer Encyklopädie. Vierter Band. Verlag der J. G. Cotta'schen Buchhandlung, Stuttgart 1865
7. Lakatos A: Das Paprikabüchlein. Publikationen der Sammlungen der Erzdiözese Kalocsa-Kecskemét. Heft 9, o. J. Online abrufbar unter: https://archivum.asztrik.hu
8. Laudan R: The Humble Beginnings of Goulash. Smithsonian Journeys Quartely: The Danube. April 2018, online abrufbar unter: https://www.smithsonianmag.com/travel/goulash-origins-food-history-atlas-of-eating-soup-smithsonian-journeys-travel-quarterly-danube-180958690/
9. Lieberei R, Reisdorff C: Nutzpflanzenkunde. Thieme, Stuttgart 2007
10. Lee A: Goulash. History Today 2019: 69, H2. Online abrufbar unter: https://www.historytoday.com/archive/historians-cookbook/goulash
11. Meixner MA: Das neue, große, geprüfte und bewährte Linzer Kochbuch in zehn Abschnitten. K. k. priv. Akademischen Kunst- Musik- und Buchhandlung, Linz 1807
12. Pollmer U, Fock A: Mehlspeis'n zum Niederknien. Eu.L.E.n-Spiegel 2012; 18 (2–3): 9–13
13. Toussaint-Samat M: A History of Food. Wiley-Blackwell, Chichester 2009
14. Wagner J: Prato – Die gute alte Küche. Pichler, Wien 2006

Kapitel 5: Spanien

1. Akhondazeh S et al: Comparision of Crocus sativus L. and imipramine in the treatment of mild to moderate depression: A pilot double-blind randomized trial. BMC Complementary an Alternative Medicine 2004; 4: e12
2. Benecke N: Der Mensch und seine Haustiere. Theiss, Stuttgart 1994
3. Edalat A: In der Weihnachtsbäckerei. Deutsche Apotheker Zeitung 2016; Nr. 50: 60
4. Herraiz T: Occurrence of tetrahydro-β-carboline-3-carboxylic acids in commercial foodstuffs. Journal of Agricultural and Food Chemistry 1996; 44: 3057–3065
5. Hosseinzadeh H, Takebzadeh F: Anticonvulsant evaluation of safranal and crocin from Crocus sativus in mice. Fitoterapia 2005; 76:722–236
6. Hosseinzadeh H et al: The effect of saffron, Crocus sativus stigma, extract and ist constituents, safranal and crocin on sexual behaviors in normal male rats. Phytomedicine 2008; 15: 491–495
7. Lechtenberg M, Hensel A: Safran gegen Depressionen. Deutsche Apotheker Zeitung 2016; Nr. 25: 46
8. March L: El libro de la paella y de los arroces. Madrid 1985
9. Marí RB, Peydró RJ: Chronicles of Rice, Mosquitos and Malaria in Spain: The Case of the Province of Valecia (18th – 20th Centuries). Hispania. Revista Espanola de Historia 2010; LXX; 687–708
10. Nemati H et al: Stimulatory effects of Crocus sativus (saffron) on b2-adrenoceptors of guineapig tracheal chains. Phytomedicine 2008, 15: 1038–1045
11. Petzsch H [Hrsg.]: Urania Tierreich – Säugetiere. Urania-Verlag, Berlin 2000
12. Piechowska P et al: Bioactive β-Carbolines in Food: A Review. Nutrients 2019; 11: 814. doi: 10.3390/nu11040814.
13. Pollmer U [Hrsg.]: Opium fürs Volk. Rowohlt, Reinbek 2012
14. Touissant-Samat M: A History of Food. Verlag Wiley-Blackwell, Chichester 2009
15. Wink M et al: Handbuch der giftigen und psychoaktiven Pflanzen. Wissenschaftliche Verlagsgesellschaft, Stuttgart 2008

Kapitel 6: Am Golf von Mexiko

1. Bressani R et al: Changes in Selected Nutrient Contents and in Protein Quality of common and Quality-Protein Maize during Rural Tortilla Preparation. Cereal Chemistry 1990; 67: 515–518

2. Bressani R et al: Chemical Changes in Corn during Preparation of Tortillas. Agricultural and Food Chemistry 1958; 6: 770–774
3. Cara L et al: Milling and Processing of Wheat and other Cereals Affect Their Capacity to Inhibit Pancreatic Lipase in Vitro. Journal of Food Sciences 1992; 57: 466
4. De Basu SK: Capsicum: historical and botanical perspectives. In: De AK: Capsicum. Taylor & Francis, London 2003: 1–15
5. De Girolamo A et al: Effect of alkaline cooking of maize on the content of fumonisins B1 and B2 and their hydrolysed forms. Food Chemistry 2018; 192: 1083–1089
6. Dortch SD: Chisholm Trail. Encyclopedia of Oklahoma History and Culture – Oklahoma Historical Society, 2012. Online abrufbar unter: https://web.archive.org/web/20121119063030/http://digital.library.okstate.edu/encyclopedia/entries/C/CH045.html
7. Europäische Kommission, Berichte des Wissenschaftlichen Lebensmittelausschusses (31. Folge). Luxemburg 1994
8. Frizell C et al: Endocrine disrupting effects of zearalonone, alpha- and beta-zeralonol at the level of nuclear receptor binding and steroidgenesis. Toxicological Letters 2011; 206: 210–217
9. Jain T [Hrsg.]: The Oxford Companion to Food. Oxford University Press, Oxford 2014
10. Kinkade CW et al: Impact of Fusarium-Derived Mycoestrogens on Female Reproduction: A Systematic Review. Toxins 2021; 13: 373. doi: 10.3390/toxins13060373
11. Lieberei R, Reisdorff C: Nutzpflanzenkunde. Thieme Verlag, Stuttgart 2007
12. Martínez-Velasco A et al: Effect of the preparation method and storage time on the in vitro protein digestibility of maize tortillas. Journal of Cereal Science 2018; 84: 7–12
13. Maurizio A: Die Nahrungsmittel aus Getreide. Zweiter Band. Parey Verlag, Berlin 1926
14. Mt. Pleasant J: Food Yields and Nutrient Analyses of the Three Sisters: A Haudenosaunee Cropping System. Ethnobiology Letters 2017; 7: 87–98. doi:10.14237/ebl.7.1.2016.721
15. Muth J, Pollmer U: Das Geheimnis der Chilis. Eu.L.E.n-Spiegel 2005, 18 (1): 7–10 11, (3): 3–18.
16. Nowak R: Walker's Mammals of the World. Johns Hopkins University Press, Baltimore 1999
17. Odukoya JO et al: Effect of Selected Cooking Ingredients for Nixtamalization on the Reduction of Fusarium Mycotoxins in Maize and Sorghum. Toxins 2021; 13: 27. doi: 10.3390/toxins13010027
18. Pollmer U [Hrsg.]: Opium fürs Volk. Rowohlt, Reinbek 2010

19. Pollmer U et al: Prost Mahlzeit! Krank durch gesunde Ernährung. Kiepenheuer & Witsch, Köln 2001
20. Reiss, J: Schimmelpilze. Springer Verlag, Heidelberg 1986
21. Rivera-Núñez Z et al: Urinary mycoestrogens and age and height at menarche in New Jersey girls. Environmental Health 2019; 18: 24. doi: 10.1186/s12940-019-0464-8
22. Rozin P: Getting to like the burn of chili pepper. In: Biological, psychological, and cultural Perspectives. Chemical Senses 1990, 2: 231–269
23. Serna-Saldivar SO: Understanding the functionality and manufacturing of nixtamalized maize products. Journal of Cereal Science 2021; 99: 103205. https://doi.org/10.1016/j.jcs.2021-103205
24. Sherman PW et al: Why vegetable recipes are not very spicy. Evolution and Human Behavior 2001; 22: 147–163
25. Vohr H-W: Toxikologie. Band 2: Toxikologie der Stoffe. Wiley-VCH, Weinheim 2010
26. Wacher C: Nixtamalization, a Mesoamerican technology to process maize at small-scale with great potential for improving the nutritional quality of maize based foods. 2nd International Workshop Food-based approaches for a healthy nutrition, Ougadougou, 2003; 11: 23–28
27. Wall JS, Carpenter KJ: Variation in Availability of Niacin in Grain Products. Food Technology October 1988: 198–204
28. Worcester DE: Chisholm Trail. In: Handbook of Texas Online. 23.12.2008. Online abrufbar unter: https://www.tshaonline.org/handbook/entries/chisholm-trail
29. https://whatscookingamerica.net/history/chili/chilihistory.htm
30. https://www.springlane.de/magazin/rezeptideen/pulled-pork/

Kapitel 7: Bella Italia

1. Anon: Scientific Opinion on the substantiation of health claims related to lycopene and protection of DNA, proteins and lipids from oxidative damage (ID 1608, 1609, 1611, 1662, 1663, 1664, 1899, 1942, 2081, 2082, 2142, 2374), protection of the skin from UV-induced (including photo-oxidative) damage (ID 1259, 1607, 1665, 2143, 2262, 2373), contribution to normal cardiac function (ID 1610, 2372), and maintenance of normal vision (ID 1827) pursuant to Article 13(1) of Regulation (EC) No 1924/2006. EFSA Journal 2011; 9: 2031. Online abrufbar unter: doi:10.2903/j.efsa.2011.2031
2. Assoziacione Verace Pizza Nepoletana: online abrufbar unter: https://www.pizzanapoletana.org/en/ricetta_pizza_napoletana
3. Aufhammer W: Getreide- und andere Körnerfruchtarten. Ulmer, Stuttgart 1998

4. Bourcard F de: Usi e costumi di Napoli e contorni descritti e dipinta. Vol 1. Napoli, 1853
5. Bourcard F de: Usi e costumi di Napoli e contorni descritti e dipinta. Vol. 2 Napoli, 1866
6. Briguglio M et al: Dietary Neurotransmitters: A Narrative Review on Current Knowledge. Nutrients 2018; 10: 591; doi:10.3390/nu10050591
7. Cavalcanti I: Cucina Teorico-Practica. Cucina Casareccia in Dialetto Napoletano. G Palma, Napoli 1839
8. Diem S, Herderich M: Reaction of tryptophan with carbohydrates: identification and quantitative determination of novel β-carboline alkaloids in foods. Journal of Agricultural and Food Chemistry 2001; 49: 2486–2492
9. Dürr B: Italien. In: Culinaria. Europäische Spezialitäten. Könemann, Köln 1999
10. Frohnde D, Pfänder HJ: Giftpflanzen. WVG, Stuttgart 2004
11. Habs R, Rosner L: Appetit-Lexikon. CG Sohn, Wien 1894
12. Jaine T [Hrsg.]: Th Oxford Companion to Food. Oxford 2014
13. Kärkkäinen J et al: Potentially hallucinogenic 5-hydroxytryptamine receptor ligands bufotenine and dimethyltryptamine in blood and tissues. Scandinavian Journal of Clinical and Laboratory Investigation 2005; 65: 189–199
14. Ly D et al: HPLC analysis of serotonin, tryptamine, and the hydroxycinnamic acid amides of serotonin and tyramine in food vegetables. Journal of Medicinal Food 2008; 11: 385–389
15. Maurizio A: Nahrungsmittel aus Getreide. Zweiter Band. Parey, Berlin 1926
16. Milioni S: Columbus Menu: Italian Menu after the First Voyage of Christopher Columbus, 1492–1992. Italian Trade Commission, New York 1992
17. Pollmer U [Hrsg.]: Opium fürs Volk. Rowohlt, Reinbek 2010
18. Prato K: Die süddeutsche Küche auf ihrem gegenwärtigen Standpunkte. Leykam, Graz 1858
19. Touissant-Samat M: A History of Food. Wiley, Chichester 2009
20. https://de.wikisource.org/wiki/RE:B%C3%A4ckerei

Kapitel 8: Die Schweiz

1. Abplanalp A: Küchenhilfen aus der Schweiz. https://blog.nationalmuseum.ch/2019/03/schweizer-erfindungen-fuer-die-kueche/
2. Bollinger M, Furrer J: Zum 60. Geburtstag des Fondues soll ein neues Volksthaeterstück die Geschichte der Kirsch-Käse-Masse aufrollen und mit der Fondue-Lüge aufräumen: ein Volkstheater begräbt die alte Fon-

due-Lüge. In: Nebelspalter: das Humor- und Satire-Magazin 1993; 119, H.33: 24–27
3. Gyr U: Käsig, rührig, löchrig: Käsefondue zwischen Nationalgericht, Mythos und Event. Schweizerisches Archiv für Volkskunde 2014; 110, H.1: 88–106
4. Moser P: Das Fondue – ein «Naturkunstprodukt». https://blog.nationalmusuem.ch/2019/11/geschichte-des-fondue-in-der-schweiz/
5. Pollmer U [Hrsg.]: Opium fürs Volk. Rowohlt, Reinbek 2010
6. Vilgis T: Die Molekül-Küche. Hirzel-Verlag, Stuttgart 2005

Kapitel 9: China

1. Anderson EN: The Food of China. Yale University Press, New Haven 1988
2. Farrimond S: The Science of Spice. Dorling Kindersley, London 2018
3. Jaine T [Hrsg.]: The Oxford Companion to Food. Oxford, 2014
4. Lee SJ, Lee M: The Fine Art of Chinese Cooking. Gramercy, New York, 1962
5. Lo K: Chinese Food. Penguin, London 1975
6. Osterhammel J: China in der Weltgesellschaft. CH Beck, München 1989
7. Sinclair K: China The Beautiful Cookbook: Authentic recipes from the Culinary Authorities of Beijing, Shanghai, Guangdong and Sichuan. IPC, Hongkong 1986
8. Wilkinson E: Chinese History: A New Manual. Harvard University Press, Cambridge 2012
9. http://en.chinaculture.org/2015-11/12/content_627203.htm

Kapitel 10: Zwischen Polen und Sibirien

1. Czyzowska A, Libudziz E: The influence of lactic acid fermentation process of red beet juice on the stability of biologically active colorants. European Food Research and Toxicology 2006; 223: 110–116
2. Debowska B: Polen. In: Dominé A et al [Hrsg.]: Culinaria. Könemann, Köln 1999
3. Hegnauer R: Chemotaxonomie der Pflanzen, Band 9, Birkhäuser, Basel 1990
4. Iscan G et al: Bioactive essential oil of Heracleum sphondylium ssp. ternatum (Velen.) Brummitt. Zeitschrift für Naturforschung 2003; 58c: 195–200

5. Kugler F et al: Determination of free amino acid compounds in betalainic fruits and vegetables by gas chromatography with flame ionization and mass spectrometric detection. Journal of Agricultural and Food Chemistry 2006; 54: 4311–4318
6. Luczaj L: Dziko rosnace rosliny jadalne w ankiecie Józefa Rostafinskiego z roku 1883. Wiadomosci Botanicze 2008; 52: 39–50
7. Luczaj L, Szymanski WM: Wild vascular plants gathered for consumption in the Polish countryside: a review. Journal of Ethnobiology and Ethnomedicine 2007; 3: e17
8. Luczaj L: Changes in the utilization of wild green vegetables in Poland since the 19th century: a comparison of four ethnobotanical surveys. Journal of Ethnopharmacology 2010; 128: 395–404
9. Maurizio A: Die Geschichte unserer Pflanzennahrung. Parey, Berlin 1927
10. Maurizio A: Geschichte der gegorenen Getränke. Parey, Berlin 1931
11. Panek MK: Mikroby oraz chemizm kismenia barszczu. (Bakteriologische und chemische Studien über die «Barsczcz» genannte Gährung der roten Rüben). Etude bacteriologique et chimique du «barsczcz» produit de la fermentation de la betterave rouge. Bulletin International de l'Academie des Sciences de Cracovie 1906; 1: 5–45
12. Pieroni A, Gray C: Herbal and food folk medicines of the Russlanddeutschen living in Künzelsau/Thaläcker, South-Western Germany. Phytotherapy Research 2008; 22: 889–901
13. Schilling H: Aufbruch und Krise. Deutschland 1517–1648 in: Siedler Deutsche Geschichte. Siedler, Berlin 1994
14. Spigset O, von Scheele C: Levodopa dependence and abuse in Parkinson's disease. Pharmacotherapy 1997; 17: 1027–1030
15. Steller GW: Beschreibung von dem Lande Kamtschatka. JG Fleischer, Frankfurt 1774

Kapitel 11: Südindien und Sri Lanka

1. Abou-El Nour Antischistosomal Activity of Zingiber officinale, Piper nigrum, and Coriandrum sativum Aqueous Plant Extracts on Hamster Infected with Schistosoma mansoni. Journal of Parasitology Research Volume 2021, Article ID 6628787, https://doi.org/10.1155/2021/6628787
2. Amarasinghe BDY, Jayaweera V: Extension of the shelf life of Ambul Thiyal. Research Contributions Presented At The Ninth Session of the Indo Pacific Fishery Commission Working Party on Fish Technology and Marketing. Cochin, India 1994; 514: 159–170

3. Amarasinghe BDY et al: The preservative effect of goraka in fish processing. Annual Scientific Sessions of the National Aquatic Resources Agency 1994: 7–8
4. Céline V et al: Medicinal plants from Yaneshu (Peru): Evaluation of the leishmanicidal and antimalarial activity of selected extracts. Journal of Ethnopharmacology 2009; 123: 413–422
5. Da Silva Ferreira W et al: Novel 1,3,4-thiadiazolium-2-phenylamine chlorides derived from natural piperine as trypanocidal agents: chemical an biological studies. Bioorganic & Medicinal Chemistry 2008; 16: 2984–2991
6. Elford BC et al: Parasite regulated membrane transport processes and metabolic control in malaria-infected erythrocytes. Biochemical Journal 1995; 308: 361–374
7. Fang J et al: Isolation and characterization of complex I, rotenone-sensitive NADH: ubiquinone oxidoreductase, from the procyclic forms of Trypanosoma brucei. European Journal of Biochemistry 2001; 268: 3075–3082
8. Fock A, Pollmer U: Sri Lanka – Currys. EU.L.E.n-Spiegel 2012; 18 (1): 11–14
9. Jena BS et al: Chemistry and biochemistry of (-)-hydroxycitric acid from Garcinia. Journal of Agricultural and Food Chemistry 2002; 50: 10–22
10. Kerb R et al: Pharmacogenetics of antimalarial drugs: effects on metabolism and transport. Lancet Infectious Diseases 2009; 9: 760–774
11. Khairani S et al: The Potential use of a Curcumin-Piperine Combination as an Antimalarial Agent: A Systematic Review. Journal of Tropical Medicine Volume 2021, https://doi.org/10.1155/2021/9135617
12. Kirk K et al: Enhanced choline and Rb+ transport in human erythrocytes infected with the malaria parasite Plasmodium falciparum. Biochemical Journal 1991; 278: 521–525
13. Mackeen M et al: Antifungal Garcinia acid esters from the fruits of Garcinia atroviridis. Zeitschrift für Naturforschung 2002; 57c: 291–295
14. Martin L: Aerztliche Erfahrungen über die Malaria der Tropen-Länder. Julius Springer, Berlin 1889
15. Masullo M et al: Polyisoprenylated benzophenones and an unusual polyisoprenylated tetracyclic xanthone from the fruits of Garcinia cambogia. Journal of Agricultural and Food Chemistry 2008; 56: 5205–5210
16. Maya JD et al: Mode of action of natural and synthetic drugs against Trypanosoma cruzi and their interaction with the mammalian host. Comparative Biochemistry and Physiology 2007; 146A: 601–620
17. Mihiranie S et al: Indigenous and traditional foods of Sri Lanka. Journal of Ethnic Foods 2020; 7: 42 https://doi.org/10.1186/s42779-020-00075-z

18. Mishra S et al: Synthesis and exploration of novel curcumin analogues as antimalarial agents. Bioorganic & Medical Chemistry 2008; 16: 2894–2902
19. Muth J, Pollmer U: Das Geheimnis des Chilis. EU.L.E.n-Spiegel 2005; 11 (3): 3–11
20. Naldoni FJ et al: Antimicrobial activity of benzophenones and extracts from the fruits of Garcinia brasiliensis. Journal of Medicinal Food 2009; 12: 403–407
21. Nandakumar DN et al: Curcumin-artemisinin combination therapy for malaria. Antimicrobial Agents and Chemotherapy 2006; 50: 1859–1860
22. Niehaus M, Pfuhl A: Die Psycho-Trojaner. Hirzel, Stuttgart 2018
23. Prakash BN, Unnikrishnan PM: Ethnomedical Survey of Herbs for the Management of Malaria in Karnataka, India. Ethnobotany Research and Applications 2013; 11: 289–298
24. Reddy RC et al: Curcumin for malaria therapy. Biochemical and Biophysical Research Communications 2005; 326: 472–474
25. Ruwende C et al: Natural selection of hemi- and heterozygotes for G6PD deficiency in Africa by resistance to severe malaria. Nature 1995; 376: 246–249
26. Sawangjaroen N et al: Effects of Piper longum fruit, Piper sarmentosum root and Quercus infectoria nut gall on caecal amoebiasis in mice. Journal of Ethnopharmacology 2004; 91: 357–360
27. Singh S: From exotic spice to modern drug? Cell 2007; 130: 765–768
28. Suresh DV et al: Binding of bioactive phytochemical piperine with human serum albumin: a spectrometric study. Biopolymers 1997; 86: 265–275
29. Suresh D, Srinivasan K: Influence of curcumin, capsaicin, and piperine on the rat liver drug-metabolizing enzyme system in vivo and in vitro. Canadian Journal of Physiology and Pharmacology 2006; 84: 1259–1265
30. Thadhani V et al: Effect of exogenous histidine and Garcinia cambogia on histamine formation in skipjack (Katsuwonus pelamis) homogenates. International Journal of Food Science and Nutrition 2002; 53: 29–34
31. Wansri R et al: Semi-Synthesis of N-Aryl Amide Analogs of Piperine from Piper nigrum and Evaluation of Their Antitrypanosomal, Antimalarial, and Anti-SARS-CoV-2 Main Protease Activities. Molecules 2022; 27: 2841. https://doi.org/10.3390/molecules27092841

Kapitel 12: Aus deutschen Landen

1. Arimoto-Kobayashi S et al: Inhibitory effects of beer and other alcoholic beverages on mutagenesis and DNA adduct formation induced by se-

veral carcinogens. Journal of Agricultural and Food Chemistry 1999; 47: 221–230
2. Duke JA: Handbook of Edible Weeds, CRC Press, Boca Raton 1992
3. Eckelt B: Biergeschichte(n). Rosenheimer, Rosenheim 1999
4. Fock A, Pollmer U: Bayern: Hopfen und Salz, Gott erhalt's. Eu.L.E.n.-Spiegel 2012; 18 (1): 7-10 ; 18: 2012
5. Gröll W: Mit Grüner Zauberkraft – von der Neunstärke und dem Neunerleikraut. In: Gröll, W: Rund um die Bauerngärten in der Lüneburger Heide. Schriftenreihe des Freiluftmuseums am Kiekebarg, Band 22. Ehestorf 1998
6. Harborne JB: Introduction to Ecological Biochemistry, Academic Press, London 1993
7. Herraiz T: Tetrahydro-β-carboline-3-carboxylic acid compounds in fish and meat: possible precursors of co-mutagenic beta-carbolines norharman and harman in cooked foods. Food Additives & Contaminants 2000; 17: 859–866
8. Herraiz T: Analysis of the bioactive alkaloids tetrahydro-β-carboline and β-carboline in food. Journal of Chromatography A, 2000; 881: 483–499
9. Herraiz T: Tetrahydro-β-carbolines, potential neuroactive alkaloids, in chocolate and cocoa. Journal of Agricultural and Food Chemistry 2000; 48: 4900–4904
10. Idle JR: Christmas gingerbread (Lebkuchen) and christmas cheer – review of the potential role of mood elevating compounds formed in vivo and in furno. Prague Medical Report 2005; 106: 27–38
11. Kanazawa K et al: Specific desmutagens (antimutagens) in oregano against a dietary carcinogen, Trp-P-2, are galangin and quercetin. Journal of Agricultural and Food Chemistry 1995; 43: 404–409
12. Muth J, Pollmer U: Das Geheimnis des Chilis. Eu.L.E.n-Spiegel 2005; 11(3): 5.
13. Polasa K et al: Effect of Brassica nigra on benzo(a)pyrene mutagenicity. Food and Chemical Toxicology 1994; 32: 777–781
14. Pollmer U [Hrsg.]: Opium fürs Volk. Rowohlt, Reinbek 2010
15. Poppendieck HH: Kräuter – gesundes Nahrungsmittel. In: Lynx 2015: 02; 5–7. Hamburg 2015
16. Poppendieck HH: Die Kräuter der Hamburger Aalsuppe. In: Lynx 2015:02; 13–15. Hamburg 2015
17. Rührig W: Praktisches Frankfurter Kochbuch, enthaltend 1018 auserlesene Kochrecepte, für vornehme und bürgerliche Küchen. Küchler, Frankfurt/ Main 1860

18. Salmon CP et al: Effects of marinating on heterocyclic amine carcinogen formation in grilled chicken. Food and Chemical Toxicology 1997; 35: 433–441
19. Schütze JF: Holsteinisches Idiotikon, ein Beitrag zur Volkssittengeschichte oder Sammlung plattdeutscher, alter und neugebildeter Worte, Wortformen, Redensarten, Volkwitzes, Sprichwörter, Spruchreime, Wiegenlieder, Anekdoten und aus dem Sprachschatze erklärter Sitten, Gebräuche, Spiele, Feste der alten und neuen Holsteiner. HL Villaume, Hamburg 1800–1806
20. Stavric B, Klassen R: Dietary effects on the uptake of benzo(a)pyrene. Food and Chemical Toxicology 1994; 32: 727–734
21. Vidal NP et al: Novel unfiltered beer-based marinades to improve the nutritional quality, safety, and sensory perception of grilled ruminant meats. Food Chemistry 302 Jan 1; 302: 125326. doi: 10.1016/j.foodchem.2019.125326.
22. Vilgis T: Die Molekülküche. Hirzel, Stuttgart 2005
23. https://www.br.de/radio/bayern2/sendungen/land-und-leute/hippodrom-von-benediktbeuern-schreiber100.html
24. https://de.wikipedia.org/wiki/Einsatz-_und_Ausbildungszentrum_f%C3%BCr_Tragtierwesen_230

Kapitel 13: Japan

1. Anon: Japan: Bier und Massage. In: Der Spiegel vom 1. 5. 1977. Online abrufbar unter: https://www.spiegel.de/politik/bier-und-massage-a-1ccc0a49-0002-0001-0000-000040915745
2. Ashkenazi M, Jacob J: Food Culture in Japan. Greenwood Publishing, Westport 2003
3. Cao R et al: β-Carboline Alkaloids: Biochemical and pharmacological functions. Current Medicinal Chemistry 2007; 14: 479–500
4. Cha YJ, Cadwallader KR: Aroma-active compounds in Skipjack Tuna sauce. Journal of Agricultural and Food Chemistry 1998; 46:1123–1128
5. Cwiertka KJ: Modern Japanese Cuisine: Food, Power and National Identitiy. Reaktion Books, London 2007
6. Gotoh T et al: The Japanese Wagyu beef industry: current situation and future prospects – A review. Asian-Australasian Journal of Animal Sciences 2018; 31: 933–950
7. Higashiyotsuyanagi S in: Rath EC [Hrsg.]: Japanese Foodways, Past and Present. University of Illinois Press, Urbana 2010
8. Higashiyotsuyanagi S: Meat Eating in Modern Japan. Online abrufbar unter: https://kome-academy.com/en/roots/meat.html

9. Inoue K: Geschichte Japans. Campus, Frankfurt/M. 2001
10. Ishige N: Essen – ein ganz besonderer Aspekt der Kulturgeschichte Japans. Neues aus Japan Mai 2016; Nr. 138 online abrufbar unter: https://www.de.emb-japan.go.jp/NaJ/NaJ1605/post_essen.html
11. Kobayashi et al: Low ph Enhances the Glucosinalate-Mediated Yellowing of Takuan-zuke under Low Salt Conditions. Foods 2020; 9: 1524. doi:10.3390/foods 9111524
12. Kreiner J [Hrsg.]: Ryukyu in World History. Bier'sche Verlags-Anstalt, Bonn 2001
13. Laemmerhirt IA: Imagining the taste: transnational food exchanges between Japan and the United States. Japanese Journal of American Studies 2010; 21: 231–250
14. Li Y et al: β-carboline derivates and diphenols from soy sauce are in vitro quinone reductase (qr) inducers. Journal of Agricultural and Food Chemistry 2011; 59: 2332–2340
15. Li Z: Advances in marine microbial symbionts in the China Sea and related pharmaceutical metabolites. Marine Drugs 2009; 7:113–129
16. Lunt DK: Beer and Massage for Japanese Beef. Wagyu Research Reports, Texas A&M University, Department of Animal Science, Agricultural Research Centre at McGregor, 1992
17. Matsuoka H et al: 2[3- (2-thioxopyrrolidin-3-ylidene)methyl]-tryptophan, a novel yellow pigment in salted radish roots. Bioscience, Biotechnology and Biochemistry 2002; 66: 1450–1454
18. Nawa Y et al: Sushi Delights and Parasites: The Risk of Fishborne and Foodborne Parasitic Zoonoses in Asia. Clinical Infectious Diseases, 2005; 41:1297–1303.
19. Ozawa Y et al: Isolation and identification of a novel β-carboline derivative in salted radish roots, Raphanus sativus L. Agriculture, Biology and Chemistry 1990; 54: 1241–1245
20. Passin H: Japan and the Japanese, Language and Culture Change. Kinseido, Tokio 1980
21. Pérez Gutiérrez RM et al: Raphanus sativus (Radish): their chemistry and biology. The Scientific World Journal 2004; 4:811–837
22. Pollmer U, Fock A: Japan. Eu.L.E.n-Spiegel 2012 18 (2–3): 20–29. München 2012
23. Roschek B et al: Pro-Inflammatory enzymes, cyclooxygenase 1, cyclooxygenase 2, and 5-lipooxygenase, inhibited by stabilized rice bran extracts. Journal of Medicinal Food 2009; 12: 615–623
24. Saga J: Von Stroh und Seide. Edition Peperkorn, Göttingen 1994
25. Sho H: History and characteristics of Okinawan longevity food. Asia Pacific Journal of Clinical Nutrition 2001; 10: 159–164

26. Talmadge E: Japan sucht verschwundene Hundertjährige. Hamburger Abendblatt vom 13. 08. 2010. Online abrufbar unter: https://www.abendblatt.de/vermischtes/article107836506/Japan-sucht-verschwundene-Hundertjaehrige.html
27. Tsuji S, Fisher MFK: Japanese Cooking. A Simple Art. Kodansha International, Tokio 2006
28. 13 japanische Fischarten – Super lecker! Online abrufbar unter: https://ryukoch.com/de/blog/japanische-fische/#16-sake-lachs

Bildnachweise

Abb. 1: britannica.com/Cover of a seamen's hospital booklet, c. early 1900; Wellcome Library, London/CC BY-SA 4.0 (britannica.com/place/British-Empire/Dominance-and-dominions)

Abb. 2: commons.wikimedia.org/Joe Mabel/CC BY-SA 3.0 (File:Granville_Island_Market_Shepherds_pie.jpg)

Abb. 3: Shawshots/Alamy Stock Foto

Abb. 4: Sergii Koval/Alamy Stock Foto

Abb. 5a: An Iceland Steam Trawler, Farblithographie von C King, aus: Herbert Strangs Annual, Oxford 1910 – © Look and Learn/Bridgeman Images

Abb. 5b: commons.wikimedia.org/Erik Christensen/CC BY-SA 4.0 (File:Steintor._Hvalba..jpg)

Abb. 6: Foto von W B Miller, ca. 1925 – Library of Congress, Prints & Photographs Division, USA/Carpenter Collection (LC-USZ62-127786)

Abb. 7a + b: Fotos von M P Wolcott, 1939 – Library of Congress, Prints & Photographs Division, USA/OWI Collection (a: LC-USF34-052565-D; b: LC-USF34-052502-D; c: LC-USF34-052501-D)

Abb 8: aus «Punch, or the London Charivari», 1. Mai 1869, S. 182, London (archive.org/details/punch56a57lemouoft/page/n205/mode/2up)

Abb. 9: commons.wikimedia.org/The Jackal/CC BY-SA 3.0 (File:Marmite_thick_spread_toasted_bread.jpg)

Abb. 10a: Sheep is Fed Turnips, Gemälde von W H Davis, 1865 – Pictures Now/Alamy Stock Photo

Abb. 10b: Hereford Cow, Gemälde von W H Davis, 1852 – Attingham Park, Shropshire/National Trust Photographic Library/Bridgeman Images

Abb. 11: Daguerreotypie von Antoine F J Claudet, London 1852 – The History Collection/Alamy Stock Foto

Abb. 12: Anzeige aus: Mrs Beeton's Book of Household Management. Ward, London 1909/ PD, Google-Digitalisat (babel.hathitrust.org/cgi/pt?id=uiug.30112002728415&view=1up&seq=2286&q1=catsup)

Abb. 13: de.wikipedia.org/smallkaa/CC BY 2.0 (Datei:Poissons pour la bouillabaisse sur le Vieux-Port de Marseille.jpg)

Abb. 14: akg-images/sciencesource/Hans Namuth

Abb. 15a: commons.wikimedia.org/Pwagenblast/CC BY-3.0 (File:Andouille-Scheiben.jpg)

Abb. 15b: commons.wikimedia.org/Yun Huang Yong/CC BY-SA 2.0 (File:Tripe_à_la_mode_de_Caen_2)

Abb. 15c+d: commons.wikimedia.org/CC BY-SA 4.0 (File:Andouillette probablement de Troyes)
Abb. 16: commons.wikimedia.org/Clément Bardot/CC BY-SA 4.0 (File:Rooster_portrait,_France)
Abb. 17: Lithographie von J L Boilly nach einem Gemälde von 1822 – bpk/RMN – Grand Palais/image INHA
Abb. 18: The History Collection/Alamy Stock Photo
Abb. 19: commons.wikimedia.org/David Monniaus/CC BY-SA 3.0 (File:Echalote_p1040224.jpg)
Abb. 20: commons.wikimedia.org/GFDL, CC BY-SA 2.5,2.0,1.0 (File:Cassoulet_Carcassonne_FRA_001.JPG)
Abb. 21: nl.wikipedia.org/Ellywa/CC BY-SA 4.0 (Bestand:Dubbel_gedopte_tuinbonen.jpg)
Abb. 22a: commons.wikimedia.org/Lord Koxinga/CC BY-SA 3.0 (File:2008_07_Botanical_Garden_Meran_71150R0312.jpg)
Abb. 22b: commons.wikimedia.org/ 4028mdk09/CC BY-SA 3.0 (File:Blühende Distel.JPG)
Abb. 23: from_my_point_of_view/iStock/ Getty Images Plus
Abb. 24: fr.wikipedia.org/Arnaud 25/CC BY-SA 4.0 (Fichier:Pistou 00.jpg)
Abb. 25: commons.wikimedia.org/120 V. Mourre/CC BY-SA 3.0 (File:Pistou-3.JPG)
Abb. 26: commons.wikimedia.org/Naotake Murayama/ CC BY-SA 2.0 (wiki/File:Coq_au_Vin_-_Marinating.jpg)
Abb. 27: jjpoole/iStock/Getty Images Plus
Abb. 28: bpk/Ministère de la Culture – Médiathèque du Patrimoine, Dist. RMN-Grand Palais/Opérateur C
Abb. 29: commons.wikimedia.org/[D@LY3D/]CC BY-2.0 (File:Femme semoule couscous)
Abb. 30: commons.wikimedia.org/ Habib M'henni, Dyolf77/CC BY-SA 3.0 (Category:Quality_images_of_Tunisia)
Abb. 31: commons.wikimedia.org/Lmmima/CC BY-SA 4.0 (File:Cuscus.jpg)
Abb. 32: commons.wikimedia.org/Mona Abo-Abda/ CC BY-SA 4.0 (File:Foul_Mudames.jpg)
Abb. 33: commons.wikimedia.org/David Lisbona/CC BY-SA 2.0 (Ausschnitt; File:Flickr_-_dlisbona_-_An_outdoor_Egyptian_breakfast.jpg)
Abb. 34: commons.wikimedia.org/Heather Cowper/CC BY-SA 2.0 (File:Beans in alexandria.jpg)
Abb. 35a: commons.wikimedia.org/CC BY-SA 2.0 (File:Masalvadai.jpg)
Abb. 35b: commons.wikimedia.org/Santhosh Janardhanan/CC BY-SA 2.0 (File:The_real_South_Indian_Bonda.jpg)
Abb. 35c: IMNATURE/iStock/Getty Images Plus
Abb. 36: commons.wikimedia.org/Syrinje/CC BY-SA 3.0 (File:Jameed.JPG)
Abb. 37: Karte adaptiert nach der Abbildung «Weltweite Verteilung der Laktoseintoleranz», online abrufbar auf www.nahrungsmittel-intoleranz.com/laktoseintoleranz-weltweite-verteilung/(Zugriff Februar 2023)
Abb. 38: Pictorial Press Ltd/Alamy Stock Photo
Abb. 39: ALLEKO/iStock/Getty Images Plus

Abb. 40: Flavia Novais/iStock/Getty Images Plus
Abb. 41: Kupferstich, um 1506 – commons.wikimedia.org/PD (File:Innocent_VIII_1492.JPG)
Abb. 42: commons.wikimedia.org/de:Freedom_Wizard/CC BY-SA 3.0 (File:FW Marillenknödl1.jpg)
Abb. 43: Aus einer Serie von Wiener Volk- und Straßenszenen. Aquatinta von K Ponheimer nach einer Zeichnung von G E Opiz, um 1800 – bpk/Kunstbibliothek, SMB/Knud Petersen
Abb. 44: Hoftafel in der Großen Anticamera der Hofburg (Ausschnitt), Gemälde von M van Meytens d. J. und Werkstatt, 1760/63. Wien, Schloss Schönbrunn – Photobusiness/ARTOTHEK
Abb. 45: brandenburg.museum-digital.de/object/49333/Historische Mühle von Sanssouci/CC BY-NC-SA
Abb. 46: commons.wikimedia.org/freigegeben von Agricultural Research Service, ID K11611-1/CC0 1.0 (File:Carrots_of_many_colors.jpg/Stephen Ausmus)
Abb. 47: aus Kresz M: Magyar parasztviselet [Ungarische Bauerntrachten]. Akadémiai Kiadó, Budapest 1956. Farblithographie von St Károly, ersch. in Prónay G von: Vázlatok Magyarhon népéletéböl, Pest 1855 – commons.wikimedia.org/PD (File:Gulyás.jpg)
Abb. 48: Lithographien von Th Valério, um 1850 – de.wikipedia.org/CC-PD-Mark (Datei:Pest megyei gulyás és Tisza menti kondás.jpg)
Abb. 49: Mike_Pellinni/iStock/Getty Images Plus
Abb. 50: de.wikipedia.org/Jan Harenburg/CC BY-SA 4.0 (Datei:01 Paella Valenciana original.jpg)
Abb. 51: MEDITERRANEAN/iStock/Getty Images Plus
Abb. 52: de.wikipedia.org/Bernard Dupont/CC BY-SA 2.0 (Datei:Rock_Hyrax_(Procavia_capensis)_(7042223567).jpg)
Abb. 53: ZhakYaroslavPhoto/iStock/Getty Images Plus
Abb. 54: de.wikipedia.org/Hubertl/CC BY-SA 4.0 (Datei:Safran-Weinviertel Niederreiter 2 Gramm 8285.jpg)
Abb. 55: commons.wikimedia.org/CC BY-SA 3.0 (File:Carthamus tinctorius Safflower, P5026694.JPG)
Abb. 56: commons.wikimedia.org/Dorieo/CC BY-SA 3.0 (File:Garrofón. Concurso Internacional de Paella de Sueca 2016 01.jpg)
Abb. 57: commons.wikimedia.org/Dfwcre8tive/CC BY-SA 3.0 (File:PioneePlaza_Dallas_01.jpg)
Abb. 58: commons.wikimedia.org/Sam Fentress/CC BY-SA 2.0 (File:Corncobs.jpg)
Abb. 59: commons.wikimedia.org/Luisfi/CC BY-SA 3.0 (File:081116_black_maize_tortillas.JPG)
Abb. 60: aus Nebel C: Voyage pittoresque et archéologique dans la partie la plus intéressante du Mexique. M Moench/M Gau, Paris 1836 – commons.wikimedia.org/PD-Art photographs (File:Tortilleras_Nebel.jpg)
Abb. 61: Die Entdeckung des Mississippi von De Soto, Gemälde von W H Powell, 1853 – commons.wikimedia.org/Architect of the Capitol/PD-Art photographs (File:Discovery_of_the_Mississippi.jpg)

Abb. 62: Ralf König
Abb. 63: commons.wikimedia.org/NASA/ PD-USGov (File:Wild_Pig_KSC02pd0873.jpg)
Abb. 64: commons.wikimedia.org/Marc Ryckaert/CC BY-SA 3.0 (File:Agave_americana_R01.jpg)
Abb. 65: Holzschnitt nach einer Zeichnung von H Bradley für «Harper's Weekly», Juli 1887 – commons.wikimedia.org/CC-PD-Mark (File:A_Southern_Barbecue.jpg)
Abb. 66: commons.wikimedia.org/Gbleem/CC BY-SA 3.0 (File:Barbeque_block_party_Kansas_city.jpg)
Abb. 67: commons.wikimedia.org/Thogru/CC BY-SA 3.0 (File:Pulled_pork_while_pulling.JPG)
Abb. 68: tr.wikipedia.org/ShahadatHossain/CC BY-SA 4.0 (Dosya:Coriander 01.jpg)
Abb. 69: commons.wikimedia.org/Maxintaft/CC BY-SA 3.0 (File:EryngiumfoetidumMM.jpg)
Abb. 70: commons.wikimedia.org/Skyler Lewis/CC BY-SA 3.0 (File:Chile_Rellenos.jpg)
Abb. 71: Shebeko/Shutterstock
Abb. 72: Foto von H C White & Co, 1904 – Library of Congress, Prints & Photographs Division, USA (LC-DIG-stereo-1s28203)
Abb. 73: commons.wikimedia.org/Julie Anne Workman/PD (wiki/File:Il_Pizzaiuolo.jpg)
Abb. 74a: stateofmind13.files.wordpress.com/2017/10/world-mankousheh-day.jpg/Elie Fares
Abb. 74b: Maksim Krysanow/iStock/Getty Images Plus
Abb. 74c: commons.wikimedia.org/Basel15/PD (wiki/File:Sfiha2.jpg)
Abb. 75: aus Bourcard F de: Usi e costumi di Napoli e contorni descritti e dipinti. Band 2. G Nobile, Neapel 1866 – commons.wikimedia.org/ released to Flickr Commons by the British Library/PD (File:BOURCARD(1858) p2.172 – IL PIZZAIUOLO.jpg)
Abb. 76: commons.wikimedia.org/Arthur Mouratidis/CC BY-SA 2.0 (File:Hand-tossed_pizza.jpg)
Abb. 77: commons.wikimedia.org/Peter Van den Bossche/CC BY-SA 2.0 (File:Pizza_marinara.jpg)
Abb. 78: commons.m.wikimedia.org/Mario56/CC BY-SA 3.0 (File:Margherita_Originale.JPG)
Abb. 79: commons.wikimedia.org/www.imagines-plantarum.de/PD (File:Weizenkoerner.jpg)
Abb. 80: commons.wikimedia.org/Zerohund/CC BY-SA 3.0 (File:Triticum_durum_grains_on_porcelain_plate.JPG)
Abb. 81: commons.wikimedia.org/Luigi Anzivino/CC BY-SA 2.0 (File:Gnocchi_with_truffle.jpg)
Abb. 82: aus Ibn Butlan: Tacuinum sanitatis in medicina. Aquarellierte Federzeichnung von G de' Grassi, um 1380 – de.m.wikipedia.org/PD-Art photographs (Datei:Tacuinum sanitatis Castanea.jpg)
Abb. 83: commons.wikimedia.org/PD (File:Underwood & Underwood © 1897 No. 49 – Our wholesome macaroni drying in the dirty streets of Naples, Italy 1.jpg)
Abb. 84: ASTERIX®- OBELIX®- IDEFIX®/© 2023 LES EDITIONS ALBERT RENE/GOSCINNY – UDERZO; © 2013 Veröffentlichung in deutscher Sprache: Egmont Verlagsgesellschaften mbH
Abb. 85: commons.wikimedia.org/CC0 1.0 (File:Franklin_D._Roosevelt_at_the_Grand_Coulee_Dam_in_Washington_-_NARA_-_195821.jpg)

Abb. 86: picture-alliance/KEYSTONE ARCHIVE
Abb. 87: Denniro/iStock/Getty Images Plus
Abb. 88: edoneil/iStock/Getty Images Plus
Abb. 89: Alexmia/iStock/Getty Images Plus
Abb. 90: commons.wikimedia.org/katorisi/CC BY-SA 3.0 (File:Steam_glutinous_rice_with_simple_japanese_hearth,Katori-city,Japan.JPG)
Abb. 91: commons.wikimedia.org/ProjectManhattan/CC BY-SA 3.0 (File:Dim_sum.jpg)
Abb. 92: commons.wikimedia.org/Joscha Feth/PD (File:Wasserkastanie_2.jpg)
Abb. 93: davelogan/iStock/Getty Images Plus
Abb. 94: Foto von C H Graves, um 1902 – Library of Congress, Prints & Photographs Division, USA (LC-DIG-stereo-1s18813)
Abb. 95: urbancow/iStock/Getty Images Plus
Abb. 96: Foto von H Morrison, 1933 – commons.wikimedia.org/PD (File:Quanjude_Oven.jpg)
Abb. 97: commons.wikimedia.org/Ciry Foodsters/CC BY-SA 2.0 (File:Peking_Duck,_2014_(02).jpg)
Abb. 98: LIFE IS COLOUR/iStock/Getty Images Plus
Abb. 99: aus Thomé O W: Flora von Deutschland, Österreich und der Schweiz. Mit Zeichnungen von W Müller. Band 3. Fr. E Köhler, Gera 1888 – de.m.wikipedia.org/PD (Datei:Illustration Heracleum sphondylium0.jpg)
Abb. 100: aus Cook J et al: A Voyage to the Pacific Ocean in 1776–1780. 4 Bände. A Hogg, London 1784. Kupferstich von P P Benazech nach J Webber – © British Library Board. All Rights Reserved/Bridgeman Images
Abb. 101: commons.wikimedia.org/Brücke-Osteuropa/PD (File:Russkij-Borschtsch.jpg)
Abb. 102: aus Van Linschoten J H: Itinerario. C Claesz, Amsterdam, ca. 1596. Kupferstich von B van Doetecum – commons.wikimedia.org/Koninklijke Bibliotheek, Niederlande/ PD-Art photographs (Datei:Fusta by Jan Huygen van Linschoten.jpg)
Abb. 103: commons.wikimedia.org/GeoTrinity/CC BY-SA 3.0 (File:Mulligatawny-Soup Mumbai.jpg)
Abb. 104: commons.wikimedia.org/Elitre/CC BY-SA 2.0 (File:Vindaloo goa.jpg)
Abb. 105: commons.wikimedia.org/Msclrfl22/CC BY-SA 3.0 File:Byadagi Menasinakaayi.jpg)
Abb. 106: commons.wikimedia.org/Simon A. Eugster/CC BY-SA 3.0 (File:Curcuma longa roots.jpg)
Abb. 107: commons.wikimedia.org/Challiyan/CC BY-SA 2.5 (File:കുടംപുളി.JPG)
Abb. 108: commons.wikimedia.org/Metropolitan Museum of Art, Gift of Adele S. Gollin, 1976, Acc. N° 1976.602.30/CC0 1.0 Universal PD Dedication (Datei:Germans Eating Sour-Krout Met DP889928.jpg)
Abb. 109: commons.wikimedia.org/Overberg/CC BY-SA 3.0 (Datei:Schwarzsauer-3.jpg)
Abb. 110: Angelika Heine/iStock/Getty Images Plus
Abb. 111: Postkarte, 1915 – commons.wikimedia.org/Geschwister Reiser-Verlag, Benediktbeuern/PD (File:BenediktbeuernRemonte.jpg)
Abb. 112: akg-images
Abb. 113: commons.wikimedia.org/Superbass/CC BY-SA 4.0 (File:Kraeuterprinten 1.jpg)

Abb. 114: kochwiki.org/Andreas Wolter/CC BY-SA 3.0 (Datei:Sauerbraten angerichtet.jpg)
Abb. 115: Stillleben mit Fischen, Gemälde von J van Kessel d. Ä., um 1650 – commons.wikimedia.org/CC-PD Mark 1.0 (File:Jan van Kessel still life.jpg)
Abb. 116: Johann Wolfgang von Goethe in seinem Arbeitszimmer, Gemälde von J J Schmeller, 1834 – bpk/Klassik Stiftung Weimar/Alexander Burzik
Abb. 117a: dewiki.de/Donald Hobern/CC BY 2.0 (dewiki.de/b/8ee79)
Abb. 117b: commons.wikimedia.org/Salicyna/CC BY-SA 4.0 (File:Lepidium sativum 2019-05-21 3661.jpg)
Abb. 117c: fr.wikipedia.org/Kolforn/CC BY-SA 4.0 (Fichier:-2019-07-21 Tarragon, (Artemisia dracunculus), Trimingham.JPG)
Abb. 117d: commons.wikimedia.org/4028mdk09/CC BY-SA 3.0 (Datei:Echter Kerbel April 2012.JPG)
Abb. 117e: commons.wikimedia.org/Victor M. Vicente Selvas/PD (Datei:Borago officinalis in late september 2009.JPG)
Abb. 117f: commons.wikimedia.org/Harry Rose/CC BY-SA 2.0 (File:Sanguisorba minor leaf7 (14343498979).jpg)
Abb. 118a: Foto von B L Singley, 1900 – Library of Congress, Prints & Photographs Division, USA (LC-DIG-stereo-1s24554)
Abb. 118b: Foto von H C White & Co, 1907 – Library of Congress, Prints & Photographs Division, (LC-DIG-stereo-1s25265)
Abb. 119a: de.wikipedia.org/Abrahami/CC BY-SA 3.0 (Datei:Sinapis alba 3401.jpg)
Abb. 119b: commons.wikimedia.org/H. Zell/CC BY-SA 3.0 (File:Armoracia rusticana 002.JPG)
Abb. 120: chikaphotograph/iStock/Getty Images Plus
Abb. 121: commons.wikimedia.org/Jpatokal/CC BY-SA 2.0 (File:Prickly sea cucumber soup.jpg)
Abb. 122: Foto von Captain C F O'Keefe, ca. 1910, spätere Kolorierung von J Jässkaläinen – commons.wikimedia.org/CC BY-SA 2.0 (File:Troops_of_the_Eight-Nation_Alliance_(except_Russia)_that_fought_against_the_Boxer_Rebellion_in_China,_1900._From_the_left_Britain,_United_States,_Australia,_India,_Germany,_France,_Austria-Hungary,_Italy,_Japan._(49652330563).jpg)
Abb. 123: commons.wikimedia.org/Orlando G. Calvo/CC BY-SA 3.0 (Datei:4 Kobe Beef, Kobe Japan.jpg)
Abb. 124: commons.wikimedia.org/Kgw1226/CC BY-SA 4.0 (File:Original Tonkatsu.jpg)
Abb. 125: kuppa_rock/iStock/Getty Images Plus
Abb. 126: whitewish/iStock/Getty Images Plus
Abb. 127: de.wikipedia.org/Andy king50/PD (Datei:Katsuobushi block.JPG)
Abb. 128: de.wikipedia.org//Sakurai Midori/CC BY-SA 2.0 (Datei:Katsuobushi.jpg)
Abb. 129: Cedar_Liu/iStock/Getty Images Plus

Ein reduzierter Überblick aller Rezepte

Großbritannien

Kartoffelpüree, solo oder für Shepherd's Pie   31
Shepherd's Pie   32
Englischer Mushroom Ketchup   32
Ketchup Spezial   33

Frankreich

Ratatouille   53
Sauce au Pistou   55
Pistou-Suppe   55
Grüne Bohnen mit Pistou und Tomaten   56
Geschmorter Kopfsalat   57
Coq au Vin   58

Von Nordafrika bis Griechenland

Ta'amiya / Falafel   82
Ful medames (Mus aus Dicken Bohnen)   83
İmam bayıldı (Gefüllte Aubergine)   84
Kousa Mahshi (Gefüllte Zucchini)   86
Tsatsiki   87

Österreich und Ungarn

Wiener Saftgulasch   106
Wiener Tafelspitz   107
Tafelspitzwürze   108
Marillenknödel   109

Spanien

Paella Valenciana   125
Gazpacho   127

Am Golf von Mexiko

Weizen-Tortillas   145
Guacamole   146
Chiles Rellenos – Gefüllte Chilis   147

Bella Italia

Pizza   160–163
Spaghetti alla Duchessa   167
Tomaten-Kapern-Sugo   169
Gnocchi   171

Die Schweiz

Chääs-Fondue   182
Rösti   183

China

Scharfe Garnelen   200
Kaiserliches Fischfilet   200
Würzige Spareribs   201
Chinesische Brühe   202
Pekingente   203
Mandarin-Pfannkuchen für die Pekingente   204

Zwischen Polen und Sibirien

Roter Borschtsch   214

Südindien und Sri Lanka

Mulligatawny-Suppe   227
Reis   228

Aus deutschen Landen

Kartoffelsuppe   252
Schwäbische Spätzle   253

Maultaschen   254
Frankfurter Grüne Sauce   255
Hamburger Aalsuppe   257
Bulette, Frikadelle, Fleischküchle,
   Fleischlaberl, Fleischpflanzerl   258
Rheinischer Sauerbraten   259

Japan

Makrele in Sake – Saba Nitsuke   281
Yakitori (Hühnerspieße)   282
Mariniertes Hühnerfleisch   284
Suppe mit geschlagenem Ei   285

Vincent Klink
Ein Bauch spaziert durch Venedig

320 Seiten

Seit vierzig Jahren fährt Vincent Klink in jene Region Italiens, die einen geflügelten Löwen in ihrem Wappen trägt: Venetien. Mit Goethe und Montaigne im Gepäck begibt er sich auf die Reise, passiert den Brenner Richtung Bozen und Trient, wo er lilafarbenem Risotto begegnet, macht Abstecher nach Vicenza und Padua, bis er auf dem berühmten Markusplatz im Caffè Quadri (wo schon Lord Byron und Stendhal verkehrten) zum Frühstück ein Cornetto genießt. Was folgt, ist eine gewohnt reizvolle, Klink'sche Mischung aus Rezepten, Beschreibungen venezianischer Spaziergänge und Ausflügen in die Umgebung: ein ebenso kultursattes wie kulinarisch verheißungsvolles Porträt von Venedig und Venetien.

Weitere Informationen finden Sie unter **rowohlt.de**

Vincent Klink
Ein Bauch spaziert durch Paris

«Dies Buch sorgte für zehn Kilo Gewichtszunahme. Hätte ich zuvor nicht bereits eine desaströse Hosenweite mit mir herumgetragen, könnte ich sagen: Für dieses Buch habe ich meine Schönheit drangegeben.» Meisterkoch Vincent Klink geht gern auf kulinarische Entdeckungsreise. Nun durchstreift er mit uns die Welthauptstadt guten Essens – Paris. In dem charmanten Plauderton, den seine Leser so lieben, flaniert Klink durch Gegenwart und Vergangenheit, sucht nach den Spuren von Malern, Dichtern, dem Savoir-vivre und der Grande Cuisine. Eine sinnenfrohe Bildungs-reise für alle, die der Zauber der französischen Hauptstadt in den Bann schlägt.

288 Seiten

Weitere Informationen finden Sie unter **rowohlt.de**

Vincent Klink, Alexandre Balthazar Laurent Grimod de la Reynière
Grundzüge des gastronomischen Anstands
Serviert von Vincent Klink

Alexandre Laurent Balthazar Grimod de la Reynière (1758-1837) war ein Gourmand der ersten Stunde, Zeitgenosse der Französischen Revolution und glänzender Essayist. Mit scharfer Zunge und hinreißendem Esprit verfasste er Regelwerke für Gastgeber und Gäste und erhob die Gastronomiekritik zu einem eigenen Genre. Dieser Band enthält Kostproben seiner wichtigsten Schriften, sowie eine Einleitung und Rezepte von Vincent Klink, entworfen im Geiste Grimods, des "Vordenkers der wohlüberlegten Nahrungsaufnahme".

256 Seiten

Weitere Informationen finden Sie unter **rowohlt.de**